荆楚文庫

郭氏傳家易說

〔宋〕郭雍 撰

李磊 羅桂青 李潔 校注

荆楚文庫編纂出版委員會

湖北科學技術出版社

荊楚文庫

郭氏傳家易說

GUOSHI CHUANJIA YISHUO

圖書在版編目（CIP）數據

郭氏傳家易說 /〔宋〕郭雍撰；李磊，羅桂青，李潔校注.
—武漢：湖北科學技術出版社，2024.11
ISBN 978-7-5706-3005-9
Ⅰ.①郭… Ⅱ.①郭… ②李… ③羅… ④李… Ⅲ.①《周易》—
研究 Ⅳ.①R221-5
中國版本圖書館 CIP 數據核字（2023）第 256200 號

責任編輯：李　青
美術編輯：胡　博
整體設計：范漢成　曾顯惠　思　蒙
責任校對：羅　萍
責任印刷：胡　博
出版發行：湖北科學技術出版社（中國・武漢）
地址：武漢市雄楚大街 268 號
電話：(027) 87679454　　郵政編碼：430070
録排：武漢市江夏區饒珍圖文廣告部
印刷：湖北新華印務有限公司
開本：720mm×1000mm　1/16
印張：20　　字數：270 千字
版次：2024 年 11 月第 1 版第 1 次印刷
定價：128.00 元

ISBN 978-7-5706-3005-9
9 787570 630059 >

出版説明

湖北乃九省通衢，北學南學交會融通之地，文明昌盛，歷代文獻豐厚。守望傳統，編纂荆楚文獻，湖北淵源有自。清同治年間設立官書局，以整理鄉邦文獻爲旨趣。光緒年間張之洞督鄂後，以崇文書局推進典籍集成，湖北鄉賢身體力行之，編纂《湖北文徵》，集元明清三代湖北先哲遺作，收兩千七百餘作者文八千餘篇，洋洋六百萬言。盧氏兄弟輯録湖北先賢之作而成《湖北先正遺書》。至當代，武漢多所大學、圖書館在鄉邦典籍整理方面亦多所用力。爲傳承和弘揚優秀傳統文化，湖北省委、省政府决定編纂大型歷史文獻叢書《荆楚文庫》。

《荆楚文庫》以“搶救、保護、整理、出版”湖北文獻爲宗旨，分三編集藏。

甲、文獻編。收録歷代鄂籍人士著述，長期寓居湖北人士著述，省外人士探究湖北著述。包括傳世文獻、出土文獻和民間文獻。

乙、方志編。收録歷代省志、府縣志等。

丙、研究編。收録今人研究評述荆楚人物、史地、風物的學術著作和工具書及圖册。

文獻編、方志編録籍以 1949 年爲下限。

研究編簡體横排，文獻編繁體横排，方志編影印或點校出版。

《荆楚文庫》編纂出版委員會

2015 年 11 月

校點說明

《郭氏傳家易說》，十一卷，宋郭雍撰。郭雍，字子和，號白雲先生，祖籍洛陽（今河南省洛陽市），宋高宗南渡後隱居峽州（今湖北宜昌）長陽山谷。朝廷旌招不就，賜號沖晦處士，後又賜號頤正先生。《宋史》有傳。郭雍繼承家學，以平生之力精研易學及醫學，著有《郭氏傳家易說》《傷寒補亡論》《蓍卦辨疑》等。《郭氏傳家易說》是郭雍的易學代表作，成書于南宋紹興二十一年（1151）。因其說一本于其父郭忠孝，故以“傳家”爲名。《四庫全書提要》云：“雍是書雖云本其父說，而實多出于自得。”該書秉承義理解《易》之風，在釋《易》中强調“以經解經”，用儒家諸經典和《周易》相互引證、互爲發明，提出“《易》貫通三才，包括萬理”“《易》之爲書，以象爲本”“《易》者，謂體常盡變，其用不窮之義”，詮釋易學，多有獨到見解。現存版本主要有四庫全書本、清乾隆武英殿聚珍版活字本、清道光二十七年（1847）福建刻本、清同治十三年（1874）江西書局刻本、清光緒二十五年（1899）廣雅書局刻本等。

本書以文淵閣四庫全書本（便攜硬碟模式 1.0，香港迪志文化出版公司，2007）為底本，并據清乾隆武英殿聚珍版活字本參校。茲將有關校勘事項說明如下：

1. 原書豎排改為横排。

2. 原書中注文原作小字，仍循其舊。

目　　録

《郭氏傳家易説》目録

《四庫全書》提要

臣等謹案：《易説》十一卷，宋郭雍撰。雍字子和，洛陽人。父忠孝，受學于程子，著《兼山易解》。靖康中為永興軍路提刑，死難，其書散逸。雍遭亂後，隱居峽州長楊山谷，著為此書。乾道中，守臣薦于朝，旌召不起，賜號“沖晦處士”。後更賜稱“頤正先生”。遣官受所欲言，乃以《傳家易説》進。雍是書雖云本其父説，而實多出于自得。朱子云：“兼山《易》，溺于象數之學。”今觀雍書，大抵剖析義理，與程《傳》相似，非溺象數者也。雍之言曰：“《易》之為書，其道其辭皆由象出，未有忘象而知《易》者。如首、腹、馬、牛之類，或時可忘，此象之末也。”其説如此，殆與其父意不必盡同。雍又不以卦辭為《彖》，而謂“觀乎彖辭者，即孔子自謂其《彖傳》”。是説為世所非，蓋循王弼本之誤，不識古本，故至于此。要其學為程子之支流，而其平生自處，亦有合“幽人坦坦，履道之吉”，可謂無媿于立言者已。乾隆四十五年七月恭校上。總纂官臣紀昀、臣陸錫熊、臣孫士毅，總校官臣陸費墀。

《傳家易說》自序

《易》道冥昧于鴻荒之世，包犧氏始畫而明之，歷數千年，槩見于聖人行事而述作無聞焉。文王重之，然後煥然成章，此文王之所以為文也。迨春秋時，大道不行，獨卜筮行于世。孔子于是作傳，大明其道，然後天下復知文王之《易》為大道之書。故自開闢以來，力舉斯道而明之者，三聖人而止耳。觀三聖人之為心，所以曉天下萬世者，亦可謂至矣。自孔子歿，微言復絶，至秦漢間，斯道大否，漢興，諸儒僅能訓詁舉大義，或復歸于陰陽家流，大失聖人言《易》之旨。正始中，王輔嗣一切革去，易以高尚之言。然輔嗣祖述虛無，其辭雖美而無用于天下國家，于是《易》為空言矣，又非三聖人所謂《易》之道也。虛無之學，流弊至今，卒無以正之，兹大道所以不明歟！大抵自漢以來，學者以利禄為心，明經秖欲取青紫而已，責以聖人之道，固不可得而聞也。宋興百有餘載，有明道、伊川二程先生，横渠張先生出焉。監前世儒者之弊，力除千餘載利禄之學，直以聖人為師，斯道為己任，豈非古之所謂豪傑之士也哉？其于孟氏之功，聖智巧力之間而已。先人受業伊川先生二十餘年，雍始生之時，横渠、明道久已謝世，甫四歲而伊川歿。獨聞先人言：先生之道，其所學所行，所以教授，多見于《易》與《春秋》、《中庸》、《論語》、孟氏之書，是以門人率于此盡心焉。且自周公歿，大道不行，五百餘歲而得孔子。孔子歿，百有餘歲而得孟子。去聖人世如此未遠而道之難明亦已甚矣，況于孔子歿後千五百餘年，而三先生欲力復聖人之道，其難矣哉！夫先知先覺之士，曠世無有，將使百世之下，聞者莫不興起，豈非三先生之力也歟！雍不肖無聞，甘與草木同腐久矣；重念先人之學，殆將泯絶，先生之道亦因以息，惟懼無以遺子孫，于是潛稽《易》象，以述舊聞，用傳于家，使毋忘先生之業；道雖不足，志則有餘矣。孟子所謂“嘐嘐然，曰古之人、古之人”者，其庶幾歟！紹興辛未歲仲夏望日河南郭雍謹序。

《郭氏傳家易說》總論

《易》

上、下二經自《序卦》已分，其來尚矣。傳者謂今之《周易》乃孔子所傳，文王《易》也。易者，體常盡變，其用不窮之義。《經》曰："《易》，窮則變，變則通，通則从。"蓋言常道之窮必繼之以變，是以通从，故《易》以變通為義。大抵道適變則可用，可用則通从，而為《易》；未適變則不可用，非《易》也。太極之道初不可有而《易》能有而用之者，包犧、文王之力也。是故《易》者，用也，用之之書也。舉而用之，大小不同，斯則在人，然則變而通之，然後盡其利。是以論其道則未始繫于聖人及書之有無，惟聖人憂患後世之深，恐不復聞也，故明其道而載之于此。自包犧畫八卦而卦之名立，文王重之為六十四之後，然後《易》之名出焉。《易》之名出，然後謂是道為《易》之道也，是則卦名始于包犧而《易》名始于文王。卦也、爻也聖人能畫之、重之、名之耳，因其畫之、重之、名之故為作《易》之聖人作《易》者作是書也。是書之道具于未有天地之初，非包犧、文王所能作也。後世聖人又因文王之《易》，以周題之，所以別夏、商二代，夏曰"《連山》"，商曰"《歸藏》"，而不名曰"夏、商《易》"者，時未有《易》之名故也。《連山》以艮為首，主名山川，禹之功也。《歸藏》以坤為首，成湯黜夏命，"造攻自鳴條"之義也。故孔子曰："我欲觀殷道，是故之宋而不足徵也，吾得坤、乾焉。"《周易》以乾為首，文王三分天下有其二，以服事殷之道也，故《繫辭》首曰："天尊地卑，乾、坤定矣；卑高以陳，貴賤位矣。"此繫文王《周易》之辭也。

卦

皇之道簡于帝，帝之道簡于王，非聖人有意于其間，時焉而已。書契之作始自八卦，而後世不勝其繁者，蓋惟天地有萬古不易一定之體，而人則生生無窮，故自簡至繁是為人事必然之理。上古之時，天道勝人，人知有天而不知其他也，故包犧氏始畫八卦，其意若曰：是道之一列而有三，如是而天，如是而地，如是而人。天道主覆，故畫于上；地道主載，故畫于下；人道財成輔相，故畫于中。于是自任以財成輔相之道而配天地焉者，包犧畫卦之道也。然天道不以天高而大于地，地道不以地廣而大于人，人道不以人微而小于天地，故三畫皆無差殊。要其至也，混而為一，復于太極，故名曰“卦”。然則卦者，太極之一耳。或八，或六十有四，曰“道”、曰“事”，大小不同。其于太極，名易而實存也，非若三才之分，太極名實俱易矣。是以聖人經以三才而太極分，緯以八卦而太極復，一經一緯而六十四象由之以備，天下之能事畢矣。所以太極為《易》之體，而《易》者用太極之名，太極之道方其混然一成，物莫能破，人安得而用之？及乎包犧判而三之、才之，離為八；文王重而六之，離為六十四；然後天下後世以之脩身、齊家、治國、平天下，始可得而議矣。非天下之至聖，其孰能與于此！

八卦之時，天道純全，故其名卦必備三才之義，曰“乾”“坤”“震”“巽”“坎”“離”“艮”“兑”，為八卦之名，與八者之名所以總謂之“卦”者，凡九字不可以常義膚淺訓釋，蓋出于上古之言，文王、孔子能通之者也。雖因孔子以卦之才德言之，知為乾健、坤順、震動、巽入，終莫能究其義。而後世或謂“卦者，卦也”，其言如此，豈能盡聖人之意哉？大抵《易》之為義易通，而卦之為義難得。卦也，畫也、象也。蓋自道而一變爲畫，因而成象。畫象具而成卦，使萬世之下復由卦以知象，由象以知畫，由畫以明道，此聖人之意也，然終莫知上古之時卦為何訓。“乾坤”八字出于包犧，“卦”之一字出于包犧之後，聖人名之；其餘五十六卦及《易》與“元亨利貞”皆命于文王。凡六十四卦可以意義訓釋其卦名，或具三才，或在人物，或以道德，或寓時事，命名不同，皆可攷而知，蓋中古之言，後世之所通也。上古、中古之名于是較然可見，則知包犧之畫八卦而已，而文王重卦又何疑焉？包犧氏之前有聲而無畫，包犧之時有畫無字，☰即乾也；文王之時畫字具有，六十四卦之畫即六十四卦之字；後世以字易明，故于畫之下重字以明之。且包犧氏以天地人之三而其道一，故三畫而成一卦；畫有奇偶，故有乾坤；窮則盡變，故有六子。“乾、坤”六子，包犧初不能加損益也，天以是示之，因以是明之耳。故包犧之畫得于天而明天，文王之重得于人而明人；得于天者亦知地道、人道之一也，是以三奇為乾而地道存焉，三偶為坤而天道存焉；一奇一偶終不可以成卦也。得于人者，知太極生天地，天地生人；有天而無地，人無得而生也，故以包犧之畫在上為天，文王之重在下為地，天地設位而後聖人成能于其中。天有氣，地有形；人得天之氣以生，得地之形以成，必兼三才而兩之，然後人因天地以生矣，此文王重卦之義也。揲蓍者分而爲二以象兩，然後挂一以象三，蓋因于重卦之義。且包犧之畫為天，天，君道也，故五之，在人為君；文王之重為地，地，臣道也，故二之，在人為臣。以上下二卦別而言之如此，合六爻而言之則三、四皆人道也，是之謂“中爻”。《繫辭》曰“雜物撰德，辨是與非，則非其中爻不備”，故盡人事之變以二、三、四、五為主，初、上終始之而已。然終始之亦位也，故曰“六位時成”“六位成章”。

爻

包犧氏畫卦之始，其畫雖具三才而卦之，天地未判，無九、六六位之別；文王重卦之後，然後天地判而有九、六，人道成而著六位，此周公明六爻之義也。何謂“天地判而有九、六”？《繫辭》曰“天一、地二、天三、地四、天五”，此天地之生數也。合一、三、五為九，天數也；天本乾，故乾稱九。合二、四為六，地數也；地本坤，故坤稱六。此列六爻之後，聖人稱九、六之旨也。是以揲蓍之法，老陽三十有六，揲以四象而得九；老陰二十有四，揲以四象而得六。故九為乾爻，三十六為乾策；六為坤爻，二十四為坤策；此後世聖人衍九、六之道也。包犧肇三才之微，獨畫天卦，方知三才為一道，故必文王重卦之後，天地上下二卦既具，而後九、六可生焉。九、六既生，而後大衍之法立，此聖人作《易》之序也。何謂“人道成而著六位”？一卦之象雖備三才，而六畫之後聖人道在成能，欲用于天下萬世，故舍天地而獨明人道，是以六爻皆人位，其辭皆人事，故文王之治同天之載，而周公之禮樂法度粲然具備者，盡人道也，此聖人著六爻之義也。《繫辭》曰“二多譽，四多懼”“三多凶，五多功”，此後世聖人以人道明六爻之說也。是則有畫而後可重，重而後有九、六，有九、六而後有六位，有六位而後可繫辭、《彖》、《象》、《文言》。故方畫重九、六之際，皆統明三才及六位；繫辭、《彖》、《象》之後，一以人道為主，人道至此而後明矣，此四聖成始成終之道也。然前乎周公畫卦之時，爻具于畫，不復重見也；至周公列之于下而繫以辭焉，《易》于是始備矣；而明其道傳其教者，孔子也。故必一聖人畫之，一聖人重之，一聖人列于爻，一聖人垂其教，則道無餘蘊矣。使包犧重之，非包犧也，三王之道也；使文王爻之，非文王也，周公之道也。聖人隨時之義蓋不然矣，故自太極之始，包犧象三才之道，文王盡三才之義，周公列三才之事，孔子著三才之教，皆隨時之義也。然孔子之于文王，猶文王之于包犧也，周公特終文王之一事耳，故古人獨稱三聖者以此。

彖

《繫辭》曰：“彖者，言乎象者也。”又曰：“彖者，才也。”乾之象，六奇是也。乾之彖，言六奇之義也。乾之才，大而健是也。乾之彖，言大健之義也。故觀乎彖辭則一卦之義思過半矣。然先儒以文王卦辭為彖辭，蓋以孔子不當自言“觀乎彖辭，則思過半也”。此大不然。孔子之

《彖》正論一卦之象及釋文王之辭，非孔子之《彖》則卦象與文王辭不可通矣。蓋文王之辭旨意深隐，出于憂患之言，雖使知者觀之，豈能思過半哉？必觀孔子《彖》辭，然後一卦之義有思過半之理。孔子作《彖》，本以垂法後世，欲學者先盡心于《彖》，然後可明重卦之象及通文王之辭，則“思過半”之言乃孔子自明作《彖》之意及示學文王《易》之要法也。

象

《繫辭》曰：“《易》者，象也。”又曰：“聖人立象以盡意。”蓋以《易》之意不可得而盡，故有象以盡之也；意不可盡，徒玩其辭皆空言耳，如是則不可以訓天下後世，而作《易》之道絶矣，此聖人立象之旨也。《經》曰“見乃謂之象”，然則使斯道之可見者無非象也。故象非一義，四聖人之象不同。卦之三畫，包犧之象也；重之為六，文王之象也；次為六位剛柔，周公之象也；在乾則自“天行健”至于“天德不可為首”，孔子之象也。三、六之象以卦爲主，六位剛柔之象以爻爲主，孔子之象以辭爲主，所主不同，其為盡意一也。故辭有不能盡者，求之爻；爻有不能盡者，求之卦；則《易》之意無餘蘊矣。然則象也者，豈為天、為地、為馬、為牛而已乎？天、地、牛、馬，有乾坤之象者也，非乾坤之象止于天、地、牛、馬而已也。故知《易》之為書，其意其辭皆由象出。未有忘象而知《易》者，如首、腹、馬、牛之類，或時可忘，此象之末者也。

歐陽文忠公言《彖》《象》《文言》雜入卦中者自費氏始。王弼爲注亦用《彖》《象》相雜之《經》。考費氏傳曰“徒以《彖》《象》《繫辭》十篇文言解說《上、下經》”，觀今之《易》，十篇未嘗盡入卦中，則非費氏明矣。孔穎達言孔子《象》辭在六爻《經》辭之後，及王輔嗣以爲《象》者本釋《經》文，宜相附近，其義易了，故分爻之《象》辭各附其當爻下，言之猶如杜元凱注《左傳》，分《經》之年與《傳》相附。觀此則《小象》固已先在卦中，弼又雜之爻中也。其《彖》與《大象》《文言》終莫可考。

《文言》

《易》有《彖》，所以明成卦之才；有《象》，所以畫作《易》之意。又為《文言》，所以釋一卦之辭，然獨著于乾、坤二卦者，言辭在聖人道之，易明者也。學者考諸《彖》《象》，智之可及也。孔子曰："舉一隅不以三隅反，則不復。"又謂："賜也，告諸往而知來。"蓋有不勝其言者，言之終不可盡。學者觀乾、坤二卦《文言》，觸類而長之可也。案是書舊有夷陵謝主簿校證本，未詳主簿名字。其校證此條謂："脱去'乾坤二卦文言'句，校補之。"今此本弗脱，與所校補符合。别詳卷一、卷十一小注。

《繫辭》

包犧畫卦，初無繫辭，文王、孔子之言皆繫辭也。故孔子曰"繫辭焉以斷其吉凶""繫辭焉以盡其言"，則卦爻之辭皆是也。今獨以此上下二篇稱《繫辭》者，蓋卦辭、爻辭，文王、周公之繫辭也；此上下二篇，孔子之繫辭也。又于十翼之中獨此二篇泛論大道，為諸卦之統要，與《彖》《象》《文言》之辭異，故獨曰《繫辭》，所以尊崇孔子之辭與文王等也。觀其言"廣大而備""變通而神""無思而精"皆《彖》《象》《文言》《序卦》《説卦》之所不能盡者，非聖人孰能與于此哉！微此則《易》道絶矣。

何氏謂上篇明无，下篇明幾。或以上篇論《易》之大理，下篇論《易》之小理。孔穎達言上、下無異義，直以簡編重大，是以分之。今觀上篇自"天尊地卑"至"存乎德行"，篇章相次，事理大小皆有條理，不可紊亂；次章之言皆前章所未盡，至"存乎德行"則《易》道備矣。下篇復起其説，前後相次復如上篇。是則初為二篇，非後人妄分也。

諸儒分章不一，孔穎達定以上篇十二章、下篇九章。然章有甚大甚小，有可分不可分者，似不止此二十一章，故有文意未斷而章分，有才一二句而文意斷不相續者，豈能拘以二十一章也？說見于後。

上篇所言多《易》道之大者，與其精微神變之用；下篇多卦義，及上所未終粗顯之說又不可不明之者；則上下二篇畧有辨也。且上篇言“天尊地卑，乾、坤定矣；卑高以陳，貴賤位矣”，以其有是言，故下篇可言“八卦成列，象在其中；因而重之，爻在其中”也。上篇言“乾以易知，坤以簡能”至“易簡而天下之理得”，以其有是言，故下篇可言“夫乾，確然示人易矣；夫坤，隤然示人簡矣”也。孔穎達謂：“天地之道，貞觀者也；日月之道，貞明者也”，此豈復為《易》之小事？然“貞觀”“貞明”特引天地日月以明吉凶貞勝之辭，非在《易》之義，又不若“廣大配天地，變通配四時，陰陽之義配日月，易簡之善配至德”為《易》之道也。觀此數義，則二篇精粗畧可見矣。

《說卦》

《說卦》論八卦之道德與其象義情性也，然則六十四卦亦有是乎？蓋六十四卦各具于《文言》《彖》《象》《雜卦》之中矣，至萬物象類如履之為虎、漸之為鴻、中孚之鳴鶴、小過之飛鳥、井之為井、鼎之為鼎皆是也，其象不可盡言，故于是數卦畧明之。《繫辭》曰：“以言乎天地之間則備矣。”斯其所以難言也，故曰“書不盡言”。

《序卦》

孔穎達曰：“六十四卦二二相耦，非覆即變。覆者，表裏視之，遂成兩卦，屯、蒙、需、訟之類皆是也。變者，反覆惟成一卦，則變以對之，乾、坤、坎、離、大過、頤、中孚、小過八者皆是也。”此蓋卦變反對之象，先天之學詳矣，雖出于變象，豈無其序哉？故聖人所以序之也。八卦之序有二：“帝出乎震”一章，八方之序也。“乾，天也”一章，成卦先後之序也。先序八卦于上，故序六十四卦于此。八卦序，包犧之道；六十四卦序，文王之道也。道，至難明也。聖人判之為三才，離之為八卦，使有目者可見，有耳者可聞，亦云至矣！于是又爲之說、為之序，三才、八卦之道纖介不遺。而言《易》者，尚或滯于空言，而乖亂正道；或溺于術數之用，不明三聖人之大旨；斯學者所宜深戒也。

《雜卦》

卦之性情與其為德之不同，八卦則見于《說卦》，六十四卦則見于《雜卦》。孔子于包犧之道詳盡于《說卦》，皆文王所未嘗明之者，故不得不詳也；于文王之道則具于《序卦》《雜卦》之中，其象則見于諸卦大小《象》；而《繫辭》上下則兼統之。案原本自論《繫辭》至論《雜卦》，複載《繫辭》《說卦》《序卦》《雜卦》各卷篇首，殆因曾種《大易粹言》分載之，不察已見卷首，誤據以增入，今已校刪。至各卷有與《粹言》所載互異者，就文義審定，不皆從《粹言》。或據以增入，則註明本文下。

《郭氏傳家易說》卷一

宋　郭雍　撰

上經乾　坤　屯　蒙　需　訟　師　比　小畜　履

䷀乾下乾上

乾：元亨。利貞。

包犧名卦，必備三才之義，故自太極離而為八，名曰“乾”“坤”“震”“巽”“坎”“離”“艮”“兑”。至文王重卦之後，然後三才、八卦不一而足，而天地人之道或分矣。獨八卦之名因之不改，是以其義獨異于諸卦也。《說卦》曰“乾為天”，故世之說乾者止于天，不得其道。又以天為體，乾為用。夫以乾止于天，則乾象當一畫，不當有人道、地道而備三才也。孔子曰：“乾，陽物也。”自道言之，乾、坤、天、地、人无非一物，則是三才、陽物皆乾之道，故《說卦》曰“乾為天”，在天之乾也；為圜，在象之乾也；為君、為父，在人之乾也；為玉、為金、為寒、為冰、為大赤、為馬、為木果，在地、在物之乾也。以乾能備三才萬物之象，而三才萬物之一物不能兼乾之象，故不得獨名曰“天”而必名曰“乾”也。又況乾坤，道也；天地，物也；得是道而後為物，故天得乾之道而為天也。八卦之名皆與此同義。《文言》之初言四德，後又曰“乾元者，始而亨者也。利貞者，性情也”。又觀餘卦“利牝馬之貞”“利君子貞”之類，則疑其以“元亨”二德為一，“利貞”二德為一矣。蓋自《易》論之，乾，陽物也；坤，陰物也。由乾之一卦論之，則“元”與“亨”，陽之類也；“利”與“貞”，陰之類也。是猶春夏秋冬雖為四時，由陰陽觀之，則春夏為陽，秋冬為陰。是以四德或為二義可也。且四德者在卦則為天地人，而言之曰“元亨利貞”。在天地人別而言之，雖亦曰

"元亨利貞"，然天之所謂"元亨利貞"者，如"立天之道陰與陽"之類是也；地之所謂"元亨利貞"者，如"立地之道柔與剛"之類是也；人之所謂"元亨利貞"者，如"立人之道仁與義"之類是也。天、地、人、陰陽、剛柔、仁義皆可謂之"元亨利貞"，而卦之"元亨利貞"不可謂之"陰陽"、不可謂之"剛柔"、不可謂之"仁義"者，以卦得兼三才而三才之一物不得以兼卦故也。是以乾之道，天得之而為天，君父得之而為君父，圜得之而為圜，木果得之而為木果，大小不同，其具四者則一而已。所謂"語大，天下莫能載；語小，天下莫能破"，其道一也。文王之《易》，乾卦六畫之下惟"元亨利貞"四字而已，至周公益六位爻辭六十二字而《易》道備，孔子《彖》《象》《文言》成今之《易》。而後世明觀文王之《易》，則知周公事業，所謂"鬱鬱乎文"者也；亦見文王"無聲無臭"同于"上天之載"，天不已文王亦不已之義。由文王以觀包犧之畫，則知包犧範圍天地之道同于太極，至矣！

初九：潛龍。勿用。

爻辭皆以人道為主，龍雖非人而萬物皆人道之內，又取以象，聖人故乾爻稱之。乾不為龍而稱之者龍，有聖人之德不必拘以乾象也。初，始也。聖人之始，果行育德，未可為時用，或時亦未能致，聖人皆"潛"可也。此舜耕稼陶漁之時，必至玄德升聞，乃命以位。故潛之時，宜勿自用。伊尹耕于有莘，傅說隱于巖野，二老避于海濱，亦皆是道。或喻漢祖及後世之隱者，皆不足以當"潛龍"之義。

九二：見龍在田。利見大人。

君子學以聚之，問以辯之，寬以居之，然後仁以行之。至于仁以行之，道大成矣。故龍之潛也，有必見之理；聖人之學也，有必行之道。舜之相堯，伊尹之就湯，太公、伯夷之歸文王，皆利見九五之大人者也。人臣，地道也，故見而在田。人君，天道也，故飛而在天。大人者，其道甚大之人也。故德合天地，明合日月，其序合四時，其吉凶合鬼神，不如是豈足以有天下之大而贊化育、參天地乎？君臣俱有大德而小人勿用，此二帝三王之所以興也。乾德以大為主，故不言聖人而曰“大人”，然則聖人之法乾，法其大而已矣。

九三：君子終日乾乾，夕惕若。厲。无咎。

三居臣道之尊，當興事造業之任，故“終日乾乾”，法乾之健，不遑休息，此大禹三過其門不入之時。然天下之理，高則危，滿則溢，必戰戰兢兢，然後無危溢之患。是以九三位極之君子，能朝夕惕然，則雖處危地“無咎”矣。“若厲”者，雖危也。禹曰“予思日孜孜”，舜稱其“不自滿假”，孟子稱其“聞善言則拜”，皆“夕惕”之意也。乾之道堯舜得之大，禹得其健，雖欲不爲帝王不可得已；故堯舜禹之授受，係乎道之自然，聖人无心于其間焉。

九四：或躍在淵。无咎。

初居下體之下，潛之也；潛則行而未成，故不可用。四居上卦之下，猶有淵義，雖潛道已革，而无在田之位，進退惟時，固不可躍而進也。然君子進德修業欲及時，居近君之位，時其可失乎？是以疑于可進而自躍也。“可以仕則仕，可以止則止”，所謂“或躍”也。六爻之義大率以初為未仕，四為已仕，二為應君之臣，三為人臣尊極之位，蓋下卦以漸進而四為近君矣。故二多譽，得君也；四多懼，近君也；三多凶，危也。

九五：飛龍在天。利見大人。

孔子曰：“惟天為大，惟堯則之。”孟子曰：“大舜有大焉。”則大人莫大于堯舜也。然堯以不得舜為己憂，舜以不得禹、皐陶為己憂；雖堯舜之大，其憂尚如此，此九五大人之君所以利見九二大人之臣也。天位不可階而升也，故稱“飛龍”焉。二帝三王未有不得大人以興者，漢唐之際雖莫不然，然皆權謀變詐小人之徒，爭雄竊國而止耳，安知所謂“利見大人”之道哉！

上九：亢龍。有悔。

九三過而惕，故“无咎”；上九過而亢，故“有悔”；然則龍德莫善于“惕”而莫不善于“亢”也。亢則貪夫位，慕夫祿，不知進退存亡，其悔宜矣。堯老而舜攝，舜亦以命禹，伊尹“復政厥辟”，周公“復子明辟”，君臣之間皆有是道，故知進退存亡者，其惟聖人乎！

用九：見羣龍无首。吉。

九，天德也。用天德者，徧覆包含，无所不容，其于見羣龍而容之有餘裕矣，夫是之謂“大人”。大人有容天下之德而无長天下之志，至于天下樂推“首出庶物”之際，一以无心應之而已。《象》言“天德不可為首”，為者，自為之辭。无首者，戒其无自爲首也。是以堯無能名，舜有天下而不與，文王三分有二而事殷，皆无首之道。孔子曰：“天何言哉！四時行焉，百物生焉。”知此然後盡用九无首之吉也。乾坤純備天地九六之道，故稱用九用六；他卦雜而不純，雖有所用，亦乾坤之九六也。

《彖》曰：大哉“乾”元，萬物資始，乃統天。雲行雨施，品物流形。大明終始，六位時成。時乘六龍以御天。乾道變化，各正性命。保合太和，乃“利貞”。首出庶物，萬國咸寧。

乾之四德，元為大，元為始。《彖》論一卦之才，故首言“乾元”。元之在乾，猶人之有首也，萬物之所以資始者在此。且雲行雨施，品物流形，天之長育萬物，健而亨之道也，而乾元則統之。聖人知此，故大明乾元終始一卦之道，得所謂潛、見、飛、躍，各以其時而成六位矣，此周公繫爻之義也。六位既以時成，則聖人可以乘此而用天道，或潛、或見、或惕、或躍、或飛、或亢，亦各因其時而乘焉，此聖人法乾用九之道也。故孔子曰：“乾元用九，乃見天則。”且乾道之變化也，蓋非物物而生之；大闢資始之戶，使萬物无一物之不和，是之謂“保合太和”。“乾始能以美利利天下，不言所利”者以此，是乃乾之所謂“利貞“也。

聖人知乾之“利貞”在此而不在彼，故法“各正性命”之道以出庶物，法“保合太和”之道以寧萬國，則“首出庶物”而“萬國咸寧”矣，此又[1]聖人法乾用九之道也。故孔子曰：“乾元用九，天下治也。”《易》之《彖》，非獨統論一卦之體，蓋以人事兼明之。

《象》曰：天行健。君子以自強不息。

天有乾之象也。君子，像天與乾者也。天有乾之象者，以乾健而天行亦健故也。君子能像天與乾者，以天行健而君子自強不息可像之也。

“潛龍。勿用”，陽在下也。

在下非獨處微，亦陽未動而時未至故也。

“見龍在田”，德施普也。

時至而出，兼善天下，膏澤下于民之時也。

“終日乾乾”，反復道也。

“乾乾”，自強不息也。自強不息則反復皆天道，造次顛沛必于是也。

“或躍在淵”，進“无咎”也。

四為有位之臣，與二同功，雖有進退之義而義在有為，故進亦无咎。聖人懼其近而必進，故“或”之；亦慮其退而失時，故曰“進无咎”也。

“飛龍在天”，大人造也。

大人體乾行健，不為小道也，故飛龍見大人之為。

“亢龍。有悔”，盈不可久也。

---

① “又”，武英殿聚珍版本作“有”。

《易》窮則變，變則通，通則从。亢不知變，其能从乎？

“用九”，天德不可為首也。

善用天德者用其大，不善用天德者用其強。強无不及也，處衆則欲長，有功則欲伐，故聖人于是戒之。益賛于禹曰：“满招損，謙受益，時乃天道。”其知用天德者歟！

《文言》曰：“元”者，善之長也；“亨”者，嘉之會也；“利”者，義之和也；“貞”者，事之幹也。

“元亨利貞”固不止于在人者，則善之長、嘉之會、義之和、事之幹，非獨人事而已。

君子體仁足以長人，嘉會足以合禮，利物足以和義，貞固足以幹事。君子行此四德者，故曰：“乾，元、亨、利、貞。”

君子體乾之“仁”，故足以長人；體乾之“嘉會”；故足以合禮；體乾之“利物”，故足以和義；體乾之“貞固”，故足以幹事；此君子行此四德之道也。君子行此四德，亦同乾之“元亨利貞”。

初九曰：“潛龍。勿用。”何謂也？子曰：“龍德而隱者也。不易乎世，不成乎名，遯世无悶，不見是而无悶。樂則行之，憂則違之，確乎其不可拔，潛龍也。”

道與世合，則出而見道；與世違，則隱而潛；惟有德者能之。古之人，邦無道至死不變。又曰“邦無道則愚”，豈“不易乎世、不成乎名”者歟？“遁世无悶”，獨善其身者也。“不見是而无悶”，人不知而不慍者也。行其所可樂，違其所可憂，此顔子所以不改其樂而人不堪其憂也。

九二曰：“見龍在田。利見大人。”何謂也？子曰：“龍德而正中者也。庸言之信，庸行之謹，閑邪存其誠，善世而不伐，德博而化。《易》

曰：‘見龍在田。利見大人。’君德也。”

初九潛而勿用，故孔子言其隱德。九二見而在田，故孔子言其龍德之著見者。由二爻以觀之，《中庸》所謂“誠則形，形則著，著則明，明則動，動則變，變則化”之序也。“庸言之信，庸行之謹”，言行之見者，安行之也。惟正故能“閑邪”，惟中故能“存誠”，閑邪所以存其誠也。有善世之功而不自伐，故天下莫與汝爭功。有正中龍德，博而物化，故能盡性。盡人物之性，豈閑邪、存誠之所致歟？君之德正中而已。九二，所謂“咸有一德”者也。

九三曰：“君子終日乾乾，夕惕若。厲。无咎。”何謂也？子曰：“君子進德修業，忠信，所以進德也；修辭立其誠，所以居業也。知至至之，可與幾也[①]；知終終之，可與存義也。是故居上位而不驕，在下位而不憂。故乾乾因其時而惕，雖危无咎矣。”

乾，健也。“乾乾”，健之至，其自強不息可知也。蓋不如是不足以進德修業，大有爲于天下也。德在我者也，非内盡忠信則德不可進。事業措諸天下者也，其修辭外見者，未見其所以盡成己成物之道，皆不足以居業也。事之方來，可至者至之，君子知動之微，作事謀始也。事之已往，當終者終之，君子存謹終如始之義也。卦至于三，其道革矣。自初至三，可終之德業也；自四以往，可至之德業也。既盡善始善終之道，故居三之尊而不驕，任五之事而不憂，雖在危地，何咎之有？夫内以忠信而進德，外以辭誠而居業；知至之幾，知終之義，不驕不憂，皆兢兢而夕惕者也。“修辭立其誠”，如皋陶“矢厥謨”之類是也。發號施令，皆修辭也，以誠為主。

① “可與幾也”，武英殿聚珍版本同。按清・阮元《十三經注疏・周易正義》校勘記：“古本足利本‘與’下有‘言’字。”

九四曰[①]："或躍在淵。无咎。"何謂也？子曰："上下无常，非為邪也。進退无恒，非離羣也。君子進德修業，欲及時也，故'无咎'。"

上下進退，皆貴有常而不變；而此无常者，上下進退係乎時命也。孔子嘗為委吏、乘田矣，豈捨正道而為此哉？亦豈離類敗德而為此哉？不得其時而已。君子進德修業欲及時，是以不忘于"或躍"也。孟子以"可仕則仕、可止則止"為聖之時，而《文言》以"或躍"爲欲及時，其義一也。由是為魯之司寇，"或躍"之義存焉耳。九四之處不以正疑其為邪也，故言"非為邪"，龍德在下而已。達之疑其離羣也，故言"非離羣"。孔子懼進不以道而退不以義者，故以及時釋"或躍，无咎"之義。

九五曰："飛龍在天。利見大人。"何謂也？子曰："同聲相應，同氣相求。水流濕，火就燥，雲從龍，風從虎，聖人作而萬物覩。本乎天者親上，本乎地者親下，則各從其類也。"

大哉，君臣之道各從其類如是之至也！故湯使聘之"幡然而改"者，商之一德之臣也。聞文王興而"盍歸乎來"者，周之同德之臣也。雖求之于上，應之于下，在人事如此而有必應、必親之道者，係乎龍德之同耳。

上九曰："亢龍。有悔。"何謂也？子曰："貴而无位，高而无民，賢人在下位而无輔，是以動而有悔也。"

貴而非其位，不知退也；高而无其民，不知喪也。"賢人"謂九三也，九三之德知幾、夕惕與此異矣。德既不同，則在下不應，不為輔也。動不知止，其悔宜矣。

"潛龍。勿用"，下也。"見龍在田"，時舍也。"終日乾乾"，行事也。"或躍在淵"，自試也。"飛龍在天"，上治也。"亢龍。有悔"，窮之災也。

---

① "曰"，原本脫。武英殿聚珍版本同。據上下文例補。

乾元“用九”，天下治也。

“下”也，猶言微也，如“有鰥在下”也。“時舍”，時可進，故隨時而舍。明有正中，君德亦必待時。前言位之人也，後言爻之時也。案“前言”以下原本在“時舍”句上，今據謝主簿校本移正。“行事”，興事、造業大有為也。“自試”，君子謹失時之戒，故或自試。“上治”，以天德位天位，治所從出。“窮之災”，窮不知變，故災至。“天下治”，知乾元之義而用天德，則治矣。

“潛龍。勿用”，陽氣潛藏。“見龍在田”，天下文明。“終日乾乾”，與時偕行。“或躍在淵”，乾道乃革。“飛龍在天”，乃位乎天德。“亢龍。有悔”，與時偕極。乾元“用九”，乃見天則。

“陽氣潛藏”，則閉塞未亨之時。“天下文明”，君子出則道文明。“與時偕行”，時可行健，君子應時行之。“行”謂“用”也。“乾道乃革”，潛龍之義，至四而革也。“乃位乎天德”，有天德而得天位也。“與時偕極”，乾道極矣，時不復矣，而不知止，故與偕極。“乃見天則”，惟天為大，惟堯則之。觀用九之義，見天之可則也。

乾“元”者，始而“亨”者也。“利貞”者，性情也。乾始能以美利利天下，不言所利，大矣哉！

“元亨”者，乾之始也。“利貞”者，乾之性情也。乾之始，大是也。乾之性情，健是也。惟其大，故“元亨”而健，故“利貞”也。利天下者始于乾元，故《彖》曰“大哉乾元，萬物資始”。可言所利，則其利小矣；“不言所利”，无所不利也。

大哉乾乎！剛健中正，純粹精也。六爻發揮，旁通情也。“時乘六龍”，以“御天”也。“雲行雨施”，天下平也。

“剛健中正，純粹精”，乾之德也。“六爻發揮，旁通情”，乾之業也。“時乘六龍以御天”，乾之用也。“雲行雨施，天下平”，乾之功也。有是德則有是業，有是用則有是功也。然精者，德之精；情者，卦之情。“乘六龍”，用九也。“天下平”，致美利也。乾之大如此，聖人之法乾也。“剛健中正”以崇德，“發揮旁通”以廣業。“時乘六龍”，崇德以致用也。“雲行雨施”，廣業之功成也。

君子以成德為行，日可見之行也。“潛”之為言也，隱而未見，行而未成，是以君子“弗用”也。

“隱而未見”，時之未至也。“行而未成”，德未大成也。是以確乎其不可拔也。“成德”者，時成之龍德也。言之信、行之謹、善世不伐、德博而化，皆可見也。初之潛未足以與此。

君子學以聚之，問以辯之，寬以居之，仁以行之。《易》曰：“見龍在田。利見大人。”君德也。

“學”“聚”“問”“辯”“寬”“居”之者，期于“仁以行之”耳。故“潛龍勿用”，知其成而未成也。“見龍在田”，知其君德大成而可行也，是以“利見大人”。惟仁以行之，為九二之事。

九三重剛而不中，上不在天，下不在田，故乾乾因其時而惕，雖危“无咎”矣。

在天為君，在田為臣，皆中正也。三乘重剛而過中，故為危懼之地。

九四重剛而不中，上不在天，下不在田，中不在人，故“或”之。“或”之者，疑之也，故“无咎”。

四承重剛，多懼之地。上不為中正之君，下不為同德之臣，中非興事造業之任，故于進退懼而“或之”也。“或之”，則毋必是。以可進則進，可退則退，故“无咎”。

夫“大人”者，與天地合其德，與日月合其明，與四時合其序，與鬼神合其吉凶。先天而天弗違，後天而奉天時。天且弗違，而況于人乎？況于鬼神乎？

天下至大也，非有天德者不能有天下。惟有天德，故其德有容，无私于覆載；其明无不及，无私于照臨；其序有常，无私于生養；其吉凶有感，无私于賞罰；是以能同于天而无相違之道，況于人鬼乎？蓋與天道同者，不係乎先天後天也。究觀乾之一卦，則包犧之畫，明人配天地；文王之重，明聖人成天地之能；周公之爻，明有天德則居天位；孔子之辭，明合天地則可以治神人；乃知君道不可以不大也。故堯則天之大，舜能有大，禹為大禹，皆九五之"大人"歟！

"亢"之為言也，知進而不知退，知存而不知亡，知得而不知喪。其惟聖人乎！知進退存亡而不失其正者，其惟聖人乎！

孔子"可仕則仕，可止則止，可久則久，可速則速"，孟子稱為"聖之時"。大哉，隨時之義也！一失其正而為"亢"，則于進退、存亡、得喪之際，尚不能周知，況天下國家乎？聖人釋爻至于四五者，蓋其道難以一義盡也。

䷁ 坤下坤上

坤：元亨。利牝馬之貞。君子有攸往，先迷後得。主利。西南得朋，東北喪朋。安貞吉。

乾，健也。坤，順也。天地之大德曰"生"，則乾、坤"元亨"皆一也。"利貞"之體異者，坤以順為正也。"牝馬"，順而健者也。先順而後健，坤之道也。"利牝馬之貞"，所謂"言所利"也。言所利則不名為大，故《彖》曰"至哉坤元"。坤德至順，待唱而應，不為物先，故"君子有攸往"。在物之先則失其道，在物之後則得其道，得其道斯能成其所利矣。西南，坤之類也，故"得朋"。東北，反坤之類也，故"喪朋"。世有以得為吉者，堯之得舜是也。有以喪為吉者，坤之喪朋是也。"得朋"則以順濟順，可小事不可大事之道；"喪朋"則以健濟順，天下無不濟矣。

坤道以“喪朋”為正，君子安此則吉孰大焉！上言“元亨，利牝馬之貞”，蓋坤之繇辭自“君子攸往”之下皆人道也；凡言吉凶，皆人道之辭。餘卦同。

《彖》曰：至哉“坤元”，萬物資生，乃順承天。坤厚載物，德合无疆。含弘光大，品物咸“亨”。“牝馬”地類，行地无疆。柔順“利”“貞”，君子攸行。“先迷”失道，“後”順得常。“西南得朋”，乃與類行。“東北喪朋”，乃終有慶。“安貞”之“吉”，應地无疆。

大則无不至，至則有所極，此乾、坤之異也。始則未生，生則成形。坤之“資生”“順承”之道，是為坤之至也。一順未足以書坤之道，其能合乾“无疆”之大德者，“厚載”萬物而已。“元”者四德之首也，故統天為乾之元，而厚載為坤之元也。无疆之德，健是也。剛健中正，此乾之所以大；“含弘光大”，此坤之所以至。“含弘”，言其靜而翕也。“光大”，言其動而闢也。萬物資生而得“咸亨”者，本于含弘光大而已。乾為馬，非坤也。而坤有取于牝馬者，欲合乾德无疆，故有取于馬也。合乾而非乾，故曰“牝馬”。牝馬柔順而行健，坤道至柔而動剛，故能合乾之德而“行地无疆”也。君子法坤之道，行此“柔順利貞”而已。柔順，至柔也。利貞則動，剛在其中矣。且乾健、坤順，道之常也。逆之則失其道也，故坤先則迷而失常道，後則順而得常道也。然一陰一陽之謂道，坤本陰而西南“與類行”，是不知坤有剛柔動靜之道，一于陰者也。“東北喪朋”，則得至柔動剛之理，坤道乃備，是以“乃終有慶”矣。聖人出庶物而寧萬國者，法天之行健也；安于後，順喪朋之正而終于吉者，應地之“无疆”也。坤合乾德之无疆，馬行類地之无疆，聖人應坤之无疆，此三言无疆之別也。

《象》曰：地勢坤，君子以厚德載物。

天得乾道之大者，地得坤道之大者，聖人從其大者，故乾坤皆言天地，而六子之象亦各舉其大者明之也。乾言“天行健”，則知天得乾之健也；坤言“地勢坤”，則知地勢得坤之順也；故君子法之，厚其德而无不載焉。古之人自任以天下之重者，以此。

初六：履霜，堅冰至。

《象》曰：“履霜，堅冰”，陰始凝也。馴致其道，至“堅冰”也。

陽主生，陰主殺，故春夏為陽，秋冬為陰；而陽為君子，陰為小人。坤之初六，陰生之始，而言“履霜”之漸，以見聖人好生惡殺，辨君子、小人之分，防微杜漸戒之于其早也。霜之始殺，未至于“堅冰”；馴致其道，有必至之理故也。禍亂之作，莫不由此，是以大禹之戒，言“不見是圖”。而成王毖之于小，宣王慎之于微，《詩》《書》有取焉。

六二：直方，大不習。无不利。

《象》曰：六二之動，“直”以“方”也。“不習。无不利”，地道光也。

臣道以順為正，得順之至者，其六二乎！六二盡牝馬之道者也。盡牝馬之道而言“直方，大”者，疑于陽德也。蓋不有是德，則一于柔順而已，又豈能“東北喪朋”而“行地无疆”乎？故《象》以“直方”為六二之動，而《文言》亦以“其動也剛”稱之。然牝馬順而健，性之自然，非習之而後能也。蓋君子盡在己直方大之德，而外物之來雖不習而可應，猶所謂“素富貴、貧賤”者也。“不習，无不利”者，以敬義也。“素富貴、貧賤”者，以誠明也。臣道得此，則動靜之際无所往而不為。利雖非乾之“不言所利”，亦盡坤之利矣。《繫辭》曰：“坤，其靜也翕，其動也闢。”闢則含弘光大，品物咸亨，所以為地道之光也。地道之光，非以其動而光乎！舜曰“重華”，禹曰“文命”，皆地道之光者也。

六三：含章。可貞。或從王事，无成，有終。

《象》曰：“含章。可貞”，以時發也。“或從王事”，知光大也。

坤以六二為一卦之主，三非任時之責者，雖有美德可明，含而固守之可也。“或從王事”，謂從天下大務，无成天之功，終地之德而已。然“含章”則不茹，終于必吐而後已，此待時之義也。“待時”者，從王事之時也。知固守“含章”以待從王事之時，則含弘光大之義得矣。三居下卦之上，其位非不尊，雖有從王事任天下之道，而六二中正已當其位矣，故“或”之。“含章，可貞”，非小道也，故知六二之外，三之德可以任重。

六四：括囊。无咎。无譽。

《象》曰：“括囊。无咎”，慎不害也。

六五之君柔弱在上，而四又以柔德獨近之，其道危矣。惟六四知幾之君子，一以柔德自處，既絶“直方”之動，又異“含章”之發，括而絶物，斯“无咎”矣。善惡括而不形，故“无譽”；好惡括而不萌，故“不害”。天下徒知毀之為害，而六四又知夫譽之為害也，不其慎之至歟！孔子言“賢人隱”，非隱其身也，隱其德也。善夫，知幾！君子之隱乎？然則“括囊”果為臣之道歟？曰時使之然耳，非得已也。

六五：黄裳。元吉。

《象》曰：“黄裳。元吉”，文在中也。

坤雖臣道，而五實君位，雖以柔德，不害其為君也。猶乾之九二，雖有君德，亦不害其為臣。故乾有兩君德而无兩君，坤有兩臣德而无兩臣，皆一義也。六二以柔居尊，下下之君也。江海所以能為百谷王者，以其善下之也。下下，本坤之道也。“黄”，中色也，色之美者也。“裳”，下服也，是以至美之德而下人也。昔堯有“允恭克讓”之德而後能得舜，舜有“溫恭允塞”之德而後能得禹、皐陶，文王有“徽柔懿恭”之德而後能得閎夭、泰顛，然則“黄裳”之德其為“元吉”宜矣。元，大也。一人有慶，兆民賴之之吉也。二、五之爻，蓋聖人明直方之臣非有黄裳之君不能致也。“文在中”者，言美德在中，故暢于四肢，發于事業，皆天下之至美，是以天下蒙其福也。六四明柔德近君，著一時之變，與六五辭不相通，不可符合。《易》之辭類如此，觀之爻《象》《文言》，斯得之矣。

上六：龍戰于野，其血玄黄。

《象》曰："龍戰于野"，其道窮也。

陰道柔順，待陽唱而後動者也。故陽不唱則陰不動，君不唱則臣不和。有不待唱進而干陽者，上六之道也。進而干陽，逼也，則疑而戰矣。野者，在外之地，言陽之拒陰，必使不侵其内也。"龍戰于野"，則為臣之道既窮，而在君之義亦闕矣。"其血玄黄"，蓋君臣兩傷之謂也。觀二帝三王之時，君臣一體如元首股肱，夫人無尺寸之膚不愛，豈自傷其元首股肱哉？漢唐之君屠戮臣下如異類，其臣固有得罪者，而彰君之惡大矣，非特玄黄而已。嗚呼！上无黄裳之君，下无直方之臣，幾何不道窮而龍戰哉！

用六：利永貞。

《象》曰："用六，永貞"，以大終也。

柔順而動剛，坤之德也，可从之道也。用六之義，用此而已。用此可从，能勿大終乎？用九非獨君也，臣亦可用，九二是也；用六非獨臣也，君亦可用，六五是也。

《文言》曰：坤至柔而動也剛，至静而德方。"後得主"而有常，含萬物而化光。坤道其順乎！承天而時行。

坤雖以柔静為主，苟无剛方之德，不足以含弘光大，"'後得主'而有常"矣。"含萬物"，含弘也。"化光"，光大也，所謂"其静也翕，其動也闢"也。然而要坤之至以順承天而行以時而已。此重明卦《彖》之意。

積善之家，必有餘慶；積不善之家，必有餘殃。臣弑其君，子弑其父，非一朝一夕之故，其所由來者漸矣！由辨之不早辨也。《易》曰：

“履霜，堅冰至”，蓋言順也。

坤之初六，非“積善”之象。而《文言》先及積善者，因明善不善皆在所積，知不善之不可積，則善為可積矣。聖人貴夫“早辨”者，慮馴致之易長耳，所以坤之德以柔而剛、靜而方為至。蓋非剛非方則一于順，皆馴致之道，必不能早辨故也。

“直”，其正也。“方”，其義也。君子敬以直內，義以方外，敬義立而德不孤。“直方，大不習。无不利”，則不疑其所行也。

“直”，以言六二之正也。“方”，以言六二之義也。以敬為正而“直內”，盡處中之道矣。又以“義而方外”，是以能居興事造業之任也。“直內”則中立不倚，君子所以正其心；“方外”則和而不流，君子所以措諸事業；內外並立，則大德不孤矣。虞舜“夔夔齋慄”，直內之敬也；“溫恭允塞”，方外之義也。“五典克從”，“百揆時敘”，無所往而不利，故“不疑其所行也”。

陰雖有美，“含”之以從王事，弗敢成也。地道也，妻道也，臣道也，地道“无成”而代“有終”也。

陰能含美，則能從事，蓋坤之德含弘為先也。“地道”“妻道”“臣道”，皆坤之道也。“無成，代終”，含美俟用而已。

天地變化，草木蕃；天地閉，賢人隱。《易》曰：“括囊。无咎。无譽。”蓋言謹也。

天地交感，則賢人出而萬物亨；天地閉隔，則賢人隱而萬物不遂。此自然之理，非必天地不交否之時為然也。君臣之道不合則爲“閉”矣，賢人之德不彰則為“隱”矣。“括囊”，蓋欲其自謹之耳。

君子“黃”中通理，正位居體，美在其中而暢于四支，發于事業，美之至也。

君子有至美之德，能通天下之理，故可以正君之位，居君之體，而德與位稱也。是以近而“暢于四支”，大而“發于事業”，見于四方萬里之遠者，無非在中之美德也。充之足以保四海，是為美德之至。夫聖人治天下國家之道，必本于正心脩身之微。是以六五君子之發于事業者，蓋由在中之美，能通天下之理而已。

陰疑于陽必“戰”，為其嫌于无陽也，故稱“龍”焉。猶未離其類也，故稱“血”焉。夫“玄黄”者，天地之雜也。天玄而地黄。

上六之戰，无龍以明之，則不知其與陽戰也。爲其“嫌于无陽”而言“戰”也，故稱“龍”焉，蓋俱陰无戰故也。因其稱龍，故稱“血”；因其稱血，故稱“玄黄”；從其類而言，此周公爻辭之大法也。“天玄而地黄”，蓋天地陰陽兩傷之意也。

䷂ 震下坎上

屯：元亨。利貞。勿用有攸往。利建侯。

《易》為三才之書，其言則三才之道也。天地人雖均為三才，獨人道雜而多端，无天地之純全，故純剛為乾，而盡天道；純柔為坤，而盡地道；至于人事不齊，一卦不足以盡，故自屯至未濟共為人道，以配乾坤。是以諸卦所載人事為多，而人道自此明矣。然則人道以六十二卦而後能配乾坤，所謂“乾以易知，坤以簡能”歟？天地无屯，人與萬物皆有之，物之始生及其未亨之時皆屯也，故為人道之始。乾坤之四德，所以生萬物而康屯者，故屯有得于乾坤之四德也。然四德非一于屯也，屯之所得者屯之時、屯之事而已。觀乾之《彖》，“萬物資始”，元也；“品物流形”，亨也；“各正性命，保合太和”，利貞也。是則天地之道始終在于萬物，而萬物以人為首，故屯為人道之始，具四德而繼乾坤也。人道始生而未成，未可用“有所往”。先于“建侯”者，聖人配天地之德生萬物，而康屯莫先此大公之道故也。

《彖》曰：屯，剛柔始交而難生。動乎險中，大“亨”“貞”。雷雨之動滿盈，天造草昧。宜建侯而不寧。

乾剛坤柔，至屯而始交，交則人道乃著。然純陰疑于陽則戰，況剛柔之交能无難乎？以是知人道之患與天地異，故《繫辭》言“鼓萬物而不與聖人同憂”，是聖人不能无憂也。屯之時處險而不可動，故言“勿用有攸往”，屯者也。而天下草昧，聖人不得不動之時，故言“利建侯”，康屯之主也。“利建侯”則動乎險中，亦聖人所不得已也。惟動則得天地大亨、萬物之利，道苟一于“勿用有攸往”，則非康屯之主也。“雷雨之動滿盈”乎天地之間，此“天造草昧”也。“建侯而不寧“，聖人法天而造草昧也。聖人法天繼天而造草昧，此屯之所以繼乾坤之道也。

《象》曰：雲雷，屯。君子以經綸。

坎在上為雲，故雲雷屯；坎在下為雨，故雷雨作。解雲而未雨，所以為屯。“經綸”者，經綸天下之事，“建侯而不寧”之謂也。

初九：盤桓。利居貞。利建侯。

《象》曰：雖“盤桓”，志行正也。以貴下賤，大得民也。

屯之時，興事皆當“盤桓”，盤旋未決也。居屯之道，則當“居貞”“建侯”，如是之利可免盤旋矣。剛柔始交而難生，則居屯者有不可動之勢；而天下萬物方資于濟屯之才，則濟屯者為不可不動之時；以不可動之勢而遇不可不動之時，此所以盤旋也。初九以剛明之才濟屯之難，居正而靜，不違勢；建侯而動，不違時；其于屯也，何不利之有？故雖盤桓而不失康屯之道，故曰“志行正也”，況以陽下陰大得民乎？聖人經綸建侯非自為也，為民而已。為民而“得民”，其難濟矣！夏商之季湯武其盡之。

六二：屯如，邅如，乘馬班如。匪寇，婚媾。女子貞不字，十年乃字。

《象》曰：六二之難，乘剛也。“十年乃字”，反常也。

屯之世，動在險中，非陰柔之所宜也，況六爻之中莫柔弱于六二，故為在屯之“邅”者，而有女子之象焉。馬“班如”，欲應五而不能進也，初九之剛進而見逼，非為寇則“婚媾”耳。六二居中待應，不爲苟合，寇婚不從，故云“不字”。至于“十年”，屯難“反常”，終從正應，則六二之處屯，可謂女子之貞者矣。

六三：即鹿无虞，惟入于林中。君子幾，不如舍。往吝。

《象》曰：“即鹿无虞”，以從禽也。“君子”“舍”之，“往吝”窮也。

虞翻、王肅以鹿為“麓”。先人曰：如鉅鹿、沙鹿之鹿。故知“從禽”，非專鹿也。雍曰：孟子言“從禽獸而无厭”，《書》言“外作禽荒”，則從禽、禽荒皆謂田獵，則此不止于鹿明矣。六三以陰柔之才，非中正之位，居動之極，貪于有獲，非處險之道也。曾不自度可動之利，雖“即鹿”也，不過“入于林中”而已，豈能有濟哉？惟君子知幾，不如“舍之”，為得矣。往則遇險，其道窮也。

六四：乘馬班如，求婚媾。往吉。无不利。

《象》曰：“求”而“往”，明也。

居屯之時，有濟難之志而无濟難之才者，六四也。无其才則必資剛明之才與共濟難，此所以“班如”有待于初九也。初九正應，以陽下陰，得“婚媾”之義。彼求而我往，是以“吉，无不利”也。六二不與初九而待正應，是之謂“貞”，貞則正道存焉。六四不近比九五，下待初九，求而後往，是之謂“明”，明則事業興焉。此伊尹、伯夷之所以辨也。

九五：屯其膏。小貞吉，大貞凶。

《象》曰：“屯其膏”，施未光也。

伊川先生云：人君之尊，雖屯難之世，于其名位非有損也。惟其施為，有所不行，德澤有所不下，是屯其膏，人君之屯也。既膏澤有所不下，是威權不在己也。威權去己，而欲驟正之，求凶之道，魯昭公、高貴鄉公之事是也。故小貞則吉也，小貞則漸正之也。若盤庚、周宣脩德用賢，復先王之政；諸侯復朝，以道馴致，為之不暴也。又非恬然不為，若唐之僖、昭也。不為則常屯，以至于亡矣。雍曰：九五，位非不尊也，處非不正也，德非不中也。見揜于二陰，而有屯膏之象者，蓋五方自屯于險中，豈能膏澤下于民哉？然女子、小人皆陰之類也，能揜君之德者也，能屯君之澤者也。人君惑而好之，乃所以不下，是屯其膏，人君之屯也。既膏澤有所不下，施豈能光哉！

上六：乘馬班如，泣血漣如。

《象》曰："泣血漣如"，何可長也？

康屯之道莫大于建侯，不寧非優柔不斷之所能濟也。上六處屯之極，"乘馬班如"，同二、四之道，可謂優柔不知變者矣。故進退猶豫，終以自傷，非可从之道也。二之"班如"，待正應也；四之"班如"，待求而往也；上六"班如"，獨无所待，進退不決而自傷耳。屯為柔弱待濟之時，故"乘馬班如"，皆欲待而有所之也。

䷃ 坎下艮上

蒙：亨。匪我求童蒙，童蒙求我。初筮告。再三瀆，瀆則不告。利貞。

屯之所以為屯者，險而動也。蒙之所以為蒙者，險而止也。屯者物之始生，生而後穉，卦之序也。物穉有必亨之理，聖人發蒙有致亨之道，此蒙之所以"亨"也。"童蒙"，處蒙者也。"我"，所以發蒙者也。一德以筮之，則我一德以告之；彼二三其德，是以不能告也。蒙之時，行此為"利貞"耳。"筮"者，問而決之也。蓍之稱筮，義蓋同此。

《彖》曰：蒙，山下有險，險而止，蒙。蒙"亨"，以亨行時中也。"匪我求童蒙，童蒙求我"，志應也。"初筮告"，以剛中也。"再三瀆，瀆則不告"，瀆蒙也。蒙以養正，聖功也。

"險而止，蒙。"艮而止之者，童蒙也；安而止之者，聖人也。"童"，言物之穉也。物穉則求亨，求亨有亨之道，患不以亨之道行耳。九二處得其中，應得其時，是亨之道也。我有治蒙之志，童蒙有求我之志，故云"志應"。"初筮告"者，剛中之性，无二三也。"再三"不告，蓋以瀆我而亦所以瀆蒙也。瀆則愈惑，是以窒者不復通，晦者不復光，非所以治蒙也。蒙之道，養正者則不惑，而不取于二三；養正不已，終成聖功。是以不失赤子之心，為大人養正，猶孟子言"以直養而無害"，蓋正、直皆謂"天之所命"也。

《象》曰：山下出泉，蒙。君子以果行育德。

先人有言：蒙之為蒙，可以達材，可以成己也。雍曰："山下出泉"，行之所以"果行"，止之所以"育德"，非以泉行而山止也。蓋山下之泉，必養其源，然後決而為江河。君子必育德深厚，然後可以果行也。其所以利生萬物者，所謂"達材"歟？

初六：發蒙。利用刑人，用說桎梏。以往吝。

《象》曰："利用刑人"，以正法也。

先人曰：人之生，不知學問之可成，不知罟擭陷阱之可避，凡以蒙故也。雍曰：初六"發蒙"，是使之知學問之可成也。"利用刑人"，是使之知陷阱之可避也。聖人懼民性之易遷，故欲辨之于初也。雖舜之刑期无刑不過于此，豈非"說桎梏"之道哉！不知此道而以往，能无"吝"乎？或以用刑為發蒙之道，疑聖人先刑後教，非也。發蒙，所以教之也。用刑，所以輔教也。此舜戒皋陶"明于五刑，以弼五教"之意，聖人豈有先刑罰而後教化之理哉！

九二：包蒙。吉。納婦吉。子克家。

《象》曰："子克家"，剛柔接也。

九二以剛中之德為治蒙之主，所謂“尊賢而容衆，嘉善而矜不能”者也。故雖昏愚之蒙，包而容之；柔道之善，取而納之；長幼之節不廢而君臣之倫不亂，是雖為治蒙之主，而上下之分嚴矣，是以吉也。然“包蒙”者，包衆蒙而為之主。以陰陽言之，九，夫道也；六，婦道也。以尊卑言之，五，父道也；二，子道也。“包蒙”“納婦”，必“子克家”而後吉；苟无子道，獨能包而納之，是為強僭不制之臣矣。故二者皆以克家為吉，“包蒙”“納婦”，剛克也；“子克家”，柔克也。孟子曰：“有伊尹之志則可”，其九二之謂乎？“剛柔接”者，謂二之剛中，上接于柔五之巽順，下接于剛也。

六三：勿用取女。見金，夫不有躬。无攸利。

《象》曰：“勿用取女”，行不順也。

六三，不正之女。捨應從二，見利忘身，與“貞不字”者異矣，何所利哉！《易》于有應，言“婦”无應，言“女”捨應。從二，行不順矣，稱“女”可也。

六四：困蒙。吝。

《象》曰：“困蒙”之“吝”，獨遠實也。

先人曰：上下遠于二剛，无所資焉，謂之“困蒙”，是以君子慎其獨也。雍曰：遠于二剛，无所發蒙則“困”。陽實而陰虛，故稱“遠實”。孟子曰：“夫苟好善，則人將輕千里而來告之以善”，何困之有？“夫苟不好善，則訑訑之聲音顏色，拒人于千里之外”，是其所以困也。故以此居上，則失道而寡助；以此務學，則孤陋而寡聞。然則困蒙抑亦自取之歟？伊川以“吝”為不足，謂可少之也，然有嗇而可鄙之意。

六五：童蒙。吉。

《象》曰：“童蒙”之吉，順以巽也。

柔順居尊，下應九二，學焉而後臣，此童蒙之“吉”也。太甲之于伊尹，高宗之于傅說是也。太甲克終允德，高宗克邁乃訓，皆“順以巽”之義。

上九：擊蒙。不利為寇，利禦寇。

《象》曰：“利”用“禦寇”，上下順也。

先人曰：“不利為寇，利禦寇”，彼我賓主之辭，非有時而利為寇也。雍曰：既“利禦寇”，則彼來寇者不利明矣。夫不能戒之于早，終至于過，而後擊之亦非，特教之不至也。蓋有積惡不移之質，如“何校滅耳”者也。上九剛過之才，發蒙則不能容，以之禦寇則利矣。能禦寇，亦去衆蒙之害，上下得不順之乎！

☰☵ 乾下坎上

需：有孚。光亨。貞吉。利涉大川。

天地之大，尚不能无所需以生萬物，況人道乎？“有孚”者，充實之美也。“光亨”者，輝光之大也。有是德，衆之所需也，需之亦以成是德也。“貞”則“吉”，需之道也。“利涉大川”，乾之健也。

《彖》曰：需，須也。險在前也。剛健而不陷，其義不困窮矣。需，“有孚。光亨。貞吉”，位乎天位，以正中也。“利涉大川”，徃有功也。

以卦言之，乾猶需于五；以爻言之，五猶需于物；故曰：“需，須也。”以乾之剛健，其遇險也，止于不陷、不困窮而已，則險之為義大矣，能无需乎？有德以待天下之需者，九五也，故言“位乎天位”。以正中為需之主，宜矣。

《象》曰：雲上于天，需。君子以飲食宴樂。

先人曰：文武以《天保》以上治內，《采薇》以下治外，而始于燕羣臣、嘉賓者，需之道也。雍曰：《序卦》曰：“需者，飲食之道也。”飲食，朝夕之需也，人无饑渴之害，則飲食无需也。屯、蒙之後，天下之所需者在君，而君之所需者在賢。“雲上于天”，欲雨之象，萬物之所需也。“飲食宴樂”，所以養賢，膏澤將以及民，亦天下之需也。

初九：需于郊。利用恒。无咎。

《象》曰：“需于郊”，不犯難行也。“利用恒。无咎”，未失常也。

以乾之剛，猶有畏難之義，則險其可犯哉？初九，遠于難者也，故言“于郊”。于郊，不犯難矣。勿以遠而妄動，乃盡畏難之義，是以“利用恒，无咎”。可需則需，不可需則勿需也；可應則應，不可應則不應也；此需時用常之道。

九二：需于沙。小有言。終吉。

《象》曰：“需于沙”，衍在中也。雖“小有言”，以“吉”“終”也。

沙，近水、近難也。近之必不能无難，故“小有言”。剛明之才，居柔守中，小言之傷，不為大損，是以“終吉”。欲无“小言”之愆，則遠于郊而用常可也。二雖不能遠于郊，而以寬裕居中，是雖“有言”而吉終也。叔孫武叔毀仲尼，子貢曰：“其何傷于日月乎?”“終吉”之謂也。

九三：需于泥。致寇至。

《象》曰：“需于泥”，災在外也。自我“致寇”，敬慎不敗也。

于泥則有難矣。不能于郊而于沙，不能于沙而于泥，則于泥之寇自我致之也，災自外來也。敬慎而不敗者，君子責己反身之道也。躬自厚而薄責于人，則遠怨矣，何敗之有？是以君子居《易》以俟命，敬慎也。小人行險以儌幸，鮮不敗矣。然君子雖因接物而有敬，而敬當在物先；故坤之“直內”，言存于物先也。需之九三、上六，見于用以接物而已。

六四：需于血。出自穴。

《象》曰：“需于血”，順以聽也。

以陰柔之質處衆剛之上，不能違而避之，反“出自穴”，是自求禍也，故“需于血”。然應于初九，自上應下，能順以退聽，故雖傷而无凶。

九五：需于酒食。貞吉。

《象》曰：“酒食”“貞吉”，以中正也。

先人曰：既醉以酒，既飽以德，人有士君子之行。《詩》之所謂“太平需之”，所謂“貞吉”也。雍曰：飲食非自養也，養賢而已。養賢以及萬民，所謂應天下之需也。鹿鳴之君，蓋得需于酒食之道，《天保》之福，所謂“貞吉”也。

上六：入于穴。有不速之客三人來，敬之。終吉。

《象》曰：“不速之客”“來”，“敬之。終吉”。雖不當位，未大失也。

先人曰：上六不當有事之地，至于三陽彙征，不能退聽以違之。雖敬之，終吉，未大失而已。乃若鴻飛冥冥，弋人何慕焉？上六，坎也，故不足以進此。雍曰：上六據非其位，不能退聽，徒知入于穴以避焉，僅免夫需血自傷而已，故曰：“未大失也”。天道上行理之常，來而敬之終无凶也。夫需之時，天下如饑之需食，渴之需飲也，故于郊、于沙、于泥、出入于穴，獨五自然是為需之主。然水行需舟，陸行需車，莫非需也，卦特言其大者耳。

䷅ 坎下乾上

訟：有孚。窒惕。中吉，終凶。利見大人。不利涉大川。

需、訟一體也。相親而需則為需，相違而訟則為訟，性情之異耳。然性情之異而有孚，則同者親而无孚，需之妄也；訟而无孚，訟之妄也。“窒”者，塞其源而不流也。“惕”者，謹其事而知懼也。得其中則吉，成其終則凶，如此則知訟之為道矣。非特訟者為然，聽訟亦如之也。好生之德，洽于民心，兹用不犯于有司窒之也。欽哉！欽哉！唯刑之恤哉！惕之也。《呂刑》曰：“簡孚有衆。”又曰：“獄成而孚，輸而孚。”“有孚”

也。故乃明于刑之中，"中吉"也。《舜典》之疑唯輕《呂刑》之疑，有赦不成其終也。

《彖》曰：訟，上剛下險，險而健，訟。訟，"有孚。窒惕。中吉"，剛來而得中也。"終凶"，訟不可成也。"利見大人"，尚中正也。"不利涉大川"，入于淵也。

"訟，不親也。"不親而健，健而陷，此所以為訟。剛來居二而得中，故二為成卦之主，用中則吉也。大人與天地合德、日月合明，无私之大者，況訟乎？是以利見之也。險欲陷健，遠之可也，故"不利涉大川"，涉之則自入于淵矣。需之"利涉大川"，險在前也；訟之"不利涉大川"，險在下而必陷也。

《象》曰：天與水違行，訟。君子以作事謀始。

天水違行，大不親矣；"作事謀始"，期无訟也。邦无道，免于刑戮，在下之謀始也；刑期无刑，必也无訟，在上之謀始也；此謂"窒惕"之道。

初六：不永所事。小有言，終吉。

《象》曰："不永所事"，訟不可長也。雖"小有言"，其辯明也。

訟之初，未始不小有言也。永其事，則有成終之凶。不永所事，是以"終吉"。言于初者，戒之于始也。初、四，在訟之應者，是以其辯易明。二、五，在訟之不應者，是以不克而掇患也。

九二：不克訟，歸而逋。其邑人三百戶。无眚。

《象》曰："不克訟，歸、逋"，竄也。自下訟上，患至掇也。

先人曰：十室之邑，必有忠信，則三百戶不為小矣。雍曰：二、五有君臣之位，上下之分，非可訟也。訟之義，不克也。不克，則置三百戶之邑而"歸逋竄"之中，可"无眚"矣。蓋以下訟上，其患自取。苟不逹其邑，是速誅伐之禍也。九二以剛中之才，一陷險中，而不克訟，其取患如此，況无其才者乎？是以聖人貴夫“窒惕”，而不利涉難也。伯氏駢邑三百，管仲奪之而沒齒無怨言，豈有訟上之患者乎？

六三：食舊德。貞厲。終吉。或從王事，无成。

《象》曰：“食舊德”，從上“吉”也。

以陰柔而介二剛之間，危懼也。能不以訟為事，所謂“窒惕”者也，故能保舊德之祿，而固守勿失，與逋其邑而喪者異矣。雖介二剛為危道，而終獲吉者，能窒其訟故也。介二剛有道乎？捨二之訟上，從乾道代終而已，從其大體者也，故吉。六三不以訟為事，上從乾，吉之大，可謂德與位稱者矣，然僅能食舊而已。九二自下訟上，掇患已至，又豈能保其舊邑哉？“逋竄”宜矣。

九四：不克訟，復即命。渝。安貞吉。

《象》曰：“復即命。渝”，“安貞”不失也。

剛強之才，未嘗下人，非得位，必多訟。九四居上，訟下為初，辨明，既不克訟，復即初之命，變而安于貞，是以獲吉。復即初命，捨訟而應初也。應初，所以為正也，是以不失舊德之道。苟非“復即命”“渝，安貞”，殆亦逋邑之流乎？九四蓋嘗有訟，能變而獲吉，故不言舊德，而《象》但言“不失”也。既云“不克訟”，則无德可言矣。論訟則四優于二，論德則三優于初。其訟者，上九乎？亦愈于二之犯上也。

九五：訟。元吉。

《象》曰：“訟。元吉”，以中正也。

九五“中正”，大人也。聽訟之主也，天下之長也。為天下之長，以中正之德聽天下之訟，人之所利見，其為吉也大矣！蓋非一人之吉，實天下之吉也。訟，獄之歸。虞舜虞芮之質文王，其九五之謂也。

上九：或錫之鞶帶，終朝三褫之。

《象》曰：以訟受服，亦不足敬也。

先人言：鞶，大帶也。男子帶鞶，婦人帶絲，蓋爵命之服，非所以賞訟也。雍曰：上九以訟而錫之鞶帶，其抬褫不足貴如此；況自下訟上，義不克者，奪邑宜矣。是不若六三不言訟而守“舊德”，又不若九四“復即命”而不失也。

䷆ 坎下坤上

師：貞丈人吉。无咎。

師為衆。九二，主師之象也。“貞”，正也。師之道，正于一者也，故師以貞為先。“丈人”，尊嚴老者之稱，故能慮善以動，无輕敵、貪利、危國、喪師之患，所以惟丈人為吉也，與武王唯師尚父、宣王方叔元老同義。兵，凶器。戰，危事。爭逆，德无全吉也。故以丈人无失律喪師為吉，以善補過為“无咎”。

《彖》曰：師，衆也。“貞”，正也。能以衆正，可以王矣。剛中而應，行險而順，以此毒天下，而民從之，“吉”又何“咎”矣？

“剛中而應”，九二也。“行險而順”，師之義也。師道必正而後動，衆正于九二也。能用衆正之九二，則可以王，六五是也。師者，凶危行險之道，故曰“毒天下”。而必以順動者，蓋有義存焉，則民從之。毒如藥石之攻疾，毒之所以除害也。所謂“誅其君而弔其民”“東面而征西夷怨”者，可謂善補與師動衆之過者矣。

《象》曰：地中有水，師。君子以容民畜衆。

先人言：地所以容民，水所以畜衆。大司徒有比、閭、族、黨、州、鄉，容民之道也；小司徒有伍、兩、卒、旅、師、軍，畜衆之法也。

初六：師出以律。否臧凶。

《象》曰："師出以律"，失律"凶"也。

師之勝負，上則繫國家安危，下則繫億兆人之命，利害之大者无踰于此，故戎為國之大事。而《洪範》八曰"師"，聖人戒謹之意為至深矣，可无律以妄動，而蹈至險之機乎？禁暴誅亂，雖不得已而用之，不可无律也。故師之初六言"師出以律"，以明用師莫先于律也，猶卦辭首言師"貞"，以明師之道莫先于貞也。然失律"否臧"，其"凶"固宜。或幸而勝，雖臧亦凶者，蓋聖人明師之吉凶于有律失律之際，不在于否臧幸不幸之間也。否臧幸不幸小人之事，非丈人之道，故聖人不取也。漢武窮兵以討匈奴，僅有獲焉，而天下戶口減半，非"臧凶"歟？計其所獲曾未補千萬分之一，安知所謂"中吉，无咎"之道哉！

九二：在師。中吉。无咎。王三錫命。

《象》曰："在師。中吉"，承天寵也。"王三錫命"，懷萬邦也。

九二以至剛之才為一卦之主，其行師用兵之道宜一以剛濟矣，而能用中焉，此蓋丈人主師之道也。用中則吉而无過，何咎之有？是以"王三錫命"以"寵"，其"无咎"之吉，非攻戰之功也。昔禹之徂征也，"苗民逆命"而"班師振旅"；文王之命將也，曰"薄伐西戎"；宣王之北征也，曰"薄伐玁狁"；皆以用中為貴也。用中故无過之可補，又何必有戰勝之功而後為吉乎？春秋無義戰，聖人貶之从矣。後世爭地以戰，殺人盈野；爭城以戰，殺人盈城。孟子辭而闢之，其言有曰："徒取諸彼以與此，然且仁者不為，而況殺人以求之乎？"又曰："'我能為君約與國，戰必克。'今之所謂良臣，古之所謂民賊也。"觀此則知殺獲之功固非聖賢所尚矣。是知"中吉"之寵為"懷萬邦"之道，不然以王命三錫民賊，則天下被不仁之害，適足以糜爛吾民，尚何懷萬邦之有？是以古之仁賢之將，率以安民和衆為先，恥為孫吴小人變詐之技，視殺獲首虜初无意焉。其安疆埸之功，後世蒙其利而人无知者，師卦所謂"丈人"之徒歟？史氏既不能暴白于天下，徒誇大匹夫悍卒與夫權謀狙詐之士，以資委巷之談；識者悲之，安得以師中之道發潛德之光哉！

六三：師或輿尸。凶。

《象》曰："師或輿尸"，大无功也。

師道尚專則正，故五陰一陽成為師卦。師，臣道也。故九五為比，而九二為師。觀師之成卦，則師之義得矣。六三以柔居剛，非其才也；位不中正，非其任也。拂衆主師，凶之道也。師或有功而凶，或无功而吉，六三象主无功之凶也。師之不善无以加此，春秋遷延之役、邲戰之類是也。

六四：師左次。无咎。

《象》曰："左次。无咎"，未失常也。

賢哉，六四之左次也！師之進退，理不可必；可進而進，可退而退，則常道也。六四以陰居柔，力不能進，而左次得其常也，何咎之有？故師之凶在內，則傷財害民；在外，則覆軍亡將；內外无是焉。雖左次无功，亦謂之"无咎"可也。彼不度德、不量力而喪師者，六四之罪人歟？

六五：田有禽。利執言。无咎。長子帥師，弟子輿尸。貞凶。

《象》曰："長子帥師"，以中行也。"弟子輿尸"，使不當也。

自古帝王興兵動衆，蓋未有無名之師也，故六五言"田有禽，利執言"。田之有禽，害稼也，故獵取之。蠻戎寇賊害民也，故執言以伐之。"執言"，奉辭也，以興師則"无咎"矣。此論在師之君道，非將帥之事也。故雖鳴條之師、牧野之戰，湯武必執言誓師，明告其罪而後舉也。"長子"，九二也。以行師得其道者也。"弟子"，六三也。以輿尸而凶，非獨六三之罪也，君使之不當也。"貞凶"，蓋言輿尸之凶。長子帥師，无凶也。然則師之君道无他焉，執言專任而已。師道貞則吉，卦既言得丈人而後吉，爻于此又明弟子雖貞亦凶，聖人之意其慎如此。

上六：大君有命，開國承家。小人勿用。

《象》曰：“大君有命”，以正功也。“小人勿用”，必亂邦也。

先人曰：《武成》之終曰：“列爵惟五，分土惟三。”又曰：“敦信明義，崇德報功。”則盡上六之義者，其武王乎？雍曰：雖“大君有命”，而小人不得“開國承家”者，以小人无容衆居上之德，此武王所以必崇德而報功也。崇德，則“小人勿用”矣。

䷇ 坤下坎上

比：吉。原筮。元、永貞。无咎。不寧方來，後夫凶。

伊川曰：原筮者，推原占決，相比之道也，非以蓍龜也。上之比下，必有“元、永、貞”之三者；下之比上，必求此三者，則无咎矣。又曰：夫，剛立之稱也。《傳》曰：“子南夫也。”又曰：我非夫。剛立者猶凶，況柔弱乎？雍曰：一陽之卦得位者，師、比而已。得天位則為比，得臣位則為師，天下之吉莫吉于此，故比直言“吉”。治天下之衆，莫急于“貞”，故師先言“貞”。帥師有君道，而不得如是之大、如是之久也，故无“元、永”之“貞”。昔成湯之初征也，東征西怨，曰：“奚獨後予？”所謂“不寧方來”而无“後凶”者矣。

《彖》曰：比，“吉”也。比，輔也，下順從也。“原筮。元、永貞。无咎”，以剛中也。“不寧方來”，上下應也。“後夫凶”，其道窮也。

伊川曰：卦之辭泛言比道，而《彖》言盡比道之善，惟五而已。民不能自保，故戴君以求寧；君不能獨立，故保民以為安。凡生于天地之間者，未有不相親比而能自存者也。又曰：以聖人之公言之，固至誠求天下之比，以安民也。以後王之私言之，不求下民之附，則危亡矣。雍曰：天下之吉生于順而凶生于逆。下之順從，天下无異意，不寧方且來，非吉乎？後之凶，无順意故也。“不寧方”，如初六、六四是也。“後夫”，上六之不我比也。“上下應”者，上而六四，下而初六，非正應而來比也。然《易》之道，窮則變，不知變，則失《易》之道。故乾有窮之災，坤則其道窮，況後夫乎？聖人于道窮之際每致意焉者，明《易》之道初无窮，人自失之也。

《象》曰：地上有水，比。先王以建萬國，親諸侯。

伊川云：建萬國，所以比民；親諸侯，所以比天下。先人曰：民之有君，諸侯之有王，非先王創治而有之，皆出于自然之勢，此先王封建之本也。梁襄王曰："天下惡乎定？"孟子曰："定于一。"一者，王也。方地上有水，非澤之所鍾散，而相親則各有所比。先王以是"建萬國""親諸侯"，王道之本也。觀禹會諸侯于塗山，執玉帛者萬國。周成王時，助祭者千八百國。春秋之時見于《經》者止百二十四國，其後離為十二，合爲六七，卒并于秦。數百年間吞噬屠滅殆盡，凡以天下無王故也。故《易》之有"比"，《春秋》之書"王"，其義一也。

初六：有孚。比之。无咎。有孚。盈缶，終來有他。吉。

《象》曰：比之初六，"有他吉"也。

廣大乎，比！天下之道，見賢則比之，不必有應而比也。然有應而比者，比之易，二、四是也。遠而非應者，比之難，初六是也。然遠而非應，柔弱不能自達，有待于人者也。缶之為器，有物盈之，則有用也；無以盈之，虛器也。是缶之有待于物，猶初六之不能自用也。初六以誠信之道自充于中，所謂"有孚，盈缶"矣，何患其無用乎？中孚曰："鳴鶴在陰，其子和之。"蓋誠信感人有必應之道，故終使六二自内與之同比于五也。雖非其應而比，其道蓋益賢于求應者矣，何咎之有？"他吉"本非我有之吉，因人而得之者也。初六才位不足，直以誠信得他吉也。故比之道雖吉，而比之始又以孚為先。古之人因人得用者多矣，惟誠信充于中能終他吉，不然吉未終而凶矣。

六二：比之自内。貞吉。

《象》曰："比之自内"，不自失也。

比以九五為主，而六二正應為主于內，蓋率天下而比五者，故自內之外，率天下以歸王也。二之比初，非欲親初也，欲與之比五也；終能同比于五，是不失己道之“貞吉”也。觀初六“他吉”、六二“自內”之辭可明其義。蒙之六三亦舍應親二矣，而有“不有躬”之象；蓋蒙與比異道，而三與二異位，義不同也。故《象》言“不自失”，以見非如蒙之“不有躬”也。夏商之季，天下諸侯相率以歸湯武，或三千或八百國，所謂“六二，貞吉”“初六，他吉”者衆矣。

六三：比之匪人。

《象》曰：“比之匪人”，不亦傷乎？

六三不知比賢而比于上，上非正應而有凶；比非其人則自失其身矣，是其所以可傷也。

六四：外比之。貞吉。

《象》曰：“外比”于賢，以從上也。

四與初非正應，故舍遠比近，外比九五之“賢”；亦自知才位非可兼人，從上保身而已，故得貞而吉。比或自內，或外比，以明比道之大，不可拘于常也。

九五：顯比。王用三驅，失前禽。邑人不誡。吉。

《象》曰：“顯比”之“吉”，位正中也。舍逆取順，“失前禽”也。“邑人不誡”，上使中也。

先人曰：《洪範》五皇極曰：“無偏無陂，遵王之義；無有作好，遵王之道；無有作惡，遵王之路；無偏無黨，王道蕩蕩；無黨無偏，王道平平；無反無側，王道正直。”凡上之所以示下者如此也。“凡厥庶民，無有淫朋；人無有比德，惟皇作極。”凡下之所以從上者如此也。方“顯比”建大中之道，逆者不追，順者不拒；无恤于去來，无間于小大。邑人之不誡，特為其微者言之。至于自西自東，自南自北，蓋有无思而不中者矣，可勝言哉！雍曰：九五之君非以力假仁者也，蓋有大中至正之道以昭示天下，天下自從而比之，故曰“顯比”。王田不合圍，三面而驅，故所失者“前禽”而已，是猶上六之不我比也。夫以大中至正之道昭示天下无容私焉，是以逆則舍之，順則取之，故上言“不寧方來，後夫凶”，皆自來自後之辭，非聖人有以強之也。聖人以大中至正，舍逆取順，必无侵伐之虞，邑人又何誡焉？是則“顯比”之“吉”，為天下之至公也。求其所以然，實建大中以致之耳，故曰：“上使中也。”《書》曰：“民心罔中，惟爾之中。”其使中之謂乎？由是知商之三千，周之八百，亦舍逆取順而已。或謂“顯比”之道狹，不亦異乎！

上六：比之无首。凶。

《象》曰：“比之无首”，无所終也。

上六非天下之所比，又不能比人，為臣而无君，與无元首何異哉？是以“凶”而“无所終”也。三有“匪人”之傷，上有“无首”之凶，皆逆比之道，聖人捨之者也。四也，初也，其知幾乎！故能非其應而獲吉。以是知比者必求大中至正而比之，斯无不吉。

䷈ 乾下巽上

小畜：亨。密雲不雨，自我西郊。

剛德，天德也。天德畜之則止，不能畜則失。聖人之所以為聖，以能畜天德而已。然畜有二道，有止而畜之者，畜之大也，故為大畜；有入而畜之者，畜之小也，故為小畜；捨是皆不能畜矣。能大畜天德，則理非不亨；小畜疑于未亨，故言“亨”也。“密雲不雨”，言畜之而未及用也。“自我西郊”，明其自我畜之也。自我畜之而未及用，君子成己之道未至于成物，所以為小畜。

《彖》曰：小畜，柔得位而上下應之，曰“小畜”。健而巽，剛中而志行，乃“亨”。“密雲不雨”，尚往也。“自我西郊”，施未行也。

初之應四而曰“上下應”者，陽道過盛，喜于從陰，雖非其位而其志皆應之也。“剛中”，二之天德也。“志行”，四之巽志也。剛德居中而巽志行，是以“亨”也。“尚往”者，其道方行，行猶未已也。“施未行也”，澤未下也。密雲尚往則澤有必下之理，君子成己有必能成物之道，盡其道則為大畜，施未行則為小畜也。

《象》曰：風行天上，小畜。君子以懿文德。

“文德”，美德也。坤言“文在中”而《文言》曰“美在其中而暢于四支，發于事業，美之至也”，然則畜之道必先畜美德以成己，而後可見于事業也。大畜之“以畜其德”則天德之大皆止而畜之矣。乾之“不言所利”猶大畜“以畜其德”，坤“利牝馬之貞”猶“懿文德”也。“風行天上”，是為巽入之道，是我入而畜之也。“天在山中”，則為來畜于我。大小之辨如此。

初九：復自道，何其咎？吉。

《象》曰：“復自道”，其義“吉”也。

天德之大而人畜之，雖曰“小畜”，亦已艱矣。惟早辨者易為力，而不能早辨者難為功，故小畜雖同而有初九、九三之異也。易為力則“復自道”，復自道則鮮失焉，是以“其義吉”而无咎也。然小畜之道何與于復？而初九、九二曰“復”何哉？蓋大畜畜而无失，无失故无復；小畜未能无失，是以不免有復也。學者不能大畜，則有小畜；不能小畜，則有復。雖初无異道，蓋力行有淺深耳。

九二：牽復。吉。

《象》曰：“牽復”在中，亦不自失也。

不能辨之于早，至二尤艱矣，故牽而後復也。“牽”者，強勉之義。雖无自復之易，然強勉能復，猶為“吉”也。非二有剛中之德，亦將自失矣。

九三：輿說輻，夫妻反目。

《象》曰："夫妻反目"，不能正室也。

大畜有止畜之義，"說輹"則止而不行也。小畜入而畜之，有復之象焉。復貴早辨，過中則危矣，此"牽復"之後所以言"說輻"也。說輻，則害于行道，故又有"夫妻反目"之象。夫妻反目，道不行于一家，何以正天下？是如輻壞而車不能行也。孔子曰："大車無輗，小車無軏，其何以行之哉?"意與此同。求其所以然，蓋本于不能正室。不能正室者，其身不正故也。是以君子必篤于成己而後可以成物，為是故也。大畜"輿說輹"，止于二也；"良馬逐"，行道于三也。小畜牽復于二未為成德，故"說輻"于三，不能行也。"輹"，可說者也；"輻"，不可說者也。

六四：有孚。血去。惕出。无咎。

《象》曰："有孚。惕出"，上合志也。

以人畜天，以柔畜剛，非天下之至誠，其孰能與于此？此六四"有孚"之道也。六四以有孚之道主于中，又且惕然知懼，此其所以免害而血去，且"无咎"矣。蓋一柔五剛，有害而傷之之理故也。"上合志"者，合九五有孚之志，故志行也。惟其上合志，是以能畜也。

九五：有孚攣如，富以其鄰。

《象》曰："有孚攣如"，不獨富也。

九五合六四誠信之志，攣衆剛而畜之，是"富以其鄰"者也。富以其鄰，則以畜衆為富，不以獨智為富矣。此明畜之君道，如大舜善與人同，取諸人以為善者也。《易》言"富以其鄰"者，乾之象也。"不富以其鄰"者，坤也。乾大也，坤吝嗇也。

上九：既雨既處，尚德載。婦貞厲。月幾望，君子征凶。

《象》曰："既雨既處"。"德"積"載"也。"君子征凶"，有所疑也。

小畜，密雲不雨之象；至上九，畜道成而後既雨也。既雨則小畜之道盡矣，是安于畜者也，故曰“既處”。君子于成終之際，未嘗不思戒焉。戒而“尚德”，則无顛覆之憂。婦人以順為貞，不知尚天德之大以持守之，是以危也。“幾望”，將盈也。將盈之時，居位之極，知進不知退，是以“征凶”。“有所疑”者，盈滿皆有疑之時，故君子戒之。孔子言“知及之仁，能守之”，所謂“尚德”者如此。夫畜德既成，尚戒其失，況畜之未成者乎？

䷉ 兌下乾上

履[①]：虎尾，不咥人。亨。

履者，行道之義。乾在上，天道也。天道至大，天下之所難，履而行之也，故有“履虎尾”之象。“履虎尾”，直取其難，非取其為害也。然履虎尾者，有咥人之患；履乾之道者，雖難而无咥人之患，惟有“亨”之理也。孔子言“博施濟衆”，則曰“堯舜其猶病諸”；言“修己以安百姓”，則曰“堯舜其猶病諸”。信乎！天道之難履如此。

《彖》曰：履，柔履剛也。說而應乎乾，是以“履虎尾，不咥人”，“亨”。剛中正，履帝位而不疚，光明也。

履之所以難者，以六三之柔而履天之剛德，是以難也。“說而應乎乾”，則與乾合德，是以能履而有“不咥人，亨”之象。“剛中正”，九五也。“履帝位而不疚”，然後其道下濟而光明，疚則不能光明也。剛德常過，過則疚；剛而不過，斯不疚矣；故“允恭克讓”。堯所以“光被”“溫恭允塞”，舜所以“文明”，皆剛而中正也。謂之“不疚”者如此。

《象》曰：上天下澤，履。君子以辨上下，定民志。

---

① “履”，武英殿聚珍版本同。按高亨《周易古經今注》：“‘履’字當重。‘《履》，履虎尾’者，上‘履’字乃卦名，下‘履’字乃卦辭，此全書之通例也。”

伊川曰：後世士夫公卿，日志于尊榮；農工商賈，日志于侈富；此蓋民志未定，欲其不亂難矣。雍曰："上天下澤"，言天道居上，則澤必下及也。君子之澤无他焉，使斯民各安其分，无乖爭之變而已，故曰"辨上下，定民志"。上下既辨，則民服事其上，而下无覬覦，又安有不定之志哉！

初九：素履。往无咎。

《象》曰："素履"之"往"，獨行願也。

"素"有先定于内之義。素定于内，則隨事之來，履而往之，又何咎矣！素富貴則可以行富貴，素貧賤則可以行貧賤，故孔子曰："不以其道得之，不處也；不以其道得之，不去也。"此素富貴、貧賤之道也。可以仕則仕，可以止則止，可以久則久，可以速則速，此孔子之"素履"也。素履，行己之義，非澤民之道，故曰"獨行願"也。伊川曰：若欲貴之心與欲行道之心交戰于中，豈能安履其素也？

九二：履道坦坦。幽人貞吉。

《象》曰："幽人貞吉"，中不自亂也。

居君位而得中，九五也。居臣位而得中，九二也。剛中之道，自非大人，難于兩立，此九二所以為"幽人"之象也。履得其道而坦坦，平且易也。幽人之履如此，何適而非"貞吉"乎？孟子曰："我無官守，我無言責，則吾進退豈不綽綽然有餘裕哉？""履道坦坦"之謂也。故惟孟子然後有餘裕。不然，雖周公大聖人亦有跋疐之患，不得為坦坦也。"幽人"剛中，處道深遠，非富貴貧賤所能移，大丈夫也。況己志素定，豈有中亂之道哉？

六三：眇能視，跛能履。履虎尾，咥人。凶。武人為于大君。

《象》曰："眇能視"，不足以有明也。"跛能履"，不足以有行也。"咥人"之"凶"，位不當也。"武人為于大君"，志剛也。

六三以陰居陽，无中正之道；又以一柔介五剛之間，勢无全人；故有“眇”“跛”之義也。以是而視，以是而履，所以遇“咥人之凶”矣。夫居五剛之中，履于上則不能履于下，視于前則不能視于後，常有不足之道，故“眇”也、“跛”也、遇“咥”也，皆以不足故也。“位不當”者，豈以非其所居歟？“武人”，三軍之勇者，視不勝猶勝，則其視一于進而已。自反而縮，雖千萬人吾往，則其履亦一于進而已。此所以惟武人可用是道，以有“為于大君”也夫！武人可用，有為于大君者，以其“志剛”也。故爻辭于“咥人，凶”之後，繼以“武人為于大君”。而《象》言“志剛”，不言其凶吉者，明武人可用也。履之爻，六三、九五皆有二義，亦如否之“小人吉”“大人否亨”，恒之“婦人吉”“夫子凶”，皆難以一義明矣。

九四：履虎尾，愬愬。終吉。

《象》曰：“愬愬。終吉”，志行也。

九四近剛決之君，處多懼之地，而能“愬愬”恐懼，所謂“戰戰兢兢，如臨淵、履冰”者也，豈有不“終吉”者哉？此聖人居危難之道也。“志行”者，不失其所志之謂也。舜之志，孝也；文王之志，仁也。父頑母嚚而克諧以孝，舜居難而志行也；出羑里而請除炮烙之刑，文王居難而志行也。

九五：夬履。貞厲。

《象》曰：“夬履。貞厲”，位正當也。

夬，決也。剛決不已之辭也。以陽居陽，剛之過也。剛過而自任其剛，宜為致凶之道，然以居位正當，故特“貞厲”而已，非所謂“履帝位而不疚”者也。《彖》論“中正”，故發其“光明”之義；爻言“夬厲”，故示以剛決之戒；道之常變如此。“位正當”者，猶以用剛而厲，則知位非正當者凶矣。

上九：視履考祥，其旋元吉。

《象》曰："元吉"在上，大有慶也。

先人曰："視履"，猶《洪範》之五事也。"考祥"，猶"念用庶徵"也。"其旋元吉"，猶"嚮用五福"也。雍曰：視履而考其祥，則其動容周旋之間，"元吉"著矣，所以"大有慶"也。"大有慶"者，一人有慶，兆民賴之也。

《郭氏傳家易說》卷二

宋 郭雍 撰

上經泰 否 同人 大有 謙 豫 隨 蠱 臨 觀

䷊乾下坤上

泰：小徃大來。吉。亨。

《彖》曰：泰，“小徃大來。吉。亨”，則是天地交而萬物通也，上下交而其志同也。內陽而外陰，內健而外順，內君子而外小人。君子道長，小人道消也。

泰，通之大者也，通不足以盡之，故曰“泰”。小大云者，乾為大，坤為小；陽為大，陰為小；君上為大，臣下為小；君子為大，小人為小；總衆類而言之，故特曰“大小”也。三陰外而徃，三陽降而來，故曰“小徃大來”。陽來故“吉”，道交故“亨”。“天地交”，萬物之泰也。“上下交”，人道之泰也。“其志同”者，君臣同心同德以泰天下者也。“內陽而外陰”，天地之道，泰也。“內健而外順”，乾坤之道，泰也。“內君子而外小人”，天地國家之道，泰也。“消長”者，有漸之辭。

《象》曰：天地交，泰。后以財成天地之道，輔相天地之宜，以左右民。

有復、姤然後有臨、遯，有臨、遯然後有否、泰。復、姤、臨、遯，陰陽之偏，得其正者，其泰、否乎？正故交，偏則不交也，故曰“天地交，泰”。六十四卦之中，陰陽得其正而交者，獨泰一卦而已，此泰之時所以為難遇也。泰之時，萬物盛極而人不知有節，故欲“財成”“輔相”

焉，蓋聖人體天地交泰之道，財而制之以成人道。又因天地生萬物之宜，為之播殖收斂、東作西成以輔相之，是以天地交泰之道左右吾民也。

初九：拔茅，茹以其彙。征吉。

《象》曰："拔茅。征吉"，志在外也。

君子、小人，各從其類，不能相入也，故言"拔茅，茹彙"。征則得志，故"吉"。"志在外"者，君子以獨善為内，而以澤加于民為外也。昔堯用舜而野無遺賢者，其"拔茅茹"之謂乎？

九二：包荒，用馮河，不遐遺。朋亡，得尚于中行。

《象》曰："包荒。得尚于中行"，以光大也。

泰之道甚大，有三才成能之事，故《象》言"財成""輔相"，非小人可居，必大人君子用天德者可以主之，九二之臣是也。九二得乾剛中之大德，故荒不治者包而治之，馮河之勇者用之，幽遠之士不遺焉，是有含容之度而无忿疾之心者，非天德之臣不能至也。如是則大者自來，而无幽遯之志；小者自往，而无干進之心；善惡各安其分，而天下之朋比亡矣。蓋一于大公而无私心，則天下有朋者未必用，而无朋者未必遺；君子、小人率包而容之，而其用者必有德，遺者必无德也。天下曉然，知有德必用，而无德必遺，雖有朋何益也？是為"朋亡"之道也，此九二所以"得尚于中行"之君。"尚"，猶配也。"中行"者，六五為"中以行願"之君也。《洪範》以"凡厥庶民，無有淫朋，人無有比德"為皇極大中之道，則《象》以九二為光大，不亦宜乎？九二以君德而為臣，觀爻、《象》之辭，盡坤含弘光大之義矣。所謂大人之事也，而不言大人者，以否之辭可互見也。故乾之九二"善世而不伐，德博而化"，而泰之九二"包荒，用馮河，不遐遺"近之；坤之六五"黄裳。元吉"，而泰之六五"帝乙歸妹，以祉，元吉"近之。非得于乾坤用九、用六之道不足以成泰也，九二，所謂"見羣龍无首"者也；六五，所謂"永貞，以大終"者也。

九三：无平不陂，无往不復。艱貞无咎。勿恤。其孚。于食有福。

《象》曰："无往不復"，天地際也。

否、泰之道如循環，終則有始，可不豫戒乎？"城復于隍"，則无及矣。九三下體之上，位已過中，故以"平陂往復"而思戒也。"艱"若周公之"無逸"也，"貞"若成王之"持守"也，能艱能貞則"无咎"矣。君子能為可信之道以无咎，何恤人之必信否也？"艱貞无咎"，邦有道穀之時，是以"于食有福"，況太平之世"既醉以酒，既飽以德。君子萬年，介爾景福"，則"于食有福"明矣。九三、六四是為天地相交之際，天道終矣，地道之始，故曰"天地際"也。過此以往，則未之或知，故君子思必陂、必復之戒焉。

六四：翩翩。不富以其鄰，不戒以孚。

《象》曰："翩翩。不富"，皆失實也。"不介以孚"，中心願也。

"翩翩"，飛之疾也。疾飛而趨下從陽，蓋見幾之君子也。陽道常饒而為實，陰道常乏而為虛；乏而從饒，虛而從實，理之必然也。故翩翩從陽，以"不富"而"失實"也。"皆"者，三陰同志之辭。"鄰"者，五也，上也。"不戒以孚"，則不約而從也。不約而從，以三陰中心之願同故耳。"不富"主坤，言與謙同。

六五：帝乙歸妹，以祉。元吉。

《象》曰："以祉。元吉"，中以行願也。

泰之時，有乾德剛中之臣而上无飛龍之君，不幾于不能用乎？然泰之所謂"天地交"者，以臣有乾德而居下，君有坤德而居上，是以謂之"交"也。兼具乾坤之體而不得其全，所以為聖人參天地之卦，故《象》言"財成""輔相"之道也。六五以謙尊自居，用坤之六，得黃裳之道，下下以成其政，所謂"上下交而其志同"也。有是君，有是臣，所以能福天下以"元吉"也。元吉非一人之吉，天下之吉也，所謂"斂時五福，用敷錫厥庶民"者也。"以祉"者，以福天下也。六五之志在于用柔，今之下下，行用柔之願而已。“乙”，用柔也。“妹”，柔之至也。非柔之至，不足以盡黄裳之道，故“歸妹”“黄裳”皆稱“元吉”，蓋一道也。

上六：城復于隍。勿用師。自邑告命。貞吝。

《象》曰：“城復于隍”，其命亂也。

泰極必否，故上“城復于隍”。方是時也，紀綱法度頹毀將絶，雖自治且不暇，又安能行師以治人之罪乎？故直曰“勿用師”。然號令雖宣，亦且塞而不通，不過于告自邑，止于近者、小者而已。雖固守是道，亦可鄙也。且泰之過極，則有君弱臣強、不倡而和之象，故九三“无平不陂，无往不復”，所以戒臣之剛也。上六“城復于隍”，所以戒君之柔也。城之所以為城者，以有立也；城反于隍，君道圮矣，上下之命能无亂乎？觀此則宜戒于“城隍未復”之時也。不言凶者何哉？泰有持守之道故也。

䷋ 坤下乾上

否[①]之匪人。不利君子貞。大往小來。

《彖》曰：“否之匪人。不利君子貞。大往小來”，則是天地不交而萬物不通也，上下不交而天下无邦也。内陰而外陽，内柔而外剛，内小人而外君子。小人道長，君子道消也。

否，閉也、塞也。天地閉塞而不通，人道何從而立乎？故否之時非人道也。人道配天地而言，聖人之道是也。聖人之道絶，故曰“否”。是知“城復于隍”，亦有未絶者存，為否之始而未否也。“不利君子貞”者，非不利于固守己道，蓋不利于固禄位也，故《象》言“不可榮以禄”，而初六言君子“貞吉，亨”也。“大往小來”，皆反泰之道也。天下所以為邦者，以有君臣父子人倫之道，上下不交則人倫之道絶，謂之“无邦”可也，此之謂“匪人”矣。匪人，猶曰“无道”也。

---

① “否”，武英殿聚珍版本同。按高亨《周易古經今注》：“‘否’字當重。‘《否》，否之匪人’者，上‘否’字乃卦名，下‘否’字乃卦辭，此全書之通例也。”

《象》曰：天地不交，否。君子以儉德辟難，不可榮以祿。

先人曰：大道之行也，天下為公，故君子得，以為君子；小人不肯，為小人。君子則事道，屈身而行道者有之；小人事事屈道，而信身无不為也。況否之時，小人非唯屈道信身，又將惡直醜正、協比讒言以害君子者多矣，《詩》云“為鬼為蜮，則不可得。有靦面目，視人罔極”是也。孔子稱“殷有三仁焉”，“微子去之，箕子為之奴，比干諫而死”。方其“自靖，人自獻于先王”，固有不可去之者，而“儉德辟難”，發于早辨與疎且遠者言也。孟子曰：“我無官守，我無言責也，則吾進退，豈不綽綽然有餘裕哉？”故醴酒不設，穆生去之，曰“楚人將鉗我于都市”。何必見否之已然而後避之，不亦晚乎？雍曰：《禮》言“歲凶，年穀不登，君膳不祭肺，馬不食穀，馳道不除，祭事不縣”，凶年尚殺禮如此，況否之時乎？此君子所以“儉德辟難，不可榮以祿”也。以无難言之，邦無道，穀為耻，況有難之時乎？故直曰“不可”也，太公、伯夷之避紂是也。夫君子、小人之際患亦多乎？君子雖未嘗有意于害小人，而小人嘗忍于害君子，何哉？蓋方泰之時，君子彙進，以小人亂邦，必不容于其間，不過遠而勿用也。小人得志，則以君子為害己者，必欲窮其陷害，務快私忿，誅絶之而後已，為君子者可不避哉？漢之黨錮雖有以致之，在君子未為無罪，然小人忍于誅戮，一至是耶？

初六：拔茅，茹以其彙。貞吉。亨。

《象》曰：“拔茅。貞吉”，志在君也。

先人曰：先大夫有言曰：“居廟堂之高，則憂其民；處江湖之遠，則憂其君。”蓋泰言志在外，否言志在君之意也。雍曰：君子當否之時，有止无進，固守且吉，而道不廢于自亨也。“亨”，如顏氏之樂是也。卦象以內為小人，而爻以初為君子，伊川所謂“隨時取義，變動无常”也。“志在君”者，君子“儉德辟難”，豈忘君者哉？如伊尹樂堯舜之道，其愛君至矣！君臣之義如之何其廢之？故荷蓧之徒聖人无取焉。

六二：包承。小人吉，大人否。亨。

《象》曰："大人否。亨"，不亂羣也。

大人與天地合德，其于含容固有餘矣。然六二之"包承"則異于是，蓋枉己屈道以承媚于人，小人固能之，非大人之事也，故"大人否，亨"。"否"者，身之否而道則亨矣。孔子曰："獲罪于天，無所禱也。"孟子曰："臧氏之子，焉能使予不遇哉?"大人之不能包承也如此。"不亂羣"者，如鷹鸇、烏雀必不可同羣；伯夷不立于惡人之朝、不與惡人言是也。

六三：包羞。

《象》曰："包羞"，位不當也。

三居下體之上，過中思變之時也。泰之九三能艱貞以守之，故"无咎"。否之六三不能變以有為而輔休否之君，尸祿素餐，所謂"包羞"者也。孔子曰"邦無道，穀耻也"，其六三之謂歟?《書》言"沈潛剛克"，六三包羞，无剛也。无剛而處三、五同功之位，故曰"位不當"也。

九四：有命。无咎。疇離祉。

《象》曰："有命。无咎"，志行也。

九四以剛健之才居近君之位，可以輔其君以休否者也，然臣道无成，有終而已，必君命之，斯无過舉矣。故有是臣，有是命，又非特无過而已，其疇類亦將附麗而獲福也。湯之命見于《湯誓》也，又曰"聿求元聖，與之戮力"，則"有命，无咎"之人，伊尹是也。武王之命見于《泰誓》也，又曰"予小子既獲仁人，以遏亂畧"，則"有命，无咎"之人，太公之徒也。《湯誓》曰"予其大賚汝"，《周書》曰"大賚于四海"，豈非"疇離祉"之謂歟？嗚呼！商周之民非伊呂則无休否之祉，伊呂非湯武之命將老死于莘渭間，尚何"志行"之有哉！

九五：休否。大人吉。其亡？其亡？繫于苞桑。

《象》曰："大人"之"吉"，位正當也。

九五以剛中之才而居尊位，為休否之主，湯武是也。《商書》曰"徯予后，后來其蘇"，此湯之"休否"也。《周書》曰"一戎衣，天下大定"，此武王之"休否"也。湯武休否，大人吉也。"其亡？其亡？"存不忘亡也。"繫于苞桑"，則為悠久無疆之道也。聖人之意蓋亦深矣！湯之《書》曰"慄慄危懼，若將殞于深淵"，仲虺又為之誥曰"慎厥終，惟其始"，此湯其亡苞桑之義也。武王之《書》曰"乃偃武修文，歸馬于華山之陽，放牛于桃林之野，示天下弗服"，召公又訓于王曰"為山九仞，功虧一簣"，此武王其亡苞桑之義也。"位正當"者，有其德而有其位也。《易》于否稱大人而泰不言者，則知泰之九二、否之九五皆得乾二、五大人之道，可互見也。否疑其非，則言之。

上九：傾否。先否，後喜。

《象》曰："否"終則"傾"，何可長也？

志行于四，否休于五，上九之傾宜矣。滿而傾覆，自然之理也。且處泰而泰則終否，處否而否則終泰，"先否"者乃所以為"後喜"之道，故曰"何可長也"。

䷌ 離下乾上

同人①于野。亨。利涉大川。利君子貞。

"同人"名卦不曰"同"者，同，大同也，大同則三才无不同矣。聖人明人道得失必有所指，故名曰"同人"不曰"同"也。然聖人雖行人道，而其道未嘗不同天者，蓋由同人則同天矣，人道以同人為大故也，故為君臣、父子，為兄弟、夫婦、朋友。至于臨民為政，處己接物，凡

① "同人"，武英殿聚珍版本同。按高亨《周易古經今注》："'同人'二字當重。'同人，同人于野'者，上'同人'二字乃卦名，下'同人'二字乃卦辭，此全書之通例也。"

有見于外者，無非欲盡同人之道。子思之所謂“盡性”，孟子之所謂“盡心”，其說一本于此。然天无事于人也，聖人亦同。其无事于人則不期同天，而天自同矣。大舜善與人同，孔子稱其無為而治，則同天矣。孔子曰：“予欲無言。”是亦同其无事之義也。“野”者，遠于有事又其廣大无際。同人之道至于野，則廣大无不同矣，六爻之才皆不及此。“利涉大川”，天道之大且健也。“利君子貞”，廣大非小人之事，言惟君子可得同人之道也。夫不能同人而欲人同己者，小人也；能同人則君子矣。“君子”，言其德之盛大，蓋不以才言，以是知同人之道在德不在才也。《中庸》曰：“天之所覆，地之所載，日月所照，霜露所隊；凡有血氣者，莫不尊親，故曰‘配天’。”此同人之道也。

《彖》曰：同人，柔得位、得中而應乎乾，曰“同人”。同人曰：“同人于野。亨。利涉大川”，乾行也。文明以健，中正而應，君子正也。唯君子為能通天下之志。

同人之成卦以六二為主，故言“柔得位、得中而應乎乾，曰‘同人’”。以成卦言也，“同人于野”，非六二之事，獨卦辭言同人之道，故稱“同人曰”，以別之“同人于野”。“亨，利涉大川”，《彖》言以乾道而行，是為天道也。“文明以健，中正而應”，《彖》言二、五之才，君子之道也。同人之所以同乾之行者，无事而已，至大且健而已。君子之所以“貞”者，明健而已，中正而已。“唯君子能通天下之志”，此言君子之事業也。子思曰：“能盡其性，則能盡人之性；能盡人之性，則能盡物之性；可以贊天地化育，與天地參矣。”夫盡人物之性則盡同人之道也，盡同人之道則同天而配天矣，故贊化育、參天地，夫如是天下之志其有不通者乎？通天下之志，則人物之性盡矣。

《象》曰：天與火，同人。君子以類族辨物。

先人曰：陳相道許行之言，使市賈不二，國中無偽。孟子曰：“物之不齊，物之情也。或相倍蓰，或相什百，或相千萬。子比而同之，是亂天下也。”故“類族辨物”乃所以盡同人之道。

初九：同人于門。无咎。

《象》曰：出門“同人”，又誰咎也？

同人之始，未足以及遠，故言于“門”。知出而同人，无我者也，則“无咎”矣。出于門，則一東、一西、一南、一北，或達于大道，究四方萬里之遠；或困于窮途，止于五十步、百步之間，是皆未可知也。吉、凶、悔、吝，隨動以生，豈能究言之哉？此特能知出門之同，則无咎于其初也。“誰咎”者，人无咎我者也。

六二：同人于宗。吝。

《象》曰：“同人于宗”，“吝”道也。

在卦論之，六二文明之性，固知同人之義。自爻觀之，其才至柔，不足與立，安能大同于物？是雖知之，力有所不能也。故《象》之所論者，卦之德也。六二之所言者，爻之才也。然知同于五，不失上下之分；又以中正同中正，亦何異于宗黨同于所尊者哉？然以同人之道論之，則小而“吝”矣。

九三：伏戎于莽，升其高陵，三歲不興。

《象》曰：“伏戎于莽”，敵剛也。“三歲不興”，安行也？

有得同人之道者，“于野”是也，“郊”庶幾焉。失其道者，“大師相遇”是也，“伏戎”甚矣！九三之爻居下卦之極，性剛而炎上，其暴可知也。然同人有道，力不能強，雖使伏戎、升高，經時累年，肆其強暴，雖二之柔，終不可得而同也，況九五之剛敵乎？故至于三歲之久而不能興也，宜矣！“安行”者，行將安之也。“伏戎”，不敢顯發也。“升高”，畏而顧望之意。伊川曰：此爻深見小人之情狀，然小人欲以此道同人，難矣！

九四：乘其墉，弗克攻。吉。

《象》曰："乘其墉"，義"弗克"也。其"吉"，則困而反則也。

同人之時，以一陰欲同衆陽，而衆陽亦欲同于二也。三、四居二、五之間，故有爭奪之象，亦已見君子志于大同，而小人私于同己者也。説者謂九四"乘其墉"而欲攻五，或謂欲攻三不克，而"困反于則"乃吉。夫三可攻者也，"弗克攻"，反非[①]吉也。謂攻五者其理尤悖。且乘墉之逼，過于"伏戎于莽"之遠也；"弗克"之攻，過于升高陵之不興也；是則強暴悖逆，過九三遠矣。況君臣大分，一有犯焉，困而反則，何吉之有？而曰"弗克攻，吉"者何哉？蓋九四近君之地，聖人言其地近易攻，如在其墉間，非若于莽之遠不能攻也。"弗克攻"者，言其勢可攻而不攻也；勢可攻而不攻，知君臣之大分也；知君臣之大分，是以吉也。然九四无應，居三、五二剛之間，為多懼之地，困窮甚矣。窮斯濫，小人之常情也。九四雖困，而反能守則，君子固窮者也，異于小人之情矣，豈所謂"利君子貞"乎！不然，一乘其墉，終身无可吉之道，故知乘墉如升堂入室，皆親近之意，非必真乘其墉而攻之。四爻言此，深罪三之伏戎也，然伊、周示大信于天下萬世，必无乘墉弗攻之義。觀漢帝驂乘之憚，蜀主臨終之言，則霍光與亮，不幾于乘墉弗攻之人歟？

九五：同人先號咷而後笑，大師克相遇。

《象》曰："同人"之"先"，以中直也。"大師相遇"，言相"克"也。

九五之君能盡于野之道則亨矣，而其私在于六二，安足以盡同人之道哉？故九三伏戎升高亦有以致之也。然方其為三所間，則憤抑而號咷；及其克而同也，則懽然而笑；以此見其私于一人，非大有為之道。所可取者，特斷金之利、同心之言而已。終以大師克之而後相遇，則其于同人之道亦未優乎！故《象》言二、五之同其先，本以中直之道而反至于大師相遇，以失"于野"之"亨"也。九五之君私其應如此者无他焉，

① "非"，原本作"則"。據武英殿聚珍版本改。

蓋乾剛在上而離明在下，剛有餘而明不足故也。與大有之君異矣，爻辭所以垂戒也。

上九：同人于郊。无悔。

《象》曰："同人于郊"，志未得也。

郊之與野，其庶幾乎？然上九非有為之位，其自為則善矣，所以同天下之道則未大也。故"无悔"者，言自為也。"志未得"者，不能同天下之大也。上九遠于有事之地，故言"于郊"也。夫同人之道甚大，六爻皆非其才。自卦觀之，以人同天，以陰同陽，以有為同无事，則同人之義可得矣。謂之"于野"者如此。

䷍ **乾下離上**

大有[①]：元亨。

伊川曰：凡卦德，有卦名自有其義者，如比吉、謙亨是也；有因其卦義而有訓戒者，如師貞丈人吉、同人于野亨是也；有以其卦才而言者，大有元亨是也。由剛健文明應天時行，故能"元亨"也。又曰：諸卦具"元亨利貞"，則《彖》皆釋為"大亨"，恐疑與乾坤同也。不兼"利貞"，則釋為"元亨"，盡"元"義也，元有大與善二義故也。又曰：元之在乾，為元始、為首出庶物之義，他卦則為善為大而已。又曰：元之為善何也？曰：元者，物之先也。物之先豈有不善乎？事成而後有敗，敗非先于成也；興而後有衰，衰固後于興也；得而後有失，非得則无失也。至于善惡治亂是非，天下之事莫不皆然，必善為先也。故《文言》曰："元者，善之長也。"雍曰：乾坤四德，諸卦有具之者，皆自乾坤中得其一時一事，非全有之也。雖使《彖》釋无異辭，亦不得與乾坤同。如屯為屯之時"元亨利貞"，臨為臨之時"元亨利貞"，屯之"元亨利貞"已

① "大有"，武英殿聚珍版本同。按高亨以爲"大有"二字當重，上"大有"二字爲卦名，下"大有"二字爲卦辭。說見《周易古經今注》。

不得施于臨，臨之“元亨利貞”亦不得施于屯，又安得如乾坤四德天地長久其用无窮哉？故知四德支分派别散為諸卦，合則為乾坤矣。譬之水焉，澗、谿、沼、沚、江、淮、河、漢以至于海皆水也，其功皆能潤，其德皆能生，其力皆能載，而大小相遠則有間矣。乾卦言“不言所利，大矣哉”者，正所以别坤也。諸卦不必辯也。

《彖》曰：大有，柔得尊位大中而上下應之，曰“大有”。其德剛健而文明，應乎天而時行，是以“元亨”。

同人之六二，不能大同者也，非其位也，非其才也。大有之六五，能有大者也。有大者包衆陽而有之，其道孰大于此？故大有者非獨有賢也，无所不有也。孔子曰：“履信思乎順，又以尚賢也。”則履信思順而又尚賢，不獨以尚賢為主也。是以帝堯“克明俊德，以親九族。平章百姓，協和萬邦”，皆堯之有也；虞舜“詢于四岳，闢四門，明四目，達四聰”，皆舜之有也。然惟天為大，惟堯則之，則堯之有，則天而為大也；大舜有大焉，善與人同，則舜之有，以人同天之大也。故“柔得尊位大中而上下應之”者，若舜之事是也；“其德剛健而文明，應乎天而時行”者，若堯之事是也；其為“元亨”則一而已。

《象》曰：火在天上，大有。君子以遏惡揚善，順天休命。

明之為德也大矣！聖賢之所甚重而後世未之思也。堯之巽位大事也，曰“明明揚側陋”而已。臯陶賡歌君德，曰“元首明哉”而已。伊尹論終始慎厥與，曰“惟明明后”而已。商臣之諫高宗，曰“明哲實作則”而已。《泰誓》言元后，曰“亶聰明”而已。是以古人稱君德，率曰“明王”“明后”，則明為君德之大也。故《堯典》稱堯曰“欽明”，《舜典》稱舜曰“文明”，五子稱禹曰“明明我祖”，仲虺言于成湯曰“惟天生聰明時乂”，詩人以“大明”稱文王，非獨知明為君之大德，亦以見不明為君之大惡也。伊尹放太甲于桐，非有桀紂之多罪也，以不明而已；由不明以充其惡，是亦桀紂耳，故伊尹懼而放之。太甲亦曰：“予小子不明于德。”是知君之大惡莫大于不明也。大有之象在天為日之明，在地為火之明，在人為德之明。今也火在天上，又為人君明德之象，安得不大有于天下也？故《象》言“火在天上”，以見至明居至尊至高之位而臨照四方，雖衆陽之剛，非資其明則冥行而已。故天下之動，晝行夜伏者無他焉，其動以明為主故爾。是知大有之卦以五陽而歸于一陰者，非歸其柔也，歸其明也。人主明德，天下歸之，意也乃若同人之象，火在天下，雖火為至明，潛而在下，不復有君德尊明之象，是以同人則可，語以大有則未也。“遏惡揚善”，明于人道也。“順天休命”，明于天道也。堯授舜而舜受之，明休命也。舜舉十六相而去四凶，明善惡也。

初九：无交，害匪。咎。艱則无咎。

《象》曰：大有初九，“无交，害”也。

賢者當彙進之時而已獨在下，以无交為害，疑于有咎矣。疑于有咎而“匪咎”者，以无交之害非己自致，故“匪咎”也。大有尚賢之君，將使野無遺賢，何患于不進哉？難進易退，士之常也；不失是道，則无咎矣，故曰“艱則无咎”。叔孫之毀仲尼，臧倉之沮孟子，无交之害如此，而孔孟未嘗枉道以干之，所謂“艱則无咎”也。大有之時不以无交為害，而初九最為卑遠者，故獨有无交之害也。邦有道，穀之時，恥于无交也。

九二：大車以載。有攸往。无咎。

《象》曰：“大車以載”，積中不敗也。

自任以天下之重者，伊尹也。“大車以載”，非伊尹不足以當之。以此而往就湯可，就桀可也，相湯伐桀可也，放太甲于桐可也，歸太甲于亳可也，又何咎之有？蓋聖人道積于中，无所往而不利，故如大車之不可敗也。九二有剛健之才，柔謙之德，居中而无過，其積于中者如此。

九三：公用亨于天子，小人弗克。

《象》曰："公用亨于天子"，"小人"害也。

九三居下卦之上，為臣之尊位，方之九二之權或不足，是為諸侯之尊大者矣。先儒多以亨為"享"，獨王輔嗣曰"通"也。且天子饗諸侯皆于祖廟，上公備九獻之禮，其為禮也莫加焉，小人安能勝此享哉？小人享之，則其榮也適所以為害歟？

九四：匪其彭。无咎。

《象》曰："匪其彭。无咎"，明辨晳也。

賢者居近君之位，特立獨行，自進于君而无外交者，九四是也。故雖九三之剛德，亦不與之親附而進焉，此所謂"匪其彭"也。如是則其明足以辨晳，何咎之有？九四離之初，故知其有明德。《子夏傳》"彭"作"旁"。伊川云：如《詩》"行人彭彭""駟騵彭彭"，皆盛多之貌。蓋"匪其旁"者，盛多也。

六五：厥孚交如。威如。吉。

《象》曰："厥孚交如"，信以發志也。"威如"之吉，易而无備也。

君能下下，以成其政；臣能歸美，以報其上；盡君臣相與之誠，故曰"厥孚交如"也。凡為臣者，皆以誠交，非一臣也。《書》曰："威克厥愛，允濟。"大有之君以柔居尊，而有衆賢，雖盡相與之誠，苟无克愛之威，亦且未為吉也。"交如"，親之也，通誠信之道也。"威如"，尊之也，嚴君臣之分也。誠信之道已通，君臣之分已嚴，故能消患于无形矣，非明君盡"惟幾惟康"之道者不足以與此。君臣上下"信以發志"，孰為猜嫌之患？是以"易而无備"也。且初九之難進，九二之積中，九三之克享，九四之匪彭，各以其道而來親而尊之，可謂有賢之極矣。舜"闢四門，明四目，達四聰"，終至於無為而治，君臣賡歌都俞而已，其六五易而无備之"吉"乎！

上九：自天祐之。吉。无不利。

《象》曰：大有上“吉”，“自天祐”也。

《繫辭》曰：“祐者，助也。天之所助者，順也；人之所助者，信也。履信思乎順，又以尚賢也。”六五之君實盡此，而言于上九者，非上九之才能得此也，蓋言大有之吉以此終也，故《象》曰“大有上吉”，則知此吉大有之吉也，非止上九之吉也，與《小雅》樂得賢之詩每章必終以“壽考”同意。然大有之時，不以无交為害，獨初九卑遠，有是患焉，故《象》曰“大有初九”，如言大有之初九獨有是患也。上九之吉，大有之吉也，故《象》曰“大有上吉”，如言大有之極則終有是吉也。聖人變文立義如此。

䷎ 艮下坤上

謙：亨。君子有終。

《繫辭》曰：“勞而不伐，有功而不德，厚之至也。”故謙為不居其德之稱。德且不居，則富貴崇高皆餘事矣，孔子不居聖，顏淵“願無伐善，無施勞”之謂也。然有德而不居，“亨”在其中矣。小人矜能伐功，日損之道；君子德日進而謙不已，是以“有終”也。然一盈而有四害，一謙而有四益，是以君子拳拳而弗失之矣。

《彖》曰：謙，“亨”。天道下濟而光明，地道卑而上行。天道虧盈而益謙，地道變盈而流謙，鬼神害盈而福謙，人道惡盈而好謙。謙，尊而光，卑而不可踰，“君子”之“終”也。

先人曰：天之虧盈，日月是也；地之變流，山河是也；鬼神害福，吉凶是也；人之好惡，得失是也；以此居尊則益光，以此居卑則不可踰，故惟有德君子能終之。伊川曰：以地勢而言，則盈滿者傾變而反陷，卑下者流注而益增。雍曰：四者非天、地、鬼、神、人有心如是，其道自然如此，故皆曰“道”。艮之一陽即有天道下濟之象。

《象》曰：地中有山，謙。君子以裒多益寡，稱物平施。

謙，地類也，故《象》以地見其義。地卑而山高，理之常也，今地在上，益之也；山在下，損之也。非以山居地中為山謙也，乃以地謙而致益也，是為變盈流謙之義。“裒多益寡”者，損有餘補不足之道也。“稱物平施”者，裒多益寡之道也。裒多益寡，見于彼者也；稱物平施，行乎此者也。天地鬼神莫不皆然，故君子法之以此，此君子有為之道。

初六：謙謙。君子用涉大川。吉。

《象》曰：“謙謙君子”，卑以自牧也。

卦之六爻三言吉、三言利，是知謙之為道，天地人鬼之所貴也。“謙謙”者，謙而又謙也。謙而又謙，是為有終，惟君子能之。昔舜戒禹曰：“汝惟不矜，天下莫與汝爭能。汝惟不伐，天下莫與汝爭功。”曾子稱顔淵曰：“有若無，實若虛。”是知謙謙非君子不能也。《書》曰：“滿招損，謙受益。”是謙為滿之反，亦有虛之象也。乘木舟虛，故“用涉大川，吉”。《易》于乾健之才多言利涉大川，如謙與中孚，皆以虛而有濟耳。卑則謙之道也，“卑以自牧”，言又能自養其謙，以至謙謙也。

六二：鳴謙。貞吉。

《象》曰：“鳴謙。貞吉”，中心得也。

《詩》曰：“鶴鳴于九皋，聲聞于天。”則鳴者聲必遠聞也。《易》曰：“鳴鶴在陰，其子和之。”則聲之有聞必有應焉。六二得位得中，謙德著聞而“貞吉”者也。得位得中，則非在陰之幽；近于九三，又非于天之遠；況九三方以功下人如謙之近，而有聞者无不應矣。“中心得”者，非有心于鳴，以感人于外者也。蓋修德于内而自然有聞者，其得自于中心故也。

九三：勞謙。君子有終。吉。

《象》曰：“勞謙君子”，萬民服也。

九三以一陽而為衆陰之主，衆陰宗之，而俱與之有終，則其為勞也大矣！勞而不伐，是曰“勞謙”，非君子能之乎？故“君子有終，吉”。唐虞之際能盡勞謙之道者，其禹歟？“克勤于邦”而至于“九功惟敘”，所謂“勞”也。“不自滿假”而拜昌言，所謂“謙”也。至于“詢謀僉同，鬼神其依”則天地人鬼莫不從，“有終”之“吉”大矣！“萬民服”者，特其一而已。然卦以一陰為主者難，以一陽為主者易。陰常失之不足，非有至明之德不能也，大有、同人是也。陽常失之太過，非有至中之德不能也，師、比是也。謙、豫近師、比而德不同者，非中故也。故謙以德下人則民服，豫以順合衆則得志，皆不失損剛從柔之道，于中為近矣。

六四：无不利。撝謙。

《象》曰：“无不利。撝謙”，不違則也。

六四以柔順之德兼四益之道，天地人鬼何所不利哉！故曰“无不利”。然有近君之權，能撝而不有，以尊勞謙之臣，可謂得謙之道者矣。合謙之道而无過焉，故曰“不違則”也。觀帝堯曰：“汝能庸命，巽朕位？”岳曰：“否德忝帝位。”“有鰥在下，曰虞舜。”若四岳者可謂“撝謙”矣。伊川曰：撝，如手之撝也。

六五：不富以其鄰。利用侵伐。无不利。

《象》曰：“利用侵伐”，征不服也。

先人曰：孟子有言，得道者多助，失道者寡助。寡助之至，親戚畔之。多助之至，天下順之。以天下之所順攻親戚之所畔，故君子有不戰，戰必勝矣。雍曰：謙之為卦，五陰一陽，陰虚之象。以乾坤之策言之，亦已耗矣，故為“不富”。不富非足也，與泰之六四同義。而六五尊位大中，謙以居之，德盛禮恭之主，是以為衆所歸而能有其鄰也。以其鄰，故多助，多助則戰必勝，故“利用侵伐”也。“征不服”者，蓋有不服則征，无不服則勿征也。昔禹之徂征苗民逆命，益贊于禹曰：“惟德動天，無遠弗屆。滿招損，謙受益，時乃天道。”蓋謙以德為主，有謙之德則无不利，其于侵伐用與不用，在上之人耳，非必于用師也。六五坤道不足而不富，故容有不服之征；九三陽道有餘而有終，故萬民无不服也。

上六：鳴謙。利用行師征邑國。

《象》曰："鳴謙"，志未得也。可"用行師"，"征邑國"也。

上六之鳴異乎六二之鳴也。六二之鳴非有求于應，而欲人之聞之也。其聲之自聞，而人自應之也，所謂"聲無遠而弗聞，行無隱而弗彰"者也。上與三為應也，有應而鳴，以聲感三也。九三止而不求，又且為衆陰之主而無私焉，此上六所以"志未得"也。終以其應而有助，故"可用行師征邑國"而已。邑國小也，非无不利之師也。"可"者，僅辭也。謙道本亨，六爻无凶、咎、悔、吝、危、厲之變，以此知德盛禮恭之事，天地人鬼无不宜者矣。然謙之為德，非有挾太山超北海之難能，而人每患其不能行者，此君子、小人所以分也。故卦爻皆以君子為言，君子无大過人者，特能行之耳。

䷏ 坤下震上

豫：利建侯、行師。

馬氏、王氏以豫為樂，從《釋詁》也。闞氏曰"豫，備也。備豫則安逸也。"孔氏以為逸豫，又為悅豫，亦《釋詁》之義。程氏言動而天下順應為和豫，蓋取《象》義。諸儒之說不同如此。大率《易》之名卦，兼備衆義，固非一字可訓，故豫得兼和悅、逸樂、備豫為名，而和悅、逸樂不可以一字盡豫之道，故伊川既曰"和豫"，又曰"逸豫"，為得之矣。考之于卦，獨無備豫之義，而闞子明言之者，蓋因《繫辭》言"重門擊柝，以待暴客"之意也。且豫之為卦，上動而下順，"惟動丕應徯志"者也，以此建侯則内无不服之人，以此行師則外无逆命之敵。周封同姓五十而不以為私，順故也。所謂"利建侯"也。湯東西南北之征而天下不以為怨，順故也。所謂"利行師"也。

《彖》曰：豫，剛應而志行，順以動，豫。豫順以動，故天地如之，而況“建侯、行師”乎？天地以順動，故日月不過，而四時不忒。聖人以順動，則刑罰清而民服，豫之時義大矣哉！

三才一理也，順之則易，逆之則難，行于一身尚不能違，況有天下國家如建侯、行師者乎？故得其理而順動則豫，雖天地于日月四時尚不能外此，則人道固不能違也。是以聖人刑罰清而民服，所以為順也歟！夫順，坤道也。貫通三才，非止人事，故論其時則“建侯、行師”，論其義則“天地如之”，不亦大乎？卦以九四為主，言“剛應而志行”者，羣陰應剛，得行其志，“順動”而已。伊川曰：既言豫順之道，其旨味淵永，言盡而意有餘也。故復贊之云“豫之時義大矣哉”，欲人研味其理，優柔涵泳而識之也。“時義”謂豫時之義。諸卦之時與義用大者，皆贊其“大矣哉”，豫而下十一卦是也。豫、遯、姤、旅言“時義”，隨言“隨時之義”，坎、睽、蹇言“時用”，頤、大過、解、革言“時”，各以其大者言也。

《象》曰：雷出地奮，豫。先王以作樂崇德，殷薦之上帝，以配祖考。

先人曰：雷出地，蓋帝出乎震之時，于夏則仲春之二月，于周則孟夏之四月也。又曰：大司樂以圜鍾為宮，雷鼓，雷鼗，孤竹之管，雲和之琴瑟，《雲門》之舞，于地上之圜丘，奏之圜鍾、夾鍾也。夏時二月律也，則“雷出地奮”，豫而“作樂崇德”，其在于斯時乎？“帝”者，生物之宗；“祖考”者，人之始也；故推以配焉。雍曰：“雷出地奮”，夏之二月，天地萬物悅豫之時也。“作樂崇德”，治定功成，君臣萬民悅豫之時也。樂之出虛，蓋本陰陽之氣，自无而生有，故因器而成聲。器，可見者也。聲，可聞者也。氣不作焉，聲不聞矣，雷之收發何以異此？故陰陽者，雷之氣也；而雷者，陰陽之聲也。春秋者，又雷之器也。非鍾鼓則樂无作止，非春秋則雷无收發，以是知雷之與樂非特取象而成，其實一氣同類，特大而作于天地者曰“雷”，小而作于人者曰“樂”，此見先王法象乎天地之道也。故《祭義》曰：“君子合諸天道，春禘秋嘗。”此言夏商之時也。又曰："禘有樂而嘗無樂。"以見先王作樂之道，因雷之收發，其微如此。蓋春秋者，天地之闔闢也。一闢而雷奮，于是乎作樂，以通陰陽之氣。一闔而雷收，于是乎不作樂，以順陰陽之理。此所以禘有樂而嘗無樂，合于豫之"作樂崇德"也。

初六：鳴豫。凶。

《象》曰："初六，鳴豫"，志窮"凶"也。

初六之鳴，如謙上六之鳴，感其應而有求也。上六之鳴，蓋鳴而求謙；初六之鳴，蓋鳴而求豫。豫而知裁，尚或有失，況知其悅逸而鳴以求之乎？且鳴而求謙者，志猶未可得，況鳴豫乎？其"志窮凶也"宜矣。夫履霜之始，未堅氷也，馴致其道則堅氷也。鳴而求豫，未至于凶，馴致其道則凶矣。聖人知幾，故欲早辨也。"志窮凶也"，窮其求豫之志，則凶也。

六二：介于石，不終日。貞吉。

《象》曰："不終日。貞吉"，以中正也。

《繫辭》曰："幾者動之微，吉之先見者也。"又曰："惟幾也，故能成天下之務。"是以聖人貴夫知幾者以此。豫之六二，知幾之君子也。知逸豫之道必凶而後已，故不為逸豫，中正自居，"介如石"焉，守以貞固，是以"吉"也。觀其上交不諂，是不與上為豫也；下交不瀆，是不與下為豫也。上下无與應，不得變其志，故中正之道常存而貞固之守益堅，非介如石之象乎？"終日"，則失于不能早辨；"不終日"，所以為知幾也。古之人行此道者，其惟文王乎？始于憂勤，終于逸樂，文王之治也。至于"不敢盤于遊田，以庶邦惟正之供"，故能享國久長，而得介于石之吉也。明此道者，其惟周公乎？觀其作《無逸》以戒成王，曰："無淫于觀、于逸、于遊、于田，以萬民惟正之供。"惟[1]成王能持盈守成，

---

[1] "惟"，武英殿聚珍版本作"故"。

為太平之君子，亦得介于石之吉也，不然則“盤遊無度”“太康尸位”之逸豫也，“酗于酒德”“商王受之迷亂”也。故孔子曰：“知幾，其神矣乎！”惟文王、周公其盡之。然有初六之鳴，故有六二之介。

六三：盱豫。悔。遲有悔。

《象》曰：“盱豫。有悔”，位不當也。

處豫之道，戒在于不能自立而優柔无斷，是以馴致必至于凶，故六二以“介如石”為得，而六三以“盱”“遲”有失也。夫睢盱視上而悅之，非介如石者也；遲遲疑而有待，非不終日者也。視而悅之者，失于不立；遲疑有待者，失于无斷；與夫鳴而求之者，過猶不及耳，宜其皆為“有悔”之道。欲无悔者无他道焉，介然不動以守之，斷然不疑以行之，惟此見六二之貞，可謂能知能行者也。孔子之“不惑”，顏子之“弗失”，孟子之“不動心”，亦皆六二介于石之道歟？再言“悔”者，一“盱”一“遲”皆各有悔也。

九四：由豫。大有得，勿疑。朋盍簪。

《象》曰：“由豫。大有得”，志大行也。

九四以一陽而總衆陰，為豫之主，以順動自任者。方是時，上无剛健之君，則衆陰不得不由之以豫也。由之以豫，則天下少安，所以“大有得”也。然處由豫之道，在于信立而“勿疑”。勿疑，故“朋盍”；朋盍，則總衆智力以安上；其序如此也。昔齊晉之霸也，歸魯三敗之地，示原三日之圍，可謂信立矣。會于葵丘，會于踐土，可謂朋盍矣。總諸侯以尊王室，非安上乎？此雖霸者之事，然孔子嘗曰：“微管仲，吾其被髮左衽矣！”蓋孔子之意，以為雖非三王之舉，豈不愈于委而棄之夷狄也哉！是所以由豫之為大有得也。伊川曰：簪，聚也。簪之名，取聚髮也。

六五：貞疾，恒不死。

《象》曰：“六五，貞疾”，乘剛也。“恒不死”，中未亡也。

伊川曰：居得君位，貞也。受制于四，有疾也。五居尊位，權雖失而位未亡，故云“貞疾，恒不死”。雍曰：九四以一剛為豫之主，六五不能正為君之道。求其所以然，蓋失于好逸，不知文王、周公之戒馴，致于君弱臣強而不能振也。其猶平王東遷，下堂而見諸侯之時乎？君德微矣。雖僅能守其位，譬夫人之老也，血氣既衰，疾亦甚矣，僅得常不死而已。“中未亡”者，終亡之象已見，特其中未盡亡而已。

上六：冥豫。成有渝。无咎。

《象》曰：“冥豫”在“上”，何可長也？

上六豫極之時，冥昧耽樂，迷不知反，豫之凶將成矣。或有變焉，亦且“无咎”，蓋豫雖必至于凶，而上六知變之位，聖人貴其能變，故不言冥之凶而言“渝”之无咎也。且初六之鳴，未凶而言凶；上六之冥，當凶而曰无咎；何哉？蓋鳴于終者，則未必凶；鳴于初者，馴致于終，則其凶必矣。冥于終者，變則无咎；冥于初者，雖變亦有咎，其凶又有甚于鳴矣。故上六之冥，始勤而終怠者也，非若鳴之怠于初也。是以其為凶咎，係乎初、終，而不與于鳴、冥之輕重也。

䷐ 震下兑上

隨：元亨。利貞。无咎。

隨有隨之主，有隨之者，有隨于內，有隨于外者。隨之主大哉，而隨之則小也；隨于內小矣，而隨于外則大也。以隨之成卦言之，剛來隨于內，而柔上隨于外；二、三得剛而隨以動，四、五得柔而隨以說；此隨之義也，六爻无不隨者矣。然謙卦一謙而得四益為吉，隨卦一隨具四德而“无咎”，非无咎不足于吉也，蓋謙之得失在人事，人事以吉為善；隨之得失在道，道以无咎則不失；不可一槩論。

《彖》曰：隨，剛來而下柔，動而說，隨。大“亨”“貞”“无咎”而天下隨時，隨時之義大矣哉！

先人曰：隨不止于人道而言。震，東方之卦也，萬物隨之以生。兑，西方之卦也，萬物隨之以成。其出入也，孰不隨之？故春生之，夏長之，秋成之，冬藏之，隨也。聖人東作西成，亦隨也。五載一巡狩，亦隨也。隨之大，豈一端而已也？伊川曰：凡人君之從善，臣下之奉命，學者之徙義，衆人之隨己，己之隨人，與臨事而擇所隨，皆隨也。雍曰：隨之成卦，以初九、上六來往成震、兑，動說而有隨。王輔嗣以震為剛而兑為柔，是剛下柔，如咸卦男下女之説，不言初九、上六之義。若如王氏言，則剛來下柔之卦居《易》之半矣，何獨于隨言之也？且天下之理，不動則无所隨，不說則不能隨，所以致“動而說”者，初九、上六之力也。聖人論上下卦則言男女陰陽，及論爻則言剛柔。隨、蠱二卦不以初、上之變論之，則剛來下柔與剛上柔下之義終不可明也。然隨之道，大而天地，小而人民，細而蟲魚草木，无不有隨，不能以言盡，要其歸則隨時而已。至如堯舜隨于揖遜，湯武隨于征伐，伊周隨于致君，孔孟隨于設教，以聖人之隨其不同已如此，況天地萬物之隨乎？蓋道與時會，則聖人隨之，易地皆然也。是以聖人所任者道，而不能違者時，故曰：“隨時之義大矣哉！”

《象》曰：澤中有雷，隨。君子以嚮晦入宴息。

伊川曰：禮：晝不居内，夜不居外。亦隨時也。雍曰：夫君子一動一靜，至于宴息猶有存焉，大者可知也。此蓋因其小者，足以見隨之大，不然，君子之道宴息而已乎？

初九：官有渝。貞吉。出門交有功。

《象》曰：“官有渝”，從正“吉”也。“出門交有功”，不失也。

剛來，隨于内者也。在内之隨，主于初九。夫以乾剛之性，豈能變于所守哉？能變而從動，雖未至隨之大，已為動之主矣。《易》曰“變則通”，此隨之成卦所以有取于初之變也。能變其所守，是以得“貞”而“吉”。二、三得剛而後動，剛亦得二、三而後動，剛柔相須以動，故

“出門交”而“有功”也。出門交兑然後隨，道成而不失隨之大也。蓋初雖為主于内，特動之主未為隨耳。伊尹幡然而改，是為“出門交有功”也。

六二：係小子，失丈夫。

《象》曰：“係小子”，弗兼與也。

六二初不能動，今居動之中者，得初九而後動也。故捨應從初，非得已也，亦隨之小者耳，是以有“係小子，失丈夫”之象。方其未動之時，雖欲應五，豈可得哉？然終无絶五之志，以急于託初之動，未能“兼與”故也，與夫愚而好自用、賤而好自專者異矣。是以所係雖小，而无凶咎。

六三：係丈夫，失小子。隨有求，得。利居貞。

《象》曰：“係丈夫”，志舍下也。

六二隨于内者也，六三隨于外者也。隨之道貴知變，知變故能隨時，非六三之智優于六二也，時之不同耳。方其不能動之時，則不得不隨于初；及其居動之極，則不得不隨于說；此六三“係丈夫，失小子”之義，蓋盡初九“出門交有功”之說也。雖小有失于内，而其隨之大者，蓋有得也，故曰：“隨有求，得。”有得，則利居正以守之，故“利居貞”。然初自守而變，而三自變而守，易地觀之，皆一道也。“志舍下”者，六三于斯時，志在于隨而不在于動，故舍下也。

九四：隨有獲。貞凶。有孚。在道以明，何咎？

《象》曰：“隨有獲”，其義“凶”也。“有孚在道”，“明”功也。

九四居尊近之位，有剛健之才，天下之所說隨，亦足以致人之隨者也，故為隨之有獲者。六三“隨有求，得”，蓋隨人而有得者。九四“隨有獲”，蓋以得人之隨為獲也。夫尊近之臣，勢疑于君，又獲天下之隨守，此為“貞”則“凶”矣。是必有至誠之道大明于天下，足以使天地人鬼萬世無疑焉，斯无咎矣。文王之時，三分天下有其二，可謂有獲矣，方且以服事商，不識不知順帝之則而已，是以萬邦作孚而天下萬世稱其德焉，非"有孚在道"者乎？"其義凶"者，非九四誠有是凶也，若貞固守之，其義有得凶之理也。"明功"者，有孚在道，明隨之功也。

九五：孚于嘉。吉。

《象》曰："孚于嘉。吉"，位正中也。

九五之于隨，所謂"信以成之"者也，亦所謂"安而行之"者也，故能無事于隨，不優不迫，居中履正，"孚于嘉"而已。嘉，美德也。美德孚于天下，无外内之限，豈堯所謂"欽明文思，允恭克讓，光被四表"之德哉？豈舜所謂"濬哲文明，溫恭允塞"之德哉？"位正中"者，天下之人莫知其有為之迹，所可見者，位正中而已。孔子言堯"無能名"、舜"恭己南面"之意也。或謂孚于六二，則與"屯其膏""同人號咷"无以異，安足以見隨時之大哉？

上六：拘係之，乃從維之。王用亨于西山。

《象》曰："拘係之"，上窮也。

先人曰：舍己從人不咈人，以從己之欲，隨民之道也。隨民之極，則民之隨也，亦如是而已。方文王之三分天下有其二，固有不隨者也；至于其化，自北而南皆有德以維其心，此"亨于西山"之道也。故《詩》曰："自西自東，自南自北，無思不服。"方是時民歸之，若自拘係，乃從而維之也。必也文王有以拘係，有以維縶，豈文王之道哉？而上六所言乃上窮之民，將從文王之維，無孑遺者也。大哉隨乎！舍己從人，隨也。達則兼善天下，亦隨也。不當時命而獨善其身，亦隨也。故始之言父子夫婦朋友之隨，而終之以文王之成王道，皆隨時之義也。雍曰：上六隨道之成，盡"動而說，隨"之義，故如水之就下，獸之走壙，各從其類，拘係而來，莫之能禦也。為之主者，乃從而以道維之而已。觀二老之歸文王，孟子曰："天下之父歸之，其子焉往？"夫其歸也，如父子相拘而來，豈非“拘係”之謂乎？至于虞芮之訟，亦非文王有以拘之也。然文王發政施仁，必先于鰥寡孤獨，視之如傷，使无凍餒，是為維之之道。蓋非文王有心于其間，隨時之義當然耳。孟子言“朝覲，訟獄，謳歌之歸舜禹”亦由是也。說者謂有不從者必拘係之，乃從此，宜齊桓、晉文之所不為，而謂文王為之乎？

䷑ 巽下艮上

蠱：元亨。利涉大川。先甲三日，後甲三日。

伊川曰：自古治必因亂，亂則開治，理自然也。又曰：甲，數之首，事之始也，如辰之甲乙是也。有始必有終，有終必有始，天之道也。聖人知始終之道，故能原始而究其所以然，要終而備其將然。先甲，謂先于此，究其所以然也。後甲，謂後于此，慮其將然也。一日、二日至于三日，言慮之深，推之遠也。究其所以然則知救之之道，慮其將然則知備之之方；善救則前獘可革，善備則後利可久；此古之聖王所以新天下而垂後世也。又曰：甲者，事之首。庚者，變之首。制作政教之類則云甲，舉其首也。發號施令之事則稱庚，庚猶更也。雍曰：甲庚之說自古失之，甚至于論及辛丁為巫史之言，獨伊川先生最為得也。且蠱者，事也，事之蠹獘者也。故《傳》曰：“皿、蟲為蠱。”天下之事如循環，新故治亂，相因而不留也，故亂則將治，獘則將新，理之必然者也。是以蠱為已獘而大亨居前，勢甚易為也。“利涉大川”，言其有為之易也。《易》言“利涉大川”，非剛健之才，則虛中有濟之象，而蠱特言其易于有為也。觀《易》之爻“兼三才而兩之，故六”，是以陽不過六、陰不過六而盡矣。復稱七日，自姤經六爻至復初九而七日。臨稱八月，自復經六爻至遯六二而八也。蠱之先甲、後甲亦六日之義。“先甲三日”者，蠱之先也，新之終而獘之始也。至中而大獘矣，是為蠱也，以言乎治則不治之時也。“後甲三日”者，蠱之後也，獘之終而新之始也。至中而大新矣，是為蠱之反也，以言乎治則治之時也。故治為蠱之反而蠱為治之反，二者之象兼于先甲、後甲之中，相與循環而已。甲即蠱也。

《彖》曰：蠱，剛上而柔下，巽而止，蠱。蠱“元亨”而天下治也。“利涉大川”，往有事也。“先甲三日，後甲三日”，終則有始，天行也。

否、泰，反其類者也，而蠱之于泰，亦有相循之義焉。然泰之道大，蠱之事小，雖不能如否之反，而泰之後先蠱而後否。聖人圖難于其易，為大于其細，是以有治蠱之道使不至于否，此商宗、周宣之所以興也。先儒謂蠱自泰來，剛上而柔下，是也。知蠱之極而治之，則有治无亂，故後甲三日之後，“元亨”而天下治也。蠱之時，事為易圖，宜往有事，故“利涉大川”。先甲後甲，則天行終始之道循環然耳。《易》于泰言“其命亂”，于蠱言“天下治”，皆先甲後甲之常也。故聖人于蠱獘之時，未嘗憂其不治，特患幹之无其人耳。知其道，得其人，治天下可運諸掌也。觀傅說之戒高宗曰：“事不師古，以克永世，匪說攸聞。”又曰：“監于先王成憲，其永無愆。”詩人之美宣王曰：“復古也，天下喜于王化。復行也，復文武之境土，復會諸侯于東都也。”觀是二者，則知治蠱之道特在于除前人之獘，復先王之法而已。蓋无創業垂統之多難也。

《象》曰：山下有風，蠱。君子以振民育德。

先人曰：女惑男，風落山，為蠱。長女從少男，惑也。風在山下，落也。以人事言，則風俗敗也，故必有振德之術焉。雍曰：蠱自泰來，是泰之道獘而為蠱也。夫泰之所謂“地”，今獘而為“山”矣；所謂“天”，今獘而為“風”矣；天地之道獘，而為山風之事矣。道獘于事，大獘于小，君子獘于小人，安得不振而起之也哉？此君子所以“振民育德”也。能振而起之，以復于泰，是以元亨而天下治也。不能振之，日入于頽獘之域，此所以否而不反矣。振民，風象；育德，山象也。

初六：幹父之蠱。有子考。无咎。厲。終吉。

《象》曰：“幹父之蠱”，意承“考”也。

蠱非創始之事，蓋嘗作之而獘者。獘而改為，則治矣，非若屯難之難濟，否塞之難傾也。故雖初六柔弱之才，亦能幹焉。蠱實家道，蓋承父已基之事，又非去故而鼎新也。能“幹父之蠱”，則有子矣。有子則考乃无過，雖有涉川之危，亦“終吉”也，況非危事者乎？“考无咎”，若武王言“惟朕文考無罪”同意。而初六非武王之才德耳，“意承考”者，葢繼父之志也。

九二：幹母之蠱。不可貞。

《象》曰：“幹母之蠱”，得中道也。

初六以陰承陽，故言“幹父”，九二以陽應陰，故言“幹母”。然九二以剛強之才而幹陰柔之事，方之初六有餘力矣，不可固守剛強以盡用其才也。惟九二能得中道，故克幹焉。“貞”本幹事之德，而九二不用者，蠱之時易為力，適中足矣，不可過也。

九三：幹父之蠱。小有悔。无大咎。

《象》曰：“幹父之蠱”，終“无咎”也。

幹蠱之道，欲知其弊而順治之，固不必經綸之大才也。不順其弊而治，反更張作新，未嘗不至于變亂也。《詩》曰：“不愆不忘，率由舊章。”遵先王之法而過者，未之有也。九三之才已過矣，然不至于大悔，而“終无咎”者，葢所幹之蠱遵前人之法而已。宣王之詩有箴規，是為“小有悔”也。

六四：裕父之蠱。往見吝。

《象》曰：“裕父之蠱”，往未得也。

幹蠱之爻，多无大才，以獘事順治，不用過也，過則有害，非幹蠱也。然才之過者，九三而止耳，亦无大過也。其不及者，六四是已。以六四陰柔不及之才，猶能裕父之蠱，則知治蠱不為難也。裕父，非幹也，能因其基而增益之耳。或往幹之，則“見吝”矣，葢才力太柔，未可往故也。繼體守文之治似之。

六五：幹父之蠱。用譽。

《象》曰："幹父""用譽"，承以德也。

六五以柔順中正居尊位，盛德之君也，幹蠱有餘裕矣，是以聲名洋溢乎中國而蚤有譽于天下者，以德不以力故也。觀成王之時，作詩者嘉美之、喜樂之、安樂之。其詩有曰："顒顒卬卬，如圭如璋，令問令望。豈弟君子，四方為綱。"所謂"用譽，承以德"者也。幹蠱之美不可以有加矣！

上九：不事王侯，高尚其事。

《象》曰："不事王侯"，志可則也。

先人曰：伯夷，目不視惡色，耳不聽惡聲；非其君不事，非其民不使；治則進，亂則退。"横政之所出，横民之所止，不忍居也。"思與鄉人處，如以朝衣朝冠坐于塗炭。當紂之時，居北海之濱，以待天下之清也。故聞伯夷之風者，頑夫廉，懦夫有立志，故曰"伯夷，聖之清者也。"當蠱之時，非其德可以忘世，其道可以高人。不為事窮，不以物累。不如是，曷足以振之哉？雍曰：夏尚忠，商尚質，周尚文，三王非故為異也，救一時之弊耳。知此，故足以興道；不知此，雖歷舉三代之政，其治道愈遠矣。孟子言伯夷之清、伊尹之任、柳下惠之和，為行不同而同歸于聖者，所以救獘之方，在時有不同故也。蠱之時天下事獘，人知幹治為急，而不知幹治之獘又有甚焉。是以捨本源，循末流，風俗鄙陋，委靡而不振，去道日已遠矣，此"不事王侯"高尚之士所為作也。高尚之士，豈直以不事王侯為高哉？蓋必有其道焉，非捨簞食豆羹之義也。方蠱之時，大道不明，王侯之賢者知趨事赴功而已，非獨不知道之大全而用之也，亦有以道為不切時務而不用者多矣。如是則高尚之所守，乃當世之不用；而王侯之所務，或高尚未嘗容心焉。故高尚之士既不能屈道伸身，則王侯不可得而事也。王侯不可得而事，而人謂之"高尚其事"，亦宜矣。在君子則盡用舍行藏之道，夫何容心于高尚哉？是以天下既又獘于幹蠱，非夫人孰能振之？蠱之上九，既无絶物之過，又无屈道之累，其用舍行藏之志，是可為法于天下後世矣，此孟子所以稱伯夷為百世之師也。不然，雖不仕如荷蓧、狂歌如接輿、放蕩不法如莊周、為我無君如楊氏，皆流浪不反，其自為高尚以欺世俗耳目則有之，君子未嘗有取焉。故孔子不能為素隱行怪，而孟子深鄙陳仲子之為廉也。非夫伯夷之聖，使聞其風者，頑夫廉，懦夫有立志，又安能振蠱之風歟？《易》于否有彙貞之君子，在蠱有不事王侯之士，其道同而時異者也。

䷒ 兑下坤上

臨：元亨。利貞。至于八月有凶。

臨以大臨小、上臨下為義。《序卦》曰："臨者，大也。"蓋臨為大而所臨者小故也。"元亨利貞"，天地生物之大德。澤下于地，施生物之德，故臨具四德也。自一陽生而為復，長而為臨，凡八變而得遯。遯，臨之反也。有臨之大亨，是以知遯之有"凶"也。有凶不必凶至，蓋有凶之理也，與"隨有獲，其義凶"同意。《易》于臨言月，于復言日者，日月皆一也。論天道則稱日，論人道則稱月，從其類也。《堯典》言日中、日永，稱日也；仲春、仲夏，稱月也。日之所次，月之所周，皆為一月，故後世為《月令》者曰"孟春之月，日在營室"，雖別言之，合而言之，其義皆同。

《彖》曰：臨，剛浸而長，說而順，剛中而應。大"亨"以正，天之道也。"至于八月有凶"，消不久也。

自一卦之象言之，二陽之生為臨。其生不已也，故曰"剛浸而長"。不言陽而言剛者，以初九、九二二爻言也。自內外二卦之象言之，則曰"說而順"。自九二成卦之爻言之，則曰"剛中而應"。順者，順天之道而說萬物也。九二剛中之德足以有臨，其有不"大亨以正"者乎？且剛柔之義相反以相生，故泰中有復，否中有傾，而臨之中有八月之凶也。君子知幾之義，欲其辨早而思其亡之戒也。

《象》曰：澤上有地，臨。君子以教思无窮，容保民无疆。

天之澤謂之澤，地之澤亦謂之澤，皆以及物為功，故澤為說也。猶坎之水在上為雲，在下為雨，在地為水，具三者之義，斯為坎矣。坎之為水，本周流轉注，淵深莫測而已，及其為澤，皆兑之功也。然其道亦相須焉，此坎為險而兑為說之意也。觀雲雷為屯，雷雨作解，澤地為萃，地澤為臨，則知臨之及物至矣，是以有“元亨利貞”之德也。君子法之以“教思无窮”，充澤之利也。“保民无疆”，充地之容也。不如是則不能大，不能大則不足以有臨也。

初九：咸臨。貞吉。

《象》曰：“咸臨。貞吉”，志行正也。

先人曰：“臨、觀之義，或與或求”，故初九、九二、六四、六五皆有焉。雍曰：咸，感也，感之而應也。初九以此道正而吉，无他求焉，可謂行正之君子。諸卦皆感而應也，獨臨觀具與求之義者，蓋臨者，求也。臨之者，與也。童闚，求也。大觀，與也。

九二：咸臨。吉。无不利。

《象》曰：“咸臨。吉。无不利”，未順命也。

剛中有應，為一卦之主。方剛長之時，權獨在己而能感中順之君，以求應焉，斯“吉无不利”矣。“未順命”者，有獻可替否之義，非獨順命而後利也。蓋君之所言而然，所行[①]而善，則世俗謂之不肖臣，故舜之戒禹曰：“予違，汝弼；汝無面從，退有後言。”六五中順之君在上，故九二以未順命為吉也。

六三：甘臨。无攸利。既憂之。无咎。

《象》曰：“甘臨”，位不當也。“既憂之”，“咎”不長也。

---

① “行”，武英殿聚珍版本作“術”。

以柔而居不中不正之位，是以不正之道甘而說人者也，安足以有臨乎？无攸利者也。剛長泰來，又豈容小人以邪說誣民而充塞仁義也哉？能知時之變，懼而憂之，可以補過矣。“咎不長”者，憂則其咎不能久也。

六四：至臨。无咎。

《象》曰：“至臨。无咎”，位當也。

六之居四，柔之至也。初以至剛而感四，以至柔臨之。以至柔臨至剛，无乖爭之變，是為“至臨”。然位則當然也，知當然而然，則不失剛長之道，故“无咎”。

六五：知臨。大君之宜。吉。

《象》曰：“大君之宜”，行中之謂也。

聰明睿智，足以有臨聖之事也，“大君之宜”也，何徃而不吉也？舜之大智是也。舜執其兩端，用其中于民，其“行中”之謂乎？非行中，蓋不足以為大君之宜矣。《中庸》“率性之謂道，修道之謂教”，《洪範》“皇建其有極，用敷錫厥庶民”，皆行中也。

上六：敦臨。吉。无咎。

《象》曰：“敦臨”之“吉”，志在内也。

有感而應，理之常也。无感而“志在内”者，蓋二陽方進，為君子道長之時，不以尊高自居，而有下賢之志，是厚于君子而薄于小人，德之盛者也。其有“敦臨”之“吉”，宜矣！以一身言之，則可獲吉；以臨之道論之，是“无咎”也。

䷓ 坤下巽上

觀：盥而不薦。有孚顒若。

鬼神至幽也，人至明也，聲臭之所不能交也。聖人設為祭祀，寓之誠心，洋洋乎如在其上，如在其左右，是道也。天地鬼神尚且弗違，况人乎？故"盥而不薦"，一示于上，則"有孚顒若"，必見于下，觀而化也。馬氏曰：盥者，進爵灌地以降神也。《郊特牲》言周人既灌然後迎牲祭。統曰祭有三重焉，獻之屬莫重于灌祭，必先灌而後薦腥薦熟。方灌之時，其道一于誠而已，非若薦之託物也。灌者，祭之本也。薦者，祭末也。籩豆之事則有司存，是為有司可備之禮。故自灌而往，孔子不觀，蓋君子惟誠之為貴之義也。夫誠之感人，不行而至，故方盥之時，欲誠于求神，初非有意于化天下，而天下觀之者感其誠而顒肅之心自生焉。惟其不期化而自化，此所謂大觀之道。使聖人有意于化民，是教以化之，非大觀之意也。《記》曰："明乎郊社之禮、禘嘗之義，治國其如示諸掌乎？"豈非誠之所感，天地鬼神不能違，況人也哉！

《彖》曰：大觀在上，順而巽，中正以觀天下，觀。"盥而不薦，有孚顒若"，下觀而化也。觀天之神道，而四時不忒。聖人以神道設教，而天下服矣。

大觀在上，以巽順之德居中正之位，初未嘗有心于示人也。其誠明之著，睟然見於面，盎於背，施於四體，有不可揜者焉，亦猶聖人有以示之也。觀之者，至于不期化而自化，是之謂"神道"，神道之謂"大觀"。且觀之天，則天亦无所示也，特四時不忒而已。因四時不忒而萬物自生自化，故知四時不忒，是為天之神道。由人言之，亦曰"天之大觀"也。聖人大觀，其道同天，則下觀而化也宜矣。曰"設教者，天无教"，聖人主教，雖以不教教之，亦曰"設教"可也。帝堯之"則天"，孔子"欲無言"，皆是道也。乾卦言"各正性命，保合太和"，天之神道其及物如此而已。然《彖》因卦辭"盥而不薦"明一卦之全體，盡巽順之道以居中正，故曰"大觀"。九五言一爻之義，能巽而已，故反諸其身為觀民之道也。卦辭、《彖》辭明其大者，《象》與爻抑又次焉，是亦取義不同也。卦之名不曰"大觀"者，以上下大小之觀无不兼統而言，故獨曰"觀"，而《彖》則首明大觀之義也。

《象》曰：風行地上，觀。先王以省方觀民設教。

風之為物，初不知其生化萬物也。而風行地上，萬物自生自化，猶大觀在上，下觀而化，故為觀之象也。“省方觀民設教”，伊川謂“如奢則示之以儉，儉則示之以禮”是也。《禮・王制》言巡狩之禮，“命太師陳詩以觀民風，命市納賈以觀民之所好惡，命典禮考時月、定日、同律、禮樂制度衣服正之”，此省方觀民設教也。《彖》言神道設教天下，不知所以然而然，觀民設教，則其迹可見矣。所以為王者之事，非盡《彖》之義者也。

初六：童觀。小人无咎，君子吝。

《象》曰：“初六，童觀”，小人道也。

在觀之初，以柔自處，未見其有立，童觀是也。童則蒙而无知，小人道也。小人能用童蒙，則内无剛戾之性，外无強暴之行，惟知觀人而效之者也，何咎之有？君子以設教立道為事，反同小人之觀，不亦鄙乎！故曰“君子吝”。初六，小人之觀也；六二，女子之觀也；三、四，君子之觀也。

六二：闚觀。利女貞。

《象》曰：“闚觀。女貞”，亦可醜也。

闚者，觀之小道也。六二柔順居中，女子之象也，而見應焉，故“利女貞”。所謂“可醜”者，非女子之醜也，君子為闚觀則醜也。男女吉凶不同，故恒卦曰“婦人貞吉，夫子凶”，則此“利女貞”者，固知為君子之醜也。故初之《象》言“小人道”，則知君子必吝。二之爻言“利女貞”，則知男子可醜。不然，柔順居中，得其正應，在女子何醜之有？

六三：觀我生。進退。

《象》曰：“觀我生。進退”，未失道也。

六三順而應上，可以進也；柔不當位，可以退也。觀我道之可進而進，可退而退，則為不失進退之道矣。雖孔子“用舍行藏”、孟子“得志不得志”之說，不過如是而已。

六四：觀國之光。利用賓于王。

《象》曰：“觀國之光”，尚“賓”也。

先人曰：古之人，道合則從，不合則去，孰无賓之義乎？雍曰：君之光，莫光于有德；國之光，莫光于用賢。六三遠君，方且自觀其身而圖進退；四則近君之地，已進而觀國者也，國有光焉，非“利用賓于王”之時乎？蓋无進退之疑也。或謂賓有不純臣之義，夫忠臣、嘉賓，賢有德之稱也。

九五：觀我生。君子无咎。

《象》曰：“觀我生”，觀民也。

九五尊位大中，居大觀之位，未嘗責天下以必化，唯觀我道之何如耳。天下入于君子之塗，我之道得也，故“无咎”，是觀民所以為“觀我生”也。《中庸》曰：“取人以身，修身以道。”又曰“失諸正鵠，反求諸其身。”皆九五觀民之道也。羣黎百姓徧為爾德，人有士君子之行，皆天下為君子之時也。

上九：觀其生。君子无咎。

《象》曰：“觀其生”，志未平也。

上九道之已成，處觀之極，不當其任者。非若小人、女子之童闚，又无進退之疑，无賓王之利者也，故“觀其生”，九五之君、六三之臣皆在所觀也。“志未平”者，上不能忘君，下不能忘民，猶有心于觀焉，故君子居之則“无咎”。是以聖人謹于在上之觀，必觀天而設教者以此。

《郭氏傳家易說》卷三

宋　郭雍　撰

上經噬嗑　賁　剝　復　无妄　大畜　頤　大過　坎　離

䷔ 震下離上

噬嗑：亨。利用獄。

噬嗑之名有二義，合而言之，則噬而後合，嗑而後亨，事之序也。別而言之，則方噬者未合，既嗑者不噬。噬為始也，嗑為終也，終始之義分焉。文王之辭兼始終，故言“亨”，謂嗑之終也。言“利用獄”，謂噬之始也。噬之始，立卦之義也；嗑之終，成卦之義也。周公論立卦之始，故爻辭言噬而不言嗑，非无嗑義也，舉一以明之耳。孔子于《彖》從文王，蓋釋文王之辭也；于《象》從周公，蓋釋周公之辭也；于《繫辭》極其終，蓋明文王、周公之所未言也。故言“日中為市，致天下之民，聚天下之貨”，又曰“嗑者，合也。物不可以苟合而已”，皆以嗑為義而不及噬也。如是則知方立卦之始主于噬，而成卦之後主于嗑矣。主于噬，故“利用獄”。嗑“亨”之時，非利用矣。是以聖人于道德仁義无時不用，刑獄雖設而其用有時者，蓋本噬嗑之義故也。唐虞之民不犯，成周刑措不用，方是時，則不以用獄為利也。故知利用特在于有間之時，《易》之為辭，其旨遠哉！然頤中有物，事之至小者也。而名卦之義有取于此者，蓋《易》之道觸類而長之，雖大而天下莫能載，小而物莫能破者，其道皆一也。又況頤中至小，猶須震之動、離之明，而後可斷，矧有大于此者乎？是以聖人欽慎之而不忽也。

《彖》曰：頤中有物曰“噬嗑”。噬嗑而“亨”，剛柔分，動而明，雷電合而章。柔得中而上行，雖不當位，“利用獄”也。

先人曰：噬嗑自否來，否，乾剛而坤柔。初六外而為離，柔也；九五降而為震，剛也。雍曰：剛柔之分，蓋以乾之三剛分一以成震，坤之三柔分一以成離也。否、泰二體，乾、坤之純，故噬嗑與賁皆稱分焉。噬嗑之《彖》蓋具三義，自已成一體論之，合六爻而言有“頤中有物”之象；自乾、坤之變論之，則有“剛柔分”之義；自震、離二體而言，故曰“動而明”。雷，動也。電，明也。雷與電合，則天威于是乎章；動而且明，則聖人之威于是乎立；此聖人法天之道而“用獄”也。“柔得中”，六五也。“上行”，則法天動而必明之意也。故雖无剛健之才，以當其位，亦可為噬嗑之主而用獄矣。由是知聖人用獄无私情，一本天道而已。然則漢唐之興，卒无三代之治者，不明法天故也。其惡之大尤見于用獄之際，不知雷電之必合，以盡動而明之義，復蹈秦皇慘毒之政，其傳祀数百年亦已幸矣，是以游聖門者羞稱之。

《象》曰：雷電①，噬嗑。先王以明罰勑法。

先人曰：噬嗑先動而後明，初未明也，故不敢折獄致刑。豐則先明而後動，初已明也，故不待明罰勑法而後用也。雍曰：二卦先後之象盡于此矣。然噬嗑方動以期于明，必先明其罰、勑其法以示天下，使天下知所避，然後犯于有司者可以麗其罪。若《周官》大司寇“垂刑象之法于象魏”；小司寇令以木鐸，曰：“不用法者，國有常刑!”令羣士，乃宣布于四方，憲刑禁；至于士師，又憲禁令于國及郊野；此之謂“明罰勑法”也。豐則已明而動，是已布刑也，已令憲也，動則麗之刑矣。若大司寇邦典定之，邦法斷之，邦成弊之；小司寇以五刑聽萬民之獄訟，附

---

① “雷電”，武英殿聚珍版本同。按“雷電”當作“電雷”。噬嗑卦下震上離。震爲雷，離爲電。宋・程頤《周易程氏傳》：“《象》無倒置者，疑此文互也。”宋・朱熹《周易本義》：“雷電，當作‘電雷’。”宋・項安世《周易玩辭》：“蔡邕《石經》作‘電雷’。”

于刑，用情訊之，至于旬乃弊之；士師察獄訟之辭，以詔司寇斷獄弊訟，致邦令；此之謂“折獄致刑”也。是皆聖人之政見于有迹者也。若其至仁内充，推恩四海，蓋不可得而見焉，特于聖人之言得其大槩而已。觀舜戒羣后曰：“欽哉！欽哉！惟刑之恤哉！”其戒臯陶曰：“惟明克允。”又曰：“明于五刑，以弼五教。”又曰：“刑期于無刑。”而臯陶稱舜亦曰：“好生之德，洽于民心，兹用不犯于有司。”知此則盡噬嗑之用獄矣。然舜之命臯陶必先曰：“蠻夷猾夏，寇賊姦宄。”然後曰：“汝作士。”蓋蠻夷猾夏，寇賊姦宄，利用獄之時也。由是知非噬嗑之時，聖人未嘗以用獄為利也。

初九：屨校，滅趾。无咎。

《象》曰：“屨校，滅趾”，不行也。

伊川曰：初最下，上過尊位，皆无位也。无位，受刑者也。王弼謂“无陰陽之位”，非也。雍曰：觀輔嗣傳文曰“无位而已”，伊川謂无陰陽之位者，以略例言，初、上无陰陽定位故也。《易》之于爻，以二、三、四、五為人道之著。初、上雖為始終，然既居六畫之内，安得謂之“无陰陽之位”？若謂非有位用事之象，則可也。以在噬嗑為受刑之人，夫以聖人仁覆天下，于小罪輕刑固宜赦宥，而此初九“屨校，滅趾”，不以為過，何哉？蓋小懲于早，所以大誡于後，使惡不進，是為无刑之本，此聖人之大仁也。不然姑息不忍，長惡孰甚焉？“校”者，械之通名。在足之屨校之而没其趾，大其桎而使之不能行也，乃所以戒其惡之，使不行也。

六二：噬膚，滅鼻。无咎。

《象》曰：“噬膚，滅鼻”，乘剛也。

二、三、四、五皆言噬，蓋用刑除間之爻也。“膚”，柔脆之物，易噬也。夫以六二柔順中正之德，宜其用刑无過舉矣。今“噬膚”之易而有“滅鼻”之深者，蓋六二以柔乘剛，患在不及，能勉于用剛焉，乃能

“乘剛”，故此噬深亦“无咎”也。古者刑，亂國用重典，豈非噬膚乘剛之義乎？四爻必假膚、腊、胏、肉見義者，以噬嗑之名本取頤中之象故也。

六三：噬腊肉，遇毒。小吝。无咎。

《象》曰：“遇毒”，位不當也。

六二雖乘剛而能噬深者，中正故也。六三之爻又非中正，其噬難矣，而能擇乾物之小者噬之，猶如治小獄，決小罪，可謂度德而量力者也。然其威德終不足以服人，適足以招怨懟而致悔吝。以其刑既小，是以止于“小吝”而无大咎也。鄭氏《周官》注以小物全乾為“腊”。馬氏以有骨謂之“胏”，其義最得之。“毒”，害也。猶人不勝其噬而疾作也。

九四：噬乾胏，得金矢。利艱貞。吉。

《象》曰：“利艱貞。吉”，未光也。

先人曰：胏，骨之乾，堅強難噬者也。噬嗑皆以柔而四為頤中之間，上下二陰三、五之所同欲以噬者也。故在訟則為難聽之訟，在獄則為難折之獄。而九四以剛明而聽之，能得其情者也。古者以兩造禁民訟，以兩造聽之而无所偏受，則不直者自反而民訟禁矣。入束矢于朝，不直則入其矢，所以懲不直也。以兩劑禁民獄而无偏信，則不信者自反而民獄禁矣。入鈞金三日乃致于朝，不信則入其金，所以懲不信也。方九四之聽訟也，既得其矢，則不直者自反而服其非；又得其金，則不信者自反而服其罪；則難折之獄既折而得其情矣。尚且曰“利艱貞，吉”，則人之于獄訟，其可易言之哉？故曰：刑者，侀也。侀者，成也。死者不可復生，刑者不可復續，言一成而不可變也。故于聽之始也如此之審，于其成也則又可知矣。雍曰：九四有至難之噬而得束矢鈞金，猶曰“利艱貞，吉”者，曾子所謂“如得其情，則哀矜而勿喜”，蓋聖人明審欽恤之意也。雖然刑期于无刑，必也使无訟，如是則得金矢亦安，足以為聖人之光哉，所謂“聽訟猶人”者也。帝堯之“光被四表”，文王之“光于四方”，其道有大于此者矣，故孔子之《象》以九四為“未光”也。

六五：噬乾肉，得黄金。貞厲。无咎。

《象》曰：“貞厲。无咎”，得當也。

先人曰：噬嗑之義，有審克之斷，无五過之疵，可以明于刑之中，率乂于民棐彜者也。故“噬乾肉，得黄金”，亦庶幾居中之得也。又曰：六五之貞厲，才得當而已。較之“虞芮質厥成”，其亦未優乎？雍曰：乾肉之噬易于乾胏，六五柔而用中，有可噬之道，故得黄金。然猶“貞厲”者，蓋未能盡為君之道故也。觀舜命皐陶作士而戒以无刑，孔子予仲由折獄而自任以无訟，蓋君道无事于獄，不必有乾肉之噬矣。

上九：何校，滅耳。凶。

《象》曰：“何校，滅耳”，聰不明也。

小人不積小善，不去小惡，終至于不可揜、不可解之際，故有“何校，滅耳”之“凶”，則其聰之不明可知也。蓋能明善惡安危之戒，必无是凶矣。然初六“滅趾”、六二“滅鼻”、上九“滅耳”，或以滅為刑而疑之，獨孔氏以為“滅，沒也”。蓋“屨校”“何校”，則刑也。“屨校”，桎其足也，桎大而沒趾也。“何校”，械其首也，械大而沒耳也。噬膚之易而深噬焉，自沒其鼻，用力之過也。此皆沒之義也。若以滅耳為刵、滅鼻為劓、滅趾為剕，則上九復不為凶，而初、二又不為无咎也。《書》注：“劓刵，輕刑也。”考之《呂刑》，剕辟為重，故漢重斬趾同于棄市。方初六小懲，固不當斷趾；上九罪大，復不當輕刑；以是知三者言“滅”，皆非刑也。初、二无咎，上九則凶，蓋戒之于早，故終為无咎；上九已極，雖戒亦晚矣。然則械其首者，安知終不麗于大辟乎？故為重刑也。

䷕ 離下艮上

賁：亨。小利有攸往。

伊川曰：賁飾之道，非能增其實也，能加之文而已。又曰：理必有對待，生生之本也。有上則有下，有此則有彼，有質則有文，自然之理也。一則不立，二則為文，非知道者，孰能識之？凡卦有二體之義及二象成者，如屯取"動乎險中"與"雲雷"、訟取"上剛下險"與夫"天與水違行"是也。有取一爻者，"柔得位而上下應之"曰小畜、"柔得尊位大中而上下應之"曰大有是也。有取二體又取消長之義者，"雷在地中"復、"山附于地"剝是也。有取二象兼取二爻變者，"風雷"益又取"損上益下""山下有澤"損又取"損下益上"是也。有以二象成卦又取爻義者，夬之"剛決柔"、姤之"柔遇剛"是也。有以用成卦者，"巽乎水而上水"井、"木上有火"鼎是也。有以形為象者，"山下有雷"頤、"頤中有物"曰噬嗑是也。此成卦之義也，如剛上柔下、損上益下，據成卦而言，非謂卦中升降也。如訟、无妄云"剛來"，非謂自上體而来也。凡柔居五者，皆云"柔進而上行"，柔居下者也，居尊位是進而上行也，非謂自下體而上也。先儒謂賁本泰卦，豈有乾坤重而為泰又由泰而變之理乎？雍曰：賁自泰来，雖取六二、上九之變，其實主文明之道者，六二而已，故《彖》釋賁亨則曰"柔来文剛"，其文有異于噬嗑所謂"剛柔分"也。"小利有攸往"，以上九之變而非主卦之爻，是以小利而已。

《彖》曰：賁，亨。柔来而文剛，故"亨"。分，剛上而文柔，故"小利有攸往"。天文也[①]。文明以止，人文也。觀乎天文以察時變，觀乎人文以化成天下。

先人曰：鄭康成輩謂離為日，天文也；艮為石，地文也；天地二文交相飾焉成賁。蓋在天成象，在地成形，无一物不相文，今纔得之二象而已。故《經》曰"日月麗乎天，百穀草木麗乎土"，則凡麗乎天地者无

① "天文也"，原本此三字上脫"剛柔交錯"四字。武英殿聚珍版本同。按唐・郭京《周易舉正》："'天文'上脫'剛柔交錯'一句。"三國魏・王弼《周易注》："剛柔交錯而成文焉，天之文也。"唐・孔穎達《周易正義》："剛柔交錯成文，是天文也。"宋・朱熹《周易本義》："先儒說'天文'上當有'剛柔交錯'四字，理或然也。"

非文也。惟人則内之于一身，外之于庶物，因其理而節文之，所謂“文明以止”是也。故君尊臣卑，君南而臣北面；父坐子立，兄先弟後，夫唱婦隨；上行之以為教，下化之以成俗，一本于上下相文自然而止耳。故觀乎天文則日中星鳥、宵中星虚而知東作西成之序，時變可知也。觀乎人文則二南之道、麟趾騶虞之應，化成可知矣。故謂水火、土石、風雨、露雷不如剛柔相摩、八卦相盪之為博也。斗振天而進、日違天而退，不如日往則月來、寒往則暑來之為約也。故君子惟《易》可以盡心焉。雍曰：王氏有言，互體不足，遂及卦變；變又不足，推至五行；一失其原，巧論彌甚。此言卦變不可用也。及觀輔嗣釋賁之彖辭，則曰坤之上六来居二位，柔来文剛之義也；乾之九二分居上位，分剛上而文柔之義也。如此則賁自泰來乃卦變也。故《正義》曰：“今謂此卦，本泰卦故也。”是以隨、蠱[1]、噬嗑、賁之《彖》皆以卦變為主。臨川則云：艮，乾德之所成。離，坤道之所成。如此則亦可為旅，亦可為諸卦。蓋諸卦皆自乾坤索而成，今獨言于離下艮上之賁者，以自乾下坤上之泰来，不得與諸卦同也。且賁，飾也。交相飾謂之“賁”。“柔来而文剛”，則剛為質而柔為文也，以剛為質而柔文之得中得正，此六二所以亨。賁也，“分剛上而文柔”，則柔為質而剛為文也，以柔為質而剛文之，又非中正之位，可小事而已，此上九所以“小利有攸往”也。然由二卦之變論之，則以六二、上九二爻為主，是為乾坤之變文也。地道无成而代有終則是地来文天、天往文地皆以天為主，地在其中耳，故獨曰“天文也”。由一卦之成論之，則上體為艮，下體為離，是為艮、離之成文也，故曰“文明以止，人文也”。天文主二卦之變，人文由一卦之成，故觀乎天文者以察時變，觀乎人文者能化成天下，此聖人觀賁之卦以用賁之道也。以是知乾坤相文而獨歸之天，蓋包犧畫乾之道也。艮、離因變而得人文，蓋文王重卦之道也。天人之分見矣。

---

① “蠱”，原作“蟲”。字訛。據武英殿聚珍版本改。

《象》曰：山下有火，賁。君子以明庶政，无敢折獄。

本乎天者親上，火之性也。本乎地者親下，山之德也。山在上而親下，火在下而親上，是又相飾成文之象也。聖人之德无加于明，文明如此，故可以“明庶政”；然“无敢折獄”者，有其象而无其才故也。噬嗑以離明而明罰，豐以離明而折獄，賁之文明是有其象也。噬嗑動而明，豐明以動，而賁文明以止，是无其才也。且噬嗑與賁均有頤中有物之象，而賁无除間之義者，蓋動則間當除，而止則不能除間也。《洪範》曰：“龜筮共違于人，用静吉，用作凶。”亦猶為間雖一，而有動止不同之義也。

初九：賁其趾，舍車而徒。

《象》曰：“舍車而徒”，義弗乘也。

趾，在下者也。徒，行賤者之事也。皆初之象也。君子以義為榮，而不以徒行為辱，舍生取義尚有之，況車徒之間乎？是以古之人，禄以天下弗顧，繫馬千駟弗受，一介不以與人，一介不以取諸人，惟義所在而已。故初九以卑自居，“舍車而徒”，所謂“窮不失義”者矣。雖徒行也，乃以義飾其趾者乎？二之虚中，猶載我者也，舍二應四，“義弗乘”也。若夫小人不義而乘，盗之招也，雖慶氏之車何有于我哉？孔子曰：“不義而富且貴，于我如浮雲。”孟子曰：“萬鍾不辨禮義而受之，萬鍾于我何加焉？”充舍車而徒之義則義不可勝用，然後孔孟之學可得而至也。

六二：賁其須。

《象》曰：“賁其須”，與上興也。

先人曰：安定先生謂：須，待也。君子之道不可以躁進也。蓋上下相文之時，六二以文明而麗乎下，柔順中正，无私无應，静而有待，物必有致飾者。雍曰：以王輔嗣之清談，猶以須為上附之物。獨安定以為須待，然後賁之六二可得而言也。六二文明之主也，有待而興，智之事也。然其“須”也，乃所以為賁歟？與上興者柔而无應，故須九三剛為之助，則可興于君矣。

九三：賁如，濡如。永貞吉。

《象》曰："永貞"之"吉"，終莫之陵也。

三以剛德居文明之極，其不待致飾而賁于自然者，故曰"賁如"也。"濡如"有相與之義，二足以飾三，而三亦所以飾二之須也。賁之時，上下相文，二、三既以剛柔盡"須、濡"之義，得賁之道矣。能永保而固守，何吉如之，終孰得而陵之哉？相與非其道多致陵，此言致飾，故"終莫之陵也"。

六四：賁如，皤如，白馬翰如。匪寇，婚媾。

《象》曰："六四"當位，疑也。"匪寇，婚媾"，終无尤也。

賁雖剛柔相文，然陽道常饒，故足以兼人；陰道常乏，故有受飾之理。四雖自失矣，亦有"皤如"之質，將受物之飾。猶六二之須，丘園之賁，皆虛己待物之象也。初九以剛強之才，飾其趾而来，"翰如"之馬也。馬之來所以飾四之"皤"，四亦以飾馬之"白"，皆有受飾之質而交相文也，此其所以為賁也。凡剛自內進，柔必疑之，蓋力不足而居上，常懼人之寇己也。初以剛下柔而来應，"匪寇"也，婚姻之道也。六四雖多懼懷疑，終何尤哉？伊川云：翰，從之疾也。

六五：賁于丘園，束帛戔戔。吝。終吉。

《象》曰："六五"之"吉"，有喜也。

六五為賁之主，及于丘園所飾遠矣，非若二、三之須、濡，初、四之私應也，其道豈不廣且大哉！聖人不遐遺之義也。遠且不遺，況邇者乎？丘園尚及之，況朝廷之上乎？故商之賁也，及于耕築；周之賁也，及于漁釣。"賁于丘園"，乃所以飾天下國家，非特下飾窮士而已。"束帛戔戔"，幣聘之禮。湯聘伊尹，文王聘呂望，實幣帛箱篚之意也。《子夏傳》云："三元二纁象陰陽，為束帛。"或以戔戔為多，何哉？馬氏云：

戔戔，委積貌。許叔重以戔從二戈，蓋謂有相次不一之意。四方聘賢，前後相望于道，如有次，非一所也。然以幣聘賢，猶為“吝”道，故孟子言仁人不可以貨取，而在禮不廢，故賢者至而終吉也。人君與天下之喜，莫喜于得賢，故君子能長育人材，則天下喜樂之。而詩人于得賢與賢育材之際，未嘗不以喜樂壽考終之，蓋六五之吉，“有喜”之義也。先儒多以賁于丘園為聘士，獨王氏、孔氏以為國之道，不尚華侈而貴儉約，其說不同。然《書》言“野無遺賢”，《詩》有考槃在澗、在阿之刺，則丘園宜為賢者窮處之地，必曰“賁于丘園”，蓋示无遺賢之意，為國之道孰大于此？孰美于此？天下之治，孰不本于此？故在賁之時，為君道之至廣大也。在《易》言于野、于郊、于陸、于陵之類，皆誠為郊、野、陸、陵，何獨假丘園以為質素也？況質素為上九之事，六五正當賁之盛大之時，言賁之盛大，无過于得賢及遠，為國之休光，若從王孔二家說，云賁飾于束帛珍寶，則質素之道乃隕落。若設飾于丘園質素之所，則束帛戔戔衆多，此務在積帛之多，即管墨喜利之學，貪鄙小道，豈足以充賁之六五之義乎？在節之《彖》曰：“節以制度，不傷財，不害民。”聖人之崇尚節儉，恐傷財害民而已，非有望于束帛珍寶之多也。聖人所寶惟賢，苟有意于束帛戔戔之多，又安足以為聖人之道？故非聘賢之君，不足以當六五之位。王氏之言害義，孔氏膠于爻象，无待士之文，丘園之義幾不復聞矣。

上九：白賁。无咎。

《象》曰：“白賁。无咎”，上得志也。

先人曰：賁之文，陰陽上下之相文，自然之文也。至于文明，而不以止人為之偽也。人為之偽，殆不若白賁之為得也。禮有以文為貴者，有以素為貴者，孔子曰：“惡衣服而致美乎黻冕，卑宮室而盡力乎溝洫。禹，吾無間然矣。”此之謂也。故三代之王忠質相先，救時之弊也。方賁之時，文既勝矣，“白賁，无咎”，其救僿之道歟？然則人之文也，率歸之偽可乎？《詩》云：“緜蠻黃鳥，止于丘隅。”子曰：“于止，知其所止，可以人而不如鳥乎?”為人君止于仁，為人臣止于敬，為人子止于孝，為人父止于慈，與國人交止于信，未有不知止者也，知止則誠而无僞矣。雍曰：大哉，白賁之義也！立德之始也。治天下之本也。且以一性言之，天命之謂性也。聖人懼其質而近于禽獸，故假賁飾以文之。文之不已，于是乎窮人欲而滅天理，是豈人之性也哉？知白賁之義，則知天命之性；知天命之性，則知率性之道；知率性之道，則知脩道之教；此中庸之道所以立也。以天下言之，則忠之弊救以質，質之弊救以文，文之不已，其弊僿矣！大者驕奢淫泆于其上，小者放僻邪侈于其下，是豈聖人之教哉？知白賁之道則救僿以忠，于以繼周雖百世可知，此三代之治可以復也。不然則君臣上下沈湎淫泆，卿士師師非度，從流忘反，尚何化成天下之有哉[1]？故《彖》言“文明以止”，所以止其初；上九言“白賁，无咎”，所以復其終；其義一也。方夫賁之時，則白賁為非，既賁之後，乃无咎矣。此獨上九之事，故《象》言“上得志”，蓋得上九之志也。

䷖ **坤下艮上**

剝：不利有攸往。

剝有二道，有民剝君，小人剝君子。民之剝君，不過厚百姓，以自薄為安宅順止之道；小人剝君子，則勿與爭利，藏器待時而已。“潛龍勿用”“內文明而外柔順”“艱貞晦其明”“儉德辟難”、遯之時義，皆君子遇剝之義也。剝之卦辭獨言“不利有攸往”者，遇剝无他說焉，懼君子以直道自任，與小人校也。

《彖》曰：剝，剝也。柔變剛也。“不利有攸往”，小人長也。順而止之，觀象也。君子尚消息盈虛，天行也。

伊川曰：山附于地，圮剝之象。雍曰：剝，落也。剛過久而柔落之，卦之所以為剝也。自初至五，剝五剛而為柔，剝之極也。一陽順于下而

---

① “哉”，武英殿聚珍版本作“乎”。

止于上，僅足以避害而已，故“不利有攸往”。然衆剝剛，其害為難避，君子觀順止之象，而行順止之道，故能處剝之時也。消息盈虛，天道之運，君子所尚之道也。當陽消陰息，進盛而剝，是為天道自然之運，君子何尤焉？不過於觀象，順止俟時而已。

《象》曰：山附于地，剝。上以厚下安宅。

以剛柔言之，則天道盈虛消息，所以有剝。自卦才言之，則順而止之，為處剝之道。由象言之，則山附于地者，剝也。“厚下安宅”者，處剝之道也。《彖》《象》之義不一而足，《象》言上者，非獨君后也，凡居上者皆當然也。語曰“百姓足，君孰與不足?”是亦厚下之道，厚下所以安宅也。夫知幾君子，未必至于剝之時也，不幸而至，是不過厚下俟時而已。

初六：剝牀以足。蔑貞。凶。

《象》曰：“剝牀以足”，以滅下也。

剝，自下興也，故初言“剝牀以足”。剝以厚下而安牀，則僅可安身，亦非厚下之道，況剝其足者乎？既失厚下之道，則下已滅矣。然剝之初而未甚也，所以“蔑貞”則“凶”，言貞固，不蔑則无凶矣。《詩》曰：“載寢之牀。”故處牀為求安之道。剝言牀，亦見道之无乎不在也。

六二：剝牀以辨。蔑貞。凶。

《象》曰：“剝牀以辨”，未有與也。

伊川曰：辨，牀之幹，所以分上下也。輔嗣謂“足之上”，孔氏謂“牀身之下”。足之上，分辨之處，義皆一也。“剝牀以辨”，則其剥進矣。“未有與”者，遠陽而无應，无以止之也。或近陽而有應，有以止之，安有“蔑貞”之“凶”哉？天下之患未有不自小至大，自微至著，苟不能辨之於早，未有不至于凶者。剝之初、二有凶之漸而非凶者，三以應而无咎，四則凶矣。

六三：剝之。无咎。

《象》曰："剥之。无咎"，失上下也。

剝之時，小人道長之極，羣衆剝君子，獨六三舍其羣類于上下，而應乎陽，是捨小人而從君子也，所以在道為"无咎"。然則六三之失其類，乃所以為有得歟？

六四：剥牀以膚。凶。

《象》曰："剥牀以膚"，切近災也。

剝牀而後及其身，及其身自膚始。六四上體之下，居牀之上，膚之象也。初、二先剝其所安，而後有及身之漸，不能止之，至六四災及其身，故直云"凶"也。《繫辭》言"窮上反下"，于此可見。

六五：貫魚，以宫人寵。无不利。

《象》曰："以宫人寵"，終无尤也。

六五柔得尊位大中，為剥之主，能御衆陰以承陽者也。魚，陰類也。六五未免其類，是以能聯而貫之，制于我也。雖制于我，而在剥无剛決之義，故以宫人寵之。宫人，宫中之人也，女子、小人皆是也。孔子曰："惟女子與小人為難養也。"然則女子、小人為同類，御小人以宫人之道宜矣。方剥之時，小人進長，六五知不可決而寵之，所謂順剝之時，而為止剥之道者也。雖然貫衆陰而寵之，疑非聖人之道，而曰"无不利""終无尤"者，蓋消息盈虛，天之所行，君子之所尚，雖聖人不能違時，特于其間既順以從時，而又有止之道，以救時耳。非若一于順而寵之，不知濟時者也。安定先生曰：以宫人寵，但厚之田宅，不使竊天下之權，則无不利。然此謂根蔕之難去者。

上九：碩果不食，君子得輿，小人剥廬。

《象》曰："君子得輿"，民所載也。"小人剥廬"，終不可用也。

果者，易食之物也。在剥之時，君子易傷之象也。果之碩大，易食而不食；君子居剥，易傷而不傷者。以君子觀剥之象，有順而止之之道，足以厚下，故終不食也。且無君子莫治野人，無野人莫養君子，君子、小人蓋相須也。“輿”所以載，君子、小人之象；“廬”所以庇，小人、君子之象。“君子得輿”，為民所載，則有厚下之道故也。小人之性，自下窮上，必剥其廬而後已。剥其廬，則无以自庇，終失所安之象，以見小人不可用于天下國家也。唯其終不可用而遭時未復，故以宫人寵之宜矣。能貫之則可寵，而寵之亦可貫，所以柔服其心，毋使為患而已，此孔子所以嘆其難養也。然君子之剥非自取也，小人剥之也，故其剥也有漸。小人之性不能育①物，處剥之極必自剥矣，是以其亡也忽焉，蓋自取之速也。《易》于小人、女子有順止貫寵之道，非達時變者不足以知此。

䷗ 震下坤上

復：亨。出入无疾。朋來。无咎。反復其道，七日来復。利有攸往。

乾坤剛柔相為消長，陰剥陽盡至復而剛反，在卦之中其義為大，幽微難言，故因“七日”以言之，則復之義易明，非復之義盡于七日而止也。陽道方復為泰之始，故“亨”。“疾”猶不疾而速之疾，陰陽消長有漸，其出其入任道自運，无遲速于其間，與天之行健无以異也。方剛長之初，獨陽未能用，必得其類斯“无咎”矣。是以“朋來”，則有臨有泰，而後為復之无咎也。此皆陰陽剛柔大義，微而難言者。欲觀復道反復，无若歲功之易明，故繼以“反復其道，七日来復”也。自夏至陽始剥而于卦為姤，建亥剥盡，建子而一陽来復。在天之日，蓋自鶉首以及星紀凡更七舍。在人之月亦七易矣，人之月即月之周天也。從天道與日而言，故云“七日”，猶《堯典》言“日永星火、日短星昴”、《詩》言“一之日、二之日”皆是也。剛長之初，利動而往之時。蓋自《易》言之，不動而往，无以致臨、泰。自天地言之，不動而往，无以生萬物。

① “育”，武英殿聚珍版本作“有”。

自聖人言之，不動而往，无以治天下。其“利有攸往”皆一也。然陰陽剛柔皆一道，自天與氣言之，則曰“陰陽”；自地與形言之，則曰“剛柔”。在《易》之卦麗于形矣，故六爻以剛柔言而復謂之“剛反”也。

《彖》曰：復，“亨”。剛反，動而以順行，是以“出入无疾。朋來。无咎”。“反復其道，七日来復”，天行也。“利有攸往”，剛長也。復，其見天地之心乎？

先人曰：先儒謂《易》以静為復。天地以无心為心，觀其自古以固存，未有不由乎順行周旋之必信者也。且卦之二體，静以法坤，動以象震。震已復于下，雷已復于地中，悪在其静而已也？然謂静之終，動之始，斯可矣。雍曰：復以“剛反”而“亨”，則天地萬物皆有待于剛者也。剛故動，柔故静。物久于静不能自動，是以有待于剛，然後動而亨。如此則復主動而非静，姤主静而非動，動静之義係乎剛柔之反也。有震之動，有坤之順，以是行焉，則上順天地之道，下順萬物之理，是以出入行于自然，无遲速之異也。且剛柔反復，其運不停，自其小者視之，四時日月可見也。故在《易》之中，一陽為復，進而為臨、為泰、為大壯、為夬、為乾；一陰為姤，進而為遯、為否、為觀、為剝、為坤；皆其出也。陽出則陰入，陰出則陽入，陰陽出入反復如此，孰為遲速，故无疾而有常也。“朋来”之後，然後道大亨而成功，故言“无咎”。“天行”者，自天道以言之，七日之復是也。由七日之復以觀，則三才萬物之復莫不皆然。“其見天地之心”者，天地固无心于萬物也，而萬物有心于天地，因其有心于天地言之，故曰“天地之心”。然萬物資天地以有生，故天地于是乎生萬物，則天地之心无他焉，生物而已，是以《繫辭》言“天地之大德曰生”。以有生故有德，有德則有心矣。復為生物之始，是所以見天地之心也。然復之時義大矣，而《彖》不言“大矣哉”者，蓋復非小道，不待言而可知也。姤遇之事有至小者存焉，聖人欲人遺其小而玩其大者，故姤言“大矣哉”也。

《象》曰：雷在地中，復。先王以至日閉關，商旅不行，后不省方。

坤為靜之終，復為動之始。雷在地中則動已萌矣，而未奮也。然天地萬物之理，得陽則舒，得陰則慘，故人喜陽之復而畏陰之剥也。“先王至日閉關”，助陽道也。喜陽之復，懼其微而人泄之，以先奪陽氣則陽愈微而不進，是以“閉關”而固其氣以助之。蓋三才一氣耳，方天地欲動而人争先之，是争天地之動以損天地之氣也。聖人欲奉天時，莫不先天地，而後人從之，是所以閉塞人事以助天地之發也。後世為《月令》者于仲冬之月塗闕庭門閭、築囹圄以助天地之閉藏，蓋假此以為義，誤以“至日閉關”為天地閉藏之時也。夫至日，日至也，天地至復則動而將發生，先王至日閉關，正為陽氣方動，而微懼人道分奪其氣先動以泄之，故至日閉關以奪人動發之氣，是所以助天地生生之義也，何閉藏之有哉？

初九：不遠復。无祇悔。元吉。

《象》曰：“不遠”之“復”，以脩身也。

卦辭言“出入无疾。朋来。无咎”，統復道而言之也。至于“七日來復”則指“天行”而言，是復道之一也。爻《象》言君子“脩身”，蓋亦復也。凡《易》之一卦，其義、象皆不可窮盡，聖人卦、爻、《彖》、《象》之外不能悉言者多矣。就其所言之中已具數義，學者當觸類通之，以極廣大而已。如乾象為天、為馬，豈能居于大小之間哉？故昭昭之多與天同，一撮土之多與地同，一卷之石與山嶽同，一勺之水與河海同，道无間于小大。故觀復之初九，顔子盡之，能“不貳過”，故不遠而復于道，茍貳過則遠矣。雖然“有不善未嘗不知”，則蓋嘗有過也。有過則有悔，唯不貳過，故其悔小而无大悔也。凡充有悔之極則有大凶，充无悔之極則有大吉。以其“不遠復”，故知“无祇悔”。以其无祇悔，故終知其“元吉”也。此顔子克己復禮之道，故《象》言“脩身”也。

六二：休復。吉。

《象》曰：“休復”之“吉”，以下仁也。

孟子稱樂正子“好善優于天下”。又曰：“可欲之謂善，有諸己之謂信，充實之謂美。”“休”，美也，充好善之實。孟子之所以為美，盡下仁之道；復之所以為休，其義一也。“不遠之復”，克己者也。克己復禮，仁也。故六二之下初九，所以為“下仁”也。然古之人脩身者豈徒然哉？所以為齊家治國平天下之始也。聖人之治天下，仁之而已，孟子所謂“推恩保四海”是也。夫欲仁天下者，必先仁其身，是以《中庸》言“脩身以道，脩道以仁”。而復以初九脩身，六二為下仁，不亦宜乎？

六三：頻復。厲。无咎。

《象》曰：“頻復”之“厲”，義“无咎”也。

先人曰：先儒皆以“頻”為頻蹙之頻，不得已而復也。獨王昭素謂為頻數之頻。頻蹙不得已則勉強而行之，及其成功一也，何“厲”之有與？孔子所謂“義无咎”者為不侔矣。孔子曰：“中庸其至矣乎！民鮮能久矣。人皆曰予知，擇乎中庸而不能期月守也。唯君子能久于其道，其餘則日月至焉而已。”故道有至于數失，亦有知其數復，得失之間不能一寸，是以危也。然而“義无咎”者，知復故也。是以子夏之徒出見紛華盛麗而說，入聞夫子之道而樂，蓋頻復也。與夫回之為人擇乎中庸，得一善則拳拳服膺而弗失之者，固有間矣。

六四：中行獨復。

《象》曰：“中行獨復”，以從道也。

位不得中，而居四陰之中，獨從初九之道而應焉，是以捨其類而獨行其志者也，故曰“中行獨復”。七十子于衰周之際，從夫子于洙泗之間，豈是道歟？剝之六三與復之六四反對，其義相類，故在剝則取“失上下”以應乎陽，在復則取其“獨復”以從道也。

六五：敦復。无悔。

《象》曰：“敦復。无悔”，中以自考也。

五以陰居尊位，在坤之中，有厚德之象，故言“敦復”。“中以自考”者，能以中道自厚而已。自厚則所以成己者至矣，雖未足以盡為君之道，亦可以“无悔”矣。《中庸》曰：“誠者，非自成己而已也，所以成物也。”盡成己成物之道，則君道盡，二帝三王是也。六五為一卦之主，其才有所不足，故僅能自成，與在下君子“脩身”无以異。然初九既无大悔于其初，馴致其道，則知其終為“元吉”矣。六五居尊極之位，方同在下之道，雖敦復優于不遠之復，而以時位初終論之，是未足以致人君之元吉也，故特中以自成而已矣。

上六：迷復。凶。有災眚。用行師，終有大敗；以其國君凶，至于十年不克征。

《象》曰：“迷復”之“凶”，反君道也。

處復之終，迷不知反，孔子所謂“下愚不移”者歟？夫天道人事皆貴復焉，迷不知復，則上逆天道，下乖人事，其凶宜矣。言“有災眚”，則得之天得之人者，其凶非一也。迷復无所不失，故其凶至，亦无不有之。況行師用兵之道，尤為危事，是以自用之則“大敗”；佐其君以用之，則“十年不克”之凶。十年極矣，十年不克，則自敗可知，是“其國君凶”也。且復有自復者，有不能自復而從人者，有失而頻復者，皆復也。上六居一卦之上，有君之道。君道以能從人為善，坤之六五“黃裳。元吉”是也。上六自不能復，又不能從人之復，可謂“反君道”矣。或謂迷而後復，非也。苟能復矣，雖迷何凶？太甲是也。“冥豫，成有渝”是也。

䷘ 震下乾上

无妄：元亨。利貞。其匪正有眚，不利有攸往。

自太極函三論之，則无有妄、无妄之別；自三才之判論之，然後有妄、无妄分焉。天之于覆，地之于載，皆无妄也。聖人所以成天地之能者，亦无妄也。无妄，天道也。盡天道，故具“元亨利貞”也。諸卦具四德者各見其義，无妄則以天道得之也。“匪正”則妄矣，妄故招眚。“匪正”而“有眚”，非无妄之災也。災眚之義其說不一，以无妄觀之，則自天至者為災，由人自致者為眚。无妄之動，貴其止于天道。不知所止而往，是以窮人欲而滅天理也，故“不利有攸往”。

《彖》曰：无妄，剛自外來而為主于内，動而健，剛中而應。大“亨”以正，天之命也。“其匪正有眚，不利有攸往”，无妄之往，何之矣？天命不祐，行矣哉？

“剛自外来而為主于内”，論卦之所以无妄者，主于震也。“動而健”者，動以天，不以人也。“剛中而應”，九五也。“大亨以正”，无妄之道也。无妄之道，天也，非人也，故言“天之命”。與《中庸》言“天命之謂性”、孟子言“有命焉，君子不謂之性”義皆同。然止于无妄而不往，則天道常存；不止于无妄而有攸往者，是以人而滅天者也。故《彖》之意以謂捨无妄而往者又何之焉？一捨无妄而往，則為“匪正”矣，是以人滅天，以偽喪誠乖于天道，此天命所以不祐也。天非有心于祐不祐之間，蓋其道不與天合，天何由而助之？故孟子言“盡心知性則知天，存心養性所以事天”，蓋知天事天，為天所祐，皆必與天合德也。曰“動而健”，則動而與天合德矣。不與天合德，則與天非其類，故非天之所助，如是行而有往，又何之乎？蓋聖人欲人之著誠去偽而明其天也。伊川曰：“動以天，故无妄；動以人欲，則妄矣。”此之謂也。輔嗣于此卦，尤不曉聖人之旨。

《象》曰：天下雷行，物與，无妄。先王以茂對時育萬物。

天運乎上，雷行于下，无適而非天，故為无妄。然雷之收發有時，疑其有妄也。蓋收發非雷也，天之所運是雷，无妄也。物之生死又應乎雷，以從天之所運，則物亦无妄矣。故曰“天下雷行”“物與无妄”。“茂對時育萬物”者，聖人以至誠任天道，贊天地之化育，與天地參于无妄者也。其“茂對”也，“育物”也，自然馴致之耳，聖人初无容心焉。

初九：无妄。往吉。

《象》曰："无妄"之"往"，得志也。

伊川曰：卦辭言"不利有攸往"者，謂既无妄，則不可復往，過則妄矣。爻言"往吉"，謂以无妄之道而行之，吉也。以是知伊川之得于无妄也深矣。蓋卦之辭以天下之誠未有不以僞喪者，故欲守正而不往，顏子"拳拳服膺弗失"之義也。爻之辭欲以无妄之道見于有行，既盡己之性，如是而往，其為"得志"大矣，是以"吉"也。言于初者，初，震也，震之動以天故也。卦、爻之言相為終始，與《中庸》天命之性、率性之道、脩道之教及成己成物之義皆同。

六二：不耕穫，不菑畬。則利有攸往。

《象》曰："不耕穫"，未富也。

无妄之卦不利有攸往，而六二利有攸往，何哉？蓋盡天理而動，"則利有攸往"，與"无妄往吉"之義同；其"匪正"則"不利有攸往"也。且耕而穫，菑而畬，天之理也。苟不耕，可穫乎？不菑，可畬乎？以是為思而後動，則利有攸往矣。"未富"者，未能足乎己也。誠欲不耕而穫，不菑而畬，是未能成己之事而遂及物，非无妄之道也。无妄與中庸同，必先成己而後成物，爻、《象》之辭互為發明，蓋非一意。《禮》于坊記稱《易》曰"不耕穫，不菑畬，凶"，其辭義皆異，蓋果欲不耕而穫，不菑而畬，皆妄也，故凶。既云凶矣，何利有攸往之有？而《象》亦不當言"未富也"，蓋不耕穫、不菑畬之義自昔難通，故當時傳授有如是之疑者。然爻辭言"利有攸往"，必曰"則利有攸往"，《象》不曰"不富"而曰"未富"，觀此二者然後得聖人之旨，乃知不當有"凶"字也。

六三：无妄之災，或繫之牛，行人之得，邑人之災。

《象》曰："行人"得"牛"，"邑人""災"也。

關子明曰：无妄而災者，災也。有妄而災，則其所也，非災之也。

運數適然，非己妄致，乃无妄之災。自妄召災所宜也，災亦不能妄近人也。子明之言无妄之災，最近之。然曰“運數適然”，又非也。无妄，无運且无數也。輔嗣以六三行違謙順，无妄之災，失之矣。行既違則非无妄，況六三有妄乎？何則？六三非中正之位，居震動之極，不知過于動而求止，反欲應于上九，妄行窮災之爻，是亦妄行之人也，“匪正有眚”之道也。然亦有行之而无災者，孔子所謂“罔之生也幸而免”者也。爻辭因六三有眚之道而无眚，因以明无妄无致災之道而有災也，故于无妄之災之後，以繫牛、行人、邑人重明之。“行人”，六三也，妄行之人也。“邑人”，止其所者也。止其所者，知不利有攸往故也，孟子所謂“不失赤子之心”者也。六三知初之往吉，二之利有攸往，而以動為利。不知初往之吉、二往之利蓋有无妄之道存諸己，而六三獨欲以妄得之，是窮人欲而滅天理，小人徼倖之道，雖得之，君子不貴。蓋其所得不過于物之利而已，于道无有也，殆不若邑人寧災而其得多矣。故有“或繫之牛”者，為行人之得而邑人受其災。夫“行人得牛”，則所得者牛而所失者无妄，是得于人而失于天也。“邑人之災”，則所受者災而所守者无妄，則得失一于天矣。《中庸》曰“君子居易以俟命”，邑人也。小人行險以徼幸，行人也。行人雖得牛，驅而納諸罟擭陷阱之中矣，可不戒哉？六爻无邑人之象，能與行人之道相反者，皆邑人也，故因行人而邑人可明焉。然由其小者言之，則得失一牛耳；由其大者言之，則堯湯水旱皆无妄之災也，與道何損焉？

九四：可貞。无咎。

《象》曰：“可貞。无咎”，固有之也。

九四為乾體之下，震動之象，革矣。動革則止，止則能固守天道而不失，是可固有无妄者也，于道何咎之有？孔子曰：“以約失之者鮮矣。”顏子拳拳服膺而弗失之，皆九四之謂也。

九五：无妄之疾，勿藥有喜。

《象》曰："无妄"之"藥"，不可試也。

《易》以乘剛為疾，豫之六五是也。乘剛之疾，自取之也，非无妄也。九五以剛乘剛，居中得正，无自取之道，故為无妄之疾也。人之有疾也，或以藥石攻去其邪而復其正，或損益有餘不足以適其平，然此治豫之貞疾則可，治无妄之疾則不可，蓋疾以无妄而攻我，我以有妄治之，則天理滅矣，是所以"勿藥有喜"。藥者，有妄之物也，而孔子又言"不可試"者，蓋深絶之，戒其必不可用有妄之藥也。災與疾其理相類，无妄雖有災而有有妄无災者，幸也。无妄雖勿藥而有有妄勿藥者，亦幸也。皆小人之道也。凡足以害无妄者，皆謂之"疾"。

上九：无妄。行有眚。无攸利。

《象》曰："无妄"之"行"，窮之災也。

上九居卦之極而不知止，于是猶欲行焉。行則失无妄之道，所謂"无妄之往"者也，是為有眚之道也，何利之有？初之"往吉"，未過也。二之"攸利"，得中也。三之"行人之得"，幸免也。上九"有眚"，"窮之災"也，窮之災自取也，非无妄也。

䷙ 乾下艮上

大畜：利貞。不家食。吉。利涉大川。

健，天德也。能止天德，其畜大矣！"惟天為大，惟堯則之"，堯之止健也。"不識不知，順帝之則"，文王之止健也。"天何言哉？四時行焉，百物生焉"，孔子之止健也。能止之則畜而有之矣，為大利，為大貞。上合天德，内之所畜也。"不家食"以"養賢"，外之所畜也。外内止健而畜之，其于濟難也，何有无妄？動以天，大畜止，天德畜之，所以能動也。而《序卦》言"有无妄而後可畜"者，是亦无妄言"不利有攸往"之義也。然則畜之而後能動者，又大畜言"利涉大川"之義也。二卦相終始，而後其道大備。

《彖》曰：大畜，剛健篤實，輝光日新。其德剛上而尚賢，能止健，大正也。“不家食吉”，養賢也。“利涉大川”，應乎天也。

卦之才能止健，故内能成“剛健篤實”之德，發于事業者又輝而日新也。剛健篤實，猶《中庸》所謂“至誠”。“輝光”，所謂“誠則形，形則著，著則明”也。“日新”，所謂“悠久无疆”也。好剛者常不能下人，蓋有剛強不撓之才，非有德故也。大舜“樂取于人以為善”，所謂“有德”者也，《書》以“玄德”稱之。玄德，天德也。故“剛上而尚賢”者，必“止健”，得天德之大，“正”者能之，非有天德之大者不能也。賢“不家食”，禄之也。《書》曰“惟賢非后不食”，蓋古之人不仕，无禄則耕，耕而食之，“家食”也。仕而得禄以代耕，則不耕，不耕則不家食也。至于孟子所謂“廩人繼粟，庖人繼肉”，皆“養賢”大烹之道，不必人君蚤暮餔啜之也。二、五之應，以艮應乾，止乾之健而畜之，其于“涉大川”為餘事。蓋有剛德可以涉難，尚賢可以涉難，大畜兼之，故涉大川優為之矣。

《象》曰：天在山中，大畜。君子以多識前言往行，以畜其德。

高高在上者，天之體也。而天道无乎不在，其在人亦莫不有之，皆自失之耳。且以山言之，一山必不能畜天之大也，而畜天之道則為有餘，在人亦然。故君子欲多識前聖之言，以知天之德，如是而可畜也。欲多識往聖之行，以見天之德，如是而可畜也。是以稽其言，考其行，如是而畜之，則天德盡在是矣，故能“畜其德”也。其德者，謂“剛健篤實、輝光日新”之天德也，此所以為大畜也歟？且識孔子之言，曰“天何言哉？四時行焉，百物生焉”，則知天之德以是而畜之也。識“唯天為大，唯堯則之”，則見天之德以是而可畜也。故知帝堯、孔子之言行如此，是為“多識前言往行”矣，所以能畜其德也。然自其不可名而言之，則曰“天道”；自其可名而言之，則曰“天德”；其實一也。畜以德為本，故大畜言“畜其德”，小畜言“懿文德”。能畜天德，斯能行天道矣。此盡性盡人性之說也。

初九：有厲。利已①。

《象》曰："有厲。利已②"，不犯災也。

天道上行，今居下焉，有難畜之象。唯聖人則安而畜之，賢人則利而畜之，中人之才則勉強而畜之，必不使有失于天德也。失天德則納諸陷阱，其危可立而待。然人雖知危可畏，而不知危之為利。知危之可畏者，不知反身脩德之道也。知危之為利者，蓋以危而脩德則无犯災之理，反所以為己之利也。故古之人以宴安為酖毒，知此則"有厲"為"利已"明矣。畜德之初，蓋有出于勉強，知之而未必好之者，故因有厲而畜其德也，如艮之九三為力止之道，則曰"厲熏心"同意。若夫聖人則安不忘危，存不忘亡，治不忘亂，蓋其脩德不繫乎有厲无厲，是以其身常安而國家可保。故曰"有始有卒者，其惟聖人乎！"初九不足以與此。"利已"者，非若利吾身之利，蓋誠利于治己也。

九二：輿說輹。

《象》曰："輿說輹"，中无尤也。

人心操則存，舍則亡。古之人必求其放心而後謂之學者，以不能操其心而止之，則不能畜德故也。畜之初未能力也，畜之中則不得不力止之矣，故九二有"輿說輹，中无尤"之辭焉。"輿說輹"，蓋必止不行之象。止而說之，則不失其中，故无尤。不能說而止，雖中亦尤也。孔子絕四，曰："毋意，毋必，毋固，毋我。"雖孔子之聖亦必絕而毋之，然後天德可存而孔子乃能配天，況衆人乎？故貳過、遷怒皆放心之小者，顏子未嘗有焉，亦可謂庶幾畜天德者矣。此《中庸》所以言謹獨，"君子戒慎乎其所不睹，恐懼乎其所不聞"，然後天命之性可使不失，不然則物交物而引之，驅而納諸罟擭陷阱之中矣。至孟子則曰"我四十不動心"，蓋亦"說輹"之道也。

---

① "已"，武英殿聚珍版本同。

② "已"，武英殿聚珍版本同。

九三：良馬逐。利艱貞。日閑輿衛。利有攸往。

《象》曰："利有攸往"，上合志也。

能止健而畜德，无若九二"說輹"之道也。說輹止健而有之，夫欲何為哉？蓋欲施之天下國家，非獨善其一身而已，此中庸之道也。大畜之健，《中庸》天命之性也。止健，率性之道也。九三"良馬逐"，脩道之教也。故《中庸》言"能盡其性"，則盡"說輹"之義矣。盡其性而盡人物之性，此"良馬逐""利有攸往"之義也。良馬逐、利有攸往，蓋言用道也。聖人之畜德確乎不可拔，及其用也，推而放諸四海而準。雖有良馬逐之象，亦未喻其至也。至于"何天之衢"，則放乎四海，與天道同矣。故良馬之逐，所以上合天衢之志也。良馬，正為乾。《象》言良馬，則知九三畜乾之德，至于用九矣。然自"輿說輹"之止，至于"良馬逐"之用，《中庸》之道已備矣。蓋參天地、贊化育之時，上合天地之志，猶曰"利艱貞，閑輿衛"，蓋懼有失焉。此《中庸》始言"戒懼、謹獨"，終言"不愧于屋漏"之義，不然則湯之"慄慄危懼"，文王"小心翼翼"，《詩》《書》何取焉？

六四：童牛之牿。元吉。

《象》曰："六四，元吉"，有喜也。

四在上卦之初，蓋知早辨而止之于初者。止于初，則天理不失而人偽不萌，故能全其天。"童牛"，全其天者也，亦猶人之赤子也。自童牛而後，角角而充之，其狠戾鬭爭之性斯无不至；自赤子而充之，放其良心亦无不至。牛豈无童牛之善？人豈无赤子之心哉？皆以其放不知止，故人欲日窮而天理日滅也。孟子言"大人不失赤子之心"，此"童牛之牿"之象也，吉孰大于是哉？牿，牢之也。童牛不必牿而牿之，君子戒懼乎其所不睹也。赤子之心，良心也，《中庸》天命之性也，誠是已。

六五：豶豕之牙。吉。

《象》曰："六五"之"吉"，有慶也。

不能止之于初，如"童牛之牿"，如大人不失赤子之心，或至于有害，當如九二"說輹"之道，故言"豶豕之牙"也。牛之所以為害者，角也。豕之所以為害者，牙也。童牛則止于角未生之初，故其止也易。豕既有牙，斯不可止，必除其牙則不為害矣。是猶君子必盡去人欲，然後天性良心可得而復也。童牛未嘗失天性，无欲可去，故大人不失赤子之心似之。牙，豕已有失矣，蓋已陷于人欲者，故求其放心之論似之。能求其放心，是以"吉"而"有慶"也。復之"不遠復"，顏子之"克己復禮"，其義皆相近。有喜者，自得于一心而已。有慶者，喜之廣大及物之意。蓋五為君道，與四不同，能盡己之性以盡人物之性，贊天地之化育，其慶豈不大哉！

上九：何天之衢。亨。

《象》曰："何天之衢"，道大行也。

孟子曰："聖人之于天道，命也，有性焉，君子不謂命也。"如童牛之牿，豶豕之牙；如不失赤子之心，求其放心；豈非其性哉？能盡是性，是以至于"天之衢"也。"何天之衢"，聖人止于天道矣。止于天道，然後萬物各正性命，保合太和，是以"道大行"而"亨"也。以在上言之，則"蕩蕩乎民无能名"之時也。以在下言之，則"仰之彌高，鑽之彌堅；瞻之在前，忽焉在後"之時也。方是時，"博厚配地，高明配天，悠久无疆，雖日月所照，霜露所墜，凡有血氣，莫不尊親，故曰'配天'"，其上九之謂歟？究觀大畜，上下卦三爻各相類，"童牛之牿"，則知"利已"之"厲"矣。"豶豕之牙"，則"說輹"矣。"良馬逐"，則"何天之衢"矣。蓋艮之所止者，乾之健也。乾之健為艮之所止也，是以三爻各相類，特君臣之道不同耳。然尚賢之義，六爻有之乎？曰：止健與止賢，畜德與畜賢，其義皆一。反求尚賢之義于六爻之中，亦猶止健畜德之道也，特尚賢為大畜之一耳，止健畜德足以兼之。

䷚ 震下艮上

頤：貞吉。觀頤。自求口實。

頤之為象，上下二陽，中含四陰，虛中而實外，上止下動，飲食之象也。頤，養也，飲食所以自養也。天下之養自養生、養心、養德、養人，其養雖不一，然非如頤之虛中，則口實无自而致養，必有虛以容之，斯足以受養矣。故卦辭祇以“觀頤”“口實”為言，以明頤之道以虛中為主故也。況飲食之養，朝夕有常，不可變者如此，然後盡頤養之道。所以必取飲食之象，而頤非止于飲食而已也。聖人立象以盡意，故言簡而理明如此。

《彖》曰：頤，“貞吉”，養正則吉也。“觀頤”，觀其所養也。“自求口實”，觀其自養也。天地養萬物，聖人養賢以及萬民，頤之時大矣哉！

人與萬物莫不有所養，然有養之以正、養之非其正者，養之以正則得所養，養之非正則失所養，是以“養正則吉也”。欲觀天下之所養，必觀口實自養之義，則得頤之道矣。莫非天下之所養也，雖大至于天地養萬物，聖人養賢以及萬民皆是也。以其頤之大者，自求于口實，頤養之中皆得之矣。則頤之時，非止飲食口體而已，豈不大矣哉？卦言“觀頤”，《彖》稱其“大”，皆謂不可以飲食小者為盡頤也。

《象》曰：山下有雷，頤。君子以慎言語，節飲食。

山附于地，其養物以形也；雷動于天，其養物以氣也；此天地致養萬物之道也。在人之養亦无異此，故天地以形氣而養萬物，而人亦受養于形氣之間，是以君子“謹言語”而“節飲食”也。然頤以虛中為主，雖以言語飲食為致養之道，而為虛中之患者亦言語飲食也。言語，出于虛者也。飲食，入于虛者也。出而為患，于是謹之；入而為患，于是節之；頤養之道斯為至矣。蓋君子知言語飲食之不能无也，使不為養之之患者，其唯謹而節之乎？天下之虛，其患皆如是，所以去其患者，亦莫不然也。

初九：舍爾靈龜，觀我朵頤。凶。

《象》曰："觀我朵頤"，亦不足貴也。

頤之善者，莫善于龜之為物也。蓋言語飲食，人所以致養，亦所以為頤之患。遠取諸物，獨龜不以是而壽，舉頤之患息矣，不亦善乎？初九在頤之初，可求善道自養而舍之，反觀朵頤之患，是失其所守之貞者也。頤之道，貞則吉，非貞則凶。初九之"凶"，自取之也。然初九于六四為應，捨陽求陰，捨善求不善，是捨君子而為小人，又何足貴乎？頤之取龜，亦猶艮之取背。

六二：顛頤。拂經于丘頤。征凶。

《象》曰："六二，征凶"，行失類也。

天下之理，陽足以養陰，而陰則受養而已。蓋陰道不足，无及人之力也。二、五相應者也，二陰不足而求養于五，五陰不足无以致養，失頤養之道，故曰"顛頤"。若是則二、五又違經常相應之理矣，故又曰"拂經"。五，艮也。艮為山。而曰"于丘頤"者，山之養物之道不足故也，是為五之象也。必欲征行求養，徒凶而已。二、五類也，不得其養，故言"失類"。先儒謂頤征凶當作于丘頤，蓋言丘之所養異乎山也。

六三：拂頤。貞凶。十年勿用。无攸利。

《象》曰："十年勿用"，道大悖也。

二言"拂經"，謂違二、五相應之常。此言"拂頤"，則違頤之道矣，故《象》言其"大悖也"，六二之凶宜矣。六三有應而凶者，蓋上止下動為頤之道，今居上下之際，過于動而不知止，以動為貞，則"凶"矣，是以"十年勿用，无所利"也。《易》每以十年然後反常，則人之一失必十年而後復，可不畏哉！

六四：顛頤。吉。虎視眈眈，其欲逐逐。无咎。

《象》曰："顛頤"之"吉"，上施光也。

居上而求養于下者，亦失養頤之道，故謂之“顛頤”。顛、頤一也，所以為顛，頤則異也。《經》曰“頤，養正”也，又曰“養正則吉”也。故知求養正于下者，是能養其德也，故吉。不知求養正于下，則是厲民而以自養也，故凶。此其所以異也。六四所居者正，所應者正，獨得養正之道。故一爻之中，具求養、自養、養內、養外之義，是以“吉”且“无咎”，而為上施之光也。且顛頤，求養也。“虎視眈眈，其欲逐逐”，自養也。虎視耽耽，所以養威容于外，又逐逐然去其多欲，所以養心于內也。《詩》云“他山之石，可以攻玉”，故古之人以能問于不能，以多問于寡，有若無，實若虛，此顛頤求養之道也。君子正其衣冠，尊其瞻視，所謂“虎視耽耽”以養其外者如此，顏子克己而非禮勿視是也。孟子曰：“養心莫善于寡欲。”所謂“其欲逐逐”以養其內者如此，孔子絶四而“毋意”“毋必”是也。《象》曰：“觀頤，觀其所養也。自求口實，觀其自養也。”觀六四之所養，則顛頤求養是也。觀六四之自養，則虎視養其外，逐欲養其内是也。六四雖无養賢及萬民之位，而其養德之正亦可謂大人之事矣，不然則不知養正之道而失顛頤之吉。其求下也，不過上下征利，養口體而已，所謂“觀我朵頤，凶”者也。若是者，外安得有可畏之威，而內安能无欲哉！“上施光”者，《易》以謙為光，以益為光。謙卦曰：“天道下際而光明。”又曰：“謙，尊而光。”益卦曰：“自上下下，其道大光。”六四求下養德，亦庶幾謙、益之光者歟？

六五：拂經。居貞吉。不可涉大川。

《象》曰：“居貞”之“吉”，順以從上也。

五為一卦之主，其才不足，非徒无以養天下，雖六二之應亦不能致養，非養賢以及萬民之道也，故亦曰“拂經”。苟能以柔道自居，守正不失，足以自養其身，凶禍亦无自而至，是以“吉”也。然柔道不可以有為，故“不可涉大川”。柔道好從人，故“順以從上”。上九有剛陽之才而知止者，是以得其所從而成己之吉也。六二拂經蓋違相應之理，六五拂經以違大君之道，其言雖同而各有所辨。

上九：由頤。厲。吉。利涉大川。

《象》曰："由頤。厲。吉"，大有慶也。

豫之"由豫"，以九四之剛德也。頤之"由頤"，以上九之剛德也。初九非不剛也，在頤之初，未足以自養，況養天下乎？此天下之養所以必由于上九也。上九居人臣之極位，以養天下，其事危矣。知其危而不忘，是以"吉"也。不知其危而安其位，則凶矣。"利涉大川"者，由頤之才也。"大有慶"者，天下得其所養也。禹思天下有溺者，由己溺之。稷思天下有饑者，由己饑之。伊尹思天下匹夫匹婦有不被堯舜之澤者，如己推而納之溝中。周公思兼三王以施四事。"由頤"之道，蓋自任天下之重者，如禹、稷、伊、周為能盡之。

䷛ 巽下兌上

大過：棟橈。利有攸往。亨。

頤之虛中，虛故受實；實則剛，剛而後過，二卦之象相終始也。故頤以虛為主而過以剛為義。過非人之失也，過于用剛也。過于用剛，所以為"大者過也"。當"本末弱"而"棟橈"之時，非過于用剛不可也。夫大廈將顛，梁棟傾橈不可扶持，是以必當大過治之也。亦猶衰亂之世，天下蕩蕩无綱紀文章，非聖人大過常道以治之，豈能復治哉？"利有攸往，亨"者，"大過棟橈"之時，利于聖賢大過治之，然後"亨"也。由此觀之，大過之時，亦非不可治之世，特蠱弊之大者耳。患无剛過而中之德，以行大過之事也。

《彖》曰：大過，大者過也。"棟橈"，本末弱也。剛過而中，巽而說行。"利有攸往"，乃"亨"。大過之時大矣哉！

伊川曰：聖賢道德功業大過于人，凡事之大過于常者，皆是也。又曰：堯舜之禪遜，湯武之征伐，皆由此道也。又曰：立天下之大事，興不世之大功，成絕俗之大德，皆大過之事也。雍曰：《彖》言"大者過也"，蓋明大過之義，非言小者之過也。"棟橈"，大過之時也。大過之時，外則棟橈，故宜用剛；内則剛過而中，是以其剛可用，所以成大過之象。然剛過而中，非剛德過中也，乃剛過之德又不失中者也。剛過之德既不失中又巽而説行者，罔咈百姓以從己之欲也，所謂致天下之大利，成天下之大順者也。以是而有攸往，寧无利亨乎？大過之時大矣！非大人孰能當之！

《象》曰：澤滅木，大過。君子以獨立不懼，遯世无悶。

澤上而木下，滅木之象也。滅木，澤之過也。君子于大過之時有二道，或進則大有為，或退則窮處而已。進而大有為則反天下之衰弊，“獨立不懼”可也。退而窮處，則“遯世无悶”可也。禹之治水、伊尹之相湯、伯夷之諫武王，皆大過之事，可謂獨立不懼者矣。孔子反魯而删《詩》《書》，繫《周易》，作《春秋》；顔子“人不堪其憂，回不改其樂”；亦皆大過之事，可謂遯世无悶者矣。若接輿、荷蓧、長沮、桀溺皆失德之人，非遯世之士也。“遯世无悶”幾于乾道之“潛”，二者蓋聖賢出處之大致，非止于“行過恭、喪過哀、用過儉”而已。

初六：藉用白茅。无咎。

《象》曰：“藉用白茅”，柔在下也。

大過之初，未可大有為，而初六既柔居下，又不可以有為者，故特可用于過厚而已，此“藉用白茅”之義也。藉用白茅，在初六則“无咎”，二則失之不及矣。上六不知柔道之難濟，是以“凶”也。

九二：枯楊生稊，老夫得其女妻。无不利。

《象》曰：“老夫”“女妻”，過以相與也。

澤，潤養木者也。木之枯者不可復生，其澤之潤養，至于枯楊生稊、生華，則潤之大過可知，故二、五取以為象。然則聖賢當棟橈之世，其用剛也，必如澤之潤養枯木，使之生榮而後可，豈不大哉！且枯楊不可復生，猶老夫之不能復妻也。今“枯楊生稊”，有實之漸，潤澤之力也。

"老夫""女妻"，有子息之理，過以相與之致也。用剛如是，何所往而不利哉？九二下比初六之柔，故有女妻之象，蓋大過之得其道者。"稊"之字，他書无見。王輔嗣曰：稊者，楊之秀也。《爾雅》云"木謂之華，草謂之榮，不榮而實謂之秀"，如此則秀主草言。且楊，一木也。既言其華，又不得兼不榮而實之名也。虞翻曰：稊，穉也。《說文》云："穉幼，幼禾也。"後世作穉、稊，皆同音。如虞言，則為稊可矣。鄭氏作荑。陸云謂山榆之實。如此則《爾雅》所謂"莁荑，蔱藙也"益非矣。《說文》又有荑草，即《詩》之柔荑，亦无稊義。獨伊川曰：稊，根也。稊字之釋終不可明如此。以爻意推之，則"老夫""女妻"，有實之象；而"老婦""士夫"，徒華而不實也。實則可久，華不可久也。然稊字之疑，其来尚矣，今從根義。

九三：棟橈。凶。

《象》曰："棟橈"之"凶"，不可以有輔也。

木之所以能任重者，剛之材也。君子之所以任重者，剛之德也。欲剛，必以柔守之，是以能成其材與德也。九二之生稊，得其女妻，有柔以輔之也。九三之"棟橈"，无柔以輔之也。上應上六而无柔以輔之者，蓋卑不能有尊以為輔故也。且任重雖在我而輔我之任者在人，是猶一棟之強不能獨任室屋之用，必資衆材之輔焉，无以輔之，則棟橈矣，能无"凶"乎？《彖》曰"剛過而中，巽而說行"，是為柔輔剛之義也。

九四：棟隆。吉。有它。吝。

《象》曰："棟隆"之"吉"，不橈乎下也。

九三之應上六，卑不能有尊，是以无輔。初六之應九四，得居下輔上之義，是以九四之棟隆而不撓乎下也。在大過之時，九四非大有為之才，僅足小用，任重不撓其剛而已，它用之則"吝"矣。故九四之不能"有它"，雖愈于三之不能有輔，其于大過之道亦未優也。

九五：枯楊生華，老婦得其士夫。无咎。无譽。

《象》曰："枯楊生華"，何可久也？"老婦"、"士夫"，亦可醜也。

三、四之應同，故皆曰"棟"，而其應有橈、隆之異。二、五之道同，故皆言"枯楊""夫婦"。然五之承上，二之乘初，尊卑上下之位不同，而老少夫婦之情自異也。三，下體也，是以不能有輔。五，尊位也，故得夫婦之道焉。然上承于陰，不如下比之順也；上六之過，不如初六之謹也；二、五之辭，二為優矣。華見于外，敷榮而已，不若稊之可久也。老婦之得士夫，反婚姻男女之正，方之"女妻"為"可醜"也。觀《象》之辭，蓋言不若初、二之相與也。"无咎，无譽"者，僅得无咎幸矣，何譽之有？二之枯楊，謂老夫也。五之枯楊，謂老婦也。"老夫""女妻"，則剛為主而柔輔之，大過之得者也，故"无不利"。"老婦""士夫"，則柔為主而剛輔之，大過之失者也，故"无譽"。而《象》言"何可久"，亦可醜之意也。然大過之道在臣下為多，故《象》言"獨立不懼，遯世无悶"，而九五亦不以君道責之，亦猶君道之无"明夷"也。曰：人君亦有大過如此者，其義何如？曰：人君大過如此，則九五"休否"之君也。

上六：過涉滅頂。凶。无咎。

《象》曰："過涉"之"凶"，不可咎也。

上六以柔道居過之極，不知以濟剛為己任，而欲自同剛德以有為，是以有"過涉滅頂"之象焉。其凶自為之，不可咎于人也。《易》于諸卦，言"无咎"者以百數，獨大過上六"无咎"，先儒之說大相反。王輔嗣謂處大過之極，涉難過甚，至于滅頂，志在救時，不可咎也。如是則取義于卦之時，與震之上六"雖凶无咎"之義同。伊川先生曰：上六以陰柔處過之極，為小人過常越理之事。履險蹈禍，過涉滅頂，其凶自為之，无所怨咎。如是則取義于爻之才，以其才不足而過涉，與節之六五"又誰咎"之義同。使上六果以救時而滅頂，則輔嗣之言為得；使非救時而自為之，則伊川之言當矣。且大過之時固大矣，卦辭言“利有攸往”，《象》言“獨立不懼”，謂其救時亦可，然未免有不度德量力之失。至于六爻俱无濟時之義，獨有自為之文，而上六乃以陰柔之才致“過涉”之“凶”，故伊川之言由是而發。大抵大過六爻其義皆難通，上六特甚，雍于此義誠不能決。第考諸卦之爻，有才不足而自任者，如鼎之九四直以折足而致凶，夬之初九直以不勝而往為咎。竊意伊川先生取義于爻者以此。

䷜ 坎下坎上

習坎①：有孚維心。亨。行有尚。

《易》中諸卦于卦上无加字者，獨此稱“習坎”。孔氏《正義》云：以坎為險難，故特加“習”名。王原叔先生引徐氏《新義》，謂“習坎”字上脫卦名一“坎”字。而《易》中卦名之下亦无重言卦者，故離卦不曰“離重離”，巽卦不曰“巽重巽”，其重言卦名者，皆孔子《象》辭也。或者云本无“習”字，緣坎卦六畫漫滅，正如“習”字，故傳寫者誤以漫滅之卦畫為“習”字，又于上添畫一卦，是“坎”字上十二畫矣。然雖以“習”字漫滅觀之，僅有六畫之象，如此則其誤在隸古既出之後，而《彖》《象》皆已先言“習坎”，則此說又非矣。大抵“坎”加“習”字，學者思慮終不能得，不可更附會穿鑿也。坎、離等六卦卦辭并《象》，皆只以三畫取義。坎以剛中而實，故稱“有孚”“心亨”，有剛中之德者未有不能濟難也，故“行有尚”。如頤、大過、噬嗑、中孚之類，皆六畫取象者也。坎以三畫取義，是一卦之中其象再見，故云“習坎”。豈乾坤不可稱“習”，而六子之序始于坎，故坎獨稱歟？其義則六卦俱有之矣。疑當闕之，未可深辯也。

---

①“習坎”，武英殿聚珍版本同。按“習”字疑涉初六爻辭而衍。八經卦重卦後，卦名不變，坎卦不應有異。說見高亨《周易古經今注》和張立文《帛書周易注釋》。

《彖》曰："習坎"，重險也。水流而不盈，行險而不失其信。"維心。亨"，乃以剛中也。"行有尚"，往有功也。天險，不可升也。地險，山川丘陵也。王公設險以守其國，險之時用大矣哉！

《彖》言重險，正釋"習坎"二字，則"習"之為重明矣。先儒謂"便習"，非也。"水流而不盈"者，坎之險无窮已也。"行險而不失其信"者，坎之德有孚也。夫以一陽而揜于二陰，非亨也。然終不能陷者，剛中也。剛中則所守至固，雖非亨而"心亨"矣。孟子所謂"富貴不能淫，貧賤不能移，威武不能屈"者也。故孔子亦謂"棖也慾，焉得剛"。剛中之德，用以有行，何往而非功？其本則自于"有孚""心亨"之微，推而及之天下也，君子正心誠意而能治天下國家者以此。故《中庸》之學不離乎一性之内，其失則為罟擭陷阱；而君子每謹其獨，所以守剛中之德，為"心亨"之道也。天非險也，而人不可升者，豈天之大險歟？地非險也，而山川邱陵，豈地之大險歟？天地之大尚未離乎坎險之道，是以王公内則治教政刑，外則城郭溝池，皆所以象天地之險，以守其國也。故《彖》又曰"險之時用大矣哉"，蓋人知用險于小，而不知險有大人之事。孟子所謂"王請大之"者，是亦孔子"大矣哉"之意也。坎无時，險有時，故曰"險之時用"。

《象》曰：水洊至，習坎。君子以常德行，習教事。

坎者，水也。原泉混混，不舍晝夜，放乎四海，故言"洊至"。洊至則其来不已，險陷亦不已，是為習坎之義也。君子法之，以"常德行""習教事"，曰"常"、曰"習"，皆不已之義也。常德行，所以行險而不失其信。習教事，所以設險而固其國。造次顛沛必于是，斯為常矣。國家閒暇及是時，明其政刑，斯為習矣。"常德行"，故能"有孚，維心亨"。"習教事"，故能"行有尚"而"往有功"。二者其可一日廢乎？亦猶君子自強不息以法乾之健者也。

初六：習坎，入于坎窞。凶。

《象》曰：“習坎。入坎”，失道凶也。

習坎，重險也。初六以陰柔之才居重險之下，陷于坎險而不能出者也。不能出者，无剛中之德而失處險之道，是以“凶”也。若從便習之義，則初六不為“坎窞”之“凶”矣。

九二：坎有險。求小得。

《象》曰：“求小得”，未出中也。

以一陽揜于二陰之中，不能无難也，故曰“坎有險”。然剛而得中，有“心亨”之道，故可以求小得而不至于喪其良心也。一離乎中則失之矣，故《象》言“求小得”，以其“未出中”也。求得之際，道之所以失也。以九二剛中，尚且小得而已，況无剛中之德者乎？是以君子戒懼乎不睹不聞之際，誠非用心之過也。聖人所謂“求小得”，不過如明哲保身而已，異乎小人之求之也。

六三：来之坎坎，險且枕，入于坎窞。勿用。

《象》曰：“來之坎坎”，終无功也。

三居重險之中，當上下之際，進則過險，退亦險也。又履非其位，所處亦險矣。既无濟險之道，終陷于坎窞而已，宜其“勿用”也，又安有“行有尚”“徃有功”之義哉！是知其終无功也。“來之”，猶來往也，進退之象。坎之下卦言處險之道，上卦言用險之道。“枕”，言處險之上也。

六四：樽酒，簋貳，用缶，納約自牖。終无咎。

《象》曰：“樽酒，簋貳”，剛柔際也。

有孚者，坎之德。君子行險而不失其信，所以法其德也，觀乎六四蓋可見矣。且一樽之酒、貳簋之食、瓦缶之器，至微物也；茍能虛中盡誠，以通交際之道，君子不以微薄為失禮，亦猶“自牖納約”，其誠已至，不必階序行禮之地，是以“終无咎”也。坎之六四在上體之下，與五為比，當剛柔交際之地，所謂能用有孚之道者也。《傳》曰“苟有明信，澗谿沼沚之毛，蘋蘩薀藻之菜，筐筥錡釜之器，潢汙行潦之水，可薦於鬼神，可羞于王公”者，无他焉，交際之道以誠為主故也。春秋之時齊侯、衛侯胥命于蒲，蓋申約言而退，終二公之世未嘗相征伐。雖二君未賢于當時之君，胥命未為得禮，亦猶“自牖納約”之事而聖人有取焉。《傳》亦言其“近古”“近正”者，蓋其信為有餘也。孔子“不以人廢言”，況屢盟長亂之世，有約言近古之事乎？是亦不得中行而與狂狷之義也。由是觀之，則樽酒簋貳足以盡交際之道者，主于“習坎有孚”而已。

九五：坎不盈。祇既平。无咎。

《象》曰：“坎不盈”，中未大也。

水之来，終不可盈而不失其平者，水之常也。守其常而不變，固可以无咎矣。然九五以剛中之才而居君位，當法天地設險以守其國，蓋思有濟險之道，以二陰見揜无應以助之，僅能守常而已，非大人之事也。故《象》曰:“中未大也。”與“屯膏小貞”之義相類，謂雖得中而未大也。

上六：係用徽纆，寘于叢棘，三歲不得。凶。

《象》曰：“上六”失道，“凶”“三歲”也。

坎之爻以近中為得，初與四是也。初居重險之下，失道而凶。獨四能行其志，是以得納約自牖之道。其過中而失之也，三與上也；三處險而不能有功，上用險之過，亦已失矣。蓋刑法，坎險之象，而非用坎之道，故用“徽纆”“叢棘”為坎之道者，上六之過也。雖使三歲之久，亦將不得其情，能无“凶”乎？是上失其道而終凶也。其道如何？“有孚，維心亨”是也，以是行之，斯有功矣。古之聖人任德不任刑，故孔子曰：“上好信，則民莫敢不用情。”上六之失，其在茲乎？

䷝ 離下離上

離：利貞。亨。畜牝牛吉。

坎為險、為水，離為明、為火。險與明，足以見坎、離之情。水與火，不足以盡坎、離之象，而論坎者必先水，言離者復先明，何哉？蓋坎險難明而水易見，由水以知險，由險以知坎，斯得坎之義矣。離明易見，不必因火而後知，故直言其明也。離之道柔中，柔中失之无守，故必"利貞"而後"亨"。"牝牛"性順而從人，柔中之道也。然其強力足以有守，復有貞固之象，是以"吉"也。離之與坤，道雖不同而性畧相類，故坤之牝馬，自順而健；離之牝牛，自柔而強。馬，乾象也。故坤之"黄裳元吉"見于六五。牛，坤象也。故離之"黄離元吉"見于六二。君臣之辨，觀二、五之象斯得之矣。

《彖》曰：離，麗也。日月麗乎天，百穀草木麗乎土。重明以麗乎正，乃化成天下。柔麗乎中正，故"亨"，是以"畜牝牛吉"也。

離，附麗也。萬物莫不有所麗，在天之日月，在地之百穀草木，皆是也。舉日月、百穀，則萬物在天地之中有形有象者，其麗皆一也。推而上之，雖天地聖人不能不麗乎道，而道亦不能不麗乎天地聖人矣。離之為義亦大矣，而《彖》不言者，蓋坎險難明而離明易見，不待言而知也。是以坎以險而陷，離以麗而明。"重明麗乎正"者，在卦為二、五，在人為君臣，以明相繼，是以化成天下也。《書》曰"元首明哉，肱股良哉，庶事康哉"，康哉[①]，則化成天下矣。"柔"，謂二、五也。"麗乎中正"者，貞也，貞故"亨"。此"畜牝牛吉"之義也。

《象》曰：明兩作，離。大人以繼明照于四方。

先人曰：堯曰"放勳"，舜曰"重華"，君臣也。而並"文王、武王

① "康哉"，原本脫此二字。據武英殿聚珍版本補。

宣重光，莫麗”，父子也。而繼此所謂“繼明”。雍曰：聖人立象以盡意，意盡而止耳，不必同也。坎之險難明，故《象》言“水洊至”，因水而知險也。離之明易見，故直言“明兩作，離”，蓋不必因火而後知其明也。“大人者，與日月合其明”，故論繼明必以大人為言。大人非必君父也，揔君臣父子有是明者皆兼言之，如乾之二、五皆為大人是也。

初九：履錯然，敬之。无咎。

《象》曰：“履錯”之“敬”，以辟咎也。

先人曰：文明之初，錯然者也，不敬何以行之？“子入太廟，每事問”，亦履錯之敬歟？雍曰：履，下道也，故為離之初。錯然之文，過則有弊，“敬”所以救其弊也。使文之弊无自而生焉，非“辟咎”之道歟！

六二：黄離。元吉。

《象》曰：“黄離。元吉”，得中道也。

離之六爻，二、五為美。五得中而非正，柔麗乎中正者，惟六二盡之。《經》曰“君子黄中通理，正位居體，美在其中”，則黄為中之色而德之至美者也。美德在中，故能暢于四支，發于事業，極美之至，是以“元吉”也。六二之美雖未及乎天下，而黄中之理有必至焉，故言“元吉”。其義之美與坤六五相類，而其道則《中庸》之教也。

九三：日昃之離，不鼓缶而歌，則大耋之嗟。凶。

《象》曰：“日昃之離”，何可久也？

先人曰：葉公問孔子于子路，子路不對。子曰：女奚不曰，其為人也，發憤忘食，樂以忘憂，不知老之將至云爾。若孔子者，又安有大耋之嗟乎？雍曰：離，日也。三已過中，是為日昃之時。以人言之，則衰矣。于斯時也，不能忘憂而從樂，則“大耋之嗟”至而“凶”矣。衆人以歌為樂，故此爻從衆言之。血氣既衰之時，使絶滅衆念，惟“鼓缶而歌”以待終焉，則良心可復，誠日著而偽日去矣，是所以逸其老也，聖人感人之意深矣！然聖賢之樂亦豈“鼓缶而歌”哉？孔子不復夢見周公而述作六經，是聖人之樂也。顏子不以簞瓢陋巷為憂而不改其樂，是賢人之樂也。聖賢之樂，其心與衆人同，其所以為樂則異。故接輿歌而過門，林類歌而拾穗，莊周之鼓盆，二子之臨尸，雖狂蕩不法，以極其矯枉之心，終不異於衆人日昃之歌矣，蓋未能安之者也。是以孔氏之門皆无有焉。

九四：突如，其来如，焚如，死如，棄如。

《象》曰：“突如，其來如”，无所容也。

火性炎上，而九四近君，當慄慄危懼如臨深淵可也，反肆其剛暴，“突如其來”，若火之焚不能自制，速死之道无踰于斯矣。自蹈禍機，雖三尺之童亦知其非而棄之矣，故雖至于死地而人无傷怛之心焉。方其突然而来，烈如猛火，人人將望而畏之，其有見容者乎？故《象》曰“无所容也”。古之君子，于進也必有漸，是以有三揖而進、一辭而退之義，況居近君多懼之地者乎？

六五：出涕沱若，戚嗟若。吉。

《象》曰：“六五”之“吉”，離王公也。

五雖得中而非正焉，又麗乎二剛之間，未足以致六二之臣，以大明德于天下，故自傷而出涕，以至憂戚嗟若也。夫堯以不得舜為己憂，舜以不得禹、皋陶為己憂，方其不得，為己憂也，豈六五“出涕、戚嗟”之時歟？天下之急務莫急于斯也，人君之明德若明于斯也，其為吉也，亦孰大于是焉？是為離明之君乃有戚嗟之吉。聖人慮學者不知戚嗟之明，又曰“離王公也”，言六五之戚嗟，蓋王公思欲相麗之意也。孟子又言“堯舜急親賢”，所謂“親賢”，其離王公之義歟？

上九：王用出征。有嘉折首，獲匪其醜。无咎。

《象》曰："王用出征"，以正邦也。

聖人以離明之德繼照四方，天下无不仰其化成，又豈爭地爭城而欲威強天下也哉？蓋有不得已之師出焉。且征者，正也。各欲正己也。謂之"出征"，正己而已。必不得已而至于戰，不過折獲非其善類者耳，如"殲厥渠魁，脅從罔治"，蓋非玉石俱焚之師也。謂之"有嘉"，在此而已，非嘉其勝敵之功也。故知舜征有苗，啓攻有扈，成王伐淮夷，皆非得已之師，用以正邦而已。惟出于不得已，故"无咎"。若得已而不已，則過矣。"正邦"者，非利人民土地之師也。

《郭氏傳家易說》卷四

宋　郭雍　撰

下經咸　恒　遯　大壯　晉　明夷　家人　睽　蹇　解　損　益

䷞ 艮下兑上

咸：亨。利貞。取女吉。

《易》卦六爻皆相應者，有泰、否、咸、恒、損、益、既濟、未濟八卦，雖名義各有所主，而其為道皆大。咸以感為義，蓋无所不感，故謂之咸。感而无不通，是以言"亨"。咸无不亨，上也"利貞"，以感次也；夫婦之感，人倫之始，人道之大也，是以以咸"取女"，則无不"吉"。然《序卦》言天地、萬物、男女、夫婦、父子、君臣、上下，皆有咸之道者也。聖人明人道，故卦辭以男女為言，而《彖》并天地萬物言之，所以盡卦之象也。

《彖》曰：咸，感也。柔上而剛下，二氣感應以相與，止而說，男下女，是以"亨。利貞。取女吉"也。天地感而萬物化生，聖人感人心而天下和平，觀其所感，而天地萬物之情可見矣。

伊川曰：柔上變剛而成兑，剛下變柔而成艮，故曰"柔上而剛下"。雍曰：咸自否来，六三上而成兑，是柔上也；上九下而成艮，是剛下也。"柔上而剛下"，謂二爻之變也。變所以成艮、兑，二氣感應，相與之道，"止而說"。咸，感之情也。"男下女"，内外之象也。自"咸感"至"男下女"，同釋文王之辭。自"天地感而萬物化生"，所以盡明一卦之象。夫天地非感不能生萬物，聖人非感不能平天下，則咸之為感，雖天地不能外，是又豈止男女夫婦而已哉？故由所感以觀之，大而天地，細而萬物，其情皆可得而見，此咸所以通三才而无間，不獨以感人心為道也。然文王之辭舉其微而著者，孔子極其大與幽遠言之，然後咸之道備。孔子曰："文不在茲乎？"信不誣矣！

《象》曰：山上有澤，咸。君子以虛受人。

山，生物也；澤，利物也。天地之大，亦相感而後萬物化生，況山澤乎？是宜交感而後生利萬物也。君子法之"以虛受人"，唯虛故受，受故能感；不能感者以不能受故也，不能受者以不能虛中故也。充虛中之道故至于无所不感，无所不通，然後盡咸之道矣。聖人"寂然不動，感而遂通天下之故"，蓋本諸此言。"虛"者，本山澤有容之義，蓋卦无虛之象，而咸有虛之義也。

初六：咸其拇。

《象》曰："咸其拇"，志在外也。

咸之名卦，蓋取六爻无不相感，故合一卦論之，則足以見天地萬物之情。自六爻觀之，則所遇所感不同，其咸分矣，不足以見其大全，猶耳目手足之用不同，又安足以識人之大體哉？各言其手足耳目之一用可也，故咸之諸爻皆不能盡充咸之義，各舉其一偏言之也。初之感四，其感未深，有志于感而已，故曰"志在外"也。外，四也。《易》之六爻，上為首而初為足，故初言"拇"而上言"輔頰舌"也。然天地男女皆以二氣相感，而六爻言拇、言腓，雖一物亦有感，而後用于此，見萬物之情无所不感矣，又非特天地男女二體而已。

六二：咸其腓。凶[①]。居吉。

《象》曰：雖"凶。居吉"，順不害也。

① "凶"，原本此字上有"雖"字，系涉下《象》辭而衍。據武英殿聚珍版本刪。

咸之道至難言，故文王明之以男女夫婦之道。而六爻又以人之一身取義，蓋因其易明而可言者也。然自拇而腓、腓而股、股而心、心而脢、脢而頰舌，自下而上之象也。“腓”，腨腸也。在足之上，股之下。腓動則足舉而股隨之，足之力本諸此，為下體之要，下卦六二之象實似之。二居止之中，腓為動之主，吉凶之責在此，是以吉凶之義特在夫動止之間耳。雖涉妄動之“凶”，苟能居而止之，亦不害順感之道。咸之六爻雖其應皆順，然妄動求感，失居正虛受之義，尤非艮止之宜。聖人戒其違時，是以不若“居吉”也。

九三：咸其股，執其隨。往吝。

《象》曰：“咸其股”，亦不處也。志在“隨”人，所“執”下也。

足之力在腓，而行之用在拇，股无所事，隨之而已。所應在上，所隨在下，以是而往，能无吝乎？九三居止之極，亦以隨人，尚不能處，是其所執愈下者也。以其不能自動而隨人，故特曰“吝”，苟自動則凶矣。君子于行止之間有道存焉，孔子“可以止則止”，至公山佛肸之召，欲往而不往，是以无九三執隨之吝，有六二居中之吉也。然則咸腓之動，“往吝”之隨，不得不深為之戒也。

九四：貞吉。悔亡。憧憧往来，朋從爾思。

《象》曰：“貞吉。悔亡”，未感害也。“憧憧往来”，未光大也。

九四失位過中，非吉之象。而咸道利貞，九四之感初出于“貞”，又以說道感人，人之所願從，故“吉”也，吉則“悔亡”矣。許叔重以“憧憧”為意不定，此言憧憧，則其感无定也。“朋從爾思”，言其類從而感也。然思之所及者，能感而從之；思所不及者，朋①未從也。且天地之間往来者非一，豈志意之所能盡？虛己聽之可也，而欲皆以心思感之，是以憧憧无定，蓋不知咸之大，有在于“何思何慮”者也。《象》言“貞

① “朋”，原本作“則”。據武英殿聚珍版本改。

吉悔亡，未感害”者，言九四本无貞吉悔亡之道，而在咸則未為害者，咸道利貞故也。憧憧固不足以盡往来相感之道，故未為光大往来之道，《繫辭》言之詳矣。

九五：咸其脢。无悔。

《象》曰：“咸其脢”，志末也。

子夏傳曰：“在脊曰‘脢’。”蓋感于不思不動之地，其道優矣，是以“无悔”。然不能捨脢之感而志夫體之大全，未足以盡君人之道，故曰“志末”也。君人之道如之何？感人心而天下和平是也。

上六：咸其輔頰、舌。

《象》曰：“咸其輔頰、舌”，滕口說也。

先人曰：《易》稱“近取諸身”，獨咸、艮二卦言之為詳，而其成終者特異，豈非咸極于說而艮終于止而已耶？觀“艮其輔，言有序”為可見矣。雍曰：咸之六爻莫善于脢，莫不善于頰舌。口舌感人，小人之道也，故《中庸》言“聲色之化民，末矣”，是以聖人不為也。然咸之道，以身觀之，以男女觀之，以聖人和平天下觀之，以天地萬物觀之，皆可得而見。特舉其至近而易明者，則莫若人之一身①，故六爻取象如此。

䷟ **巽下震上**

恒：亨。无咎。利貞。利有攸往。

咸、恒二卦，六爻剛柔皆應而名義不同者，咸以“男下女”，交感之義也。恒男上女下，夫夫婦婦之常道也。交感時焉而已，故曰“取女吉”。夫夫婦婦可久之道也，故曰“恒，久也”。其道可久，斯无不通；无不通則无過。舉内利以固，外利以行，此其所以為恒也。王輔嗣曰：恒而亨，以濟三事也。後之諸儒竟分三事，其說不一。然恒之卦辭止有

① “身”，武英殿聚珍版本此字下有“也”字。

二義，輔嗣誤以為三。以《彖》觀之，“恒，亨，无咎，利貞”，一也。“久于其道”之謂也。“利有攸往”，一也。“終則有始”之義也。久于其道，天地同也；終則有始，日月四時同也。是孔子以為二義也。

《彖》曰：恒，久也。剛上而柔下，雷風相與，巽而動，剛柔皆應，恒。恒，“亨。无咎。利貞”，久于其道也。天地之道恒久而不已也。“利有攸往”，終則有始也。日月得天而能久照，四時變化而能久成，聖人久于其道而天下化成。觀其所恒，而天地萬物之情可見矣。

恒自泰來，故伊川以乾之初，上居于四；坤之四，下居于初。二爻剛上柔下成為震、巽，蓋非謂震為剛而巽為柔也。若以上下二卦為剛柔，則《易》之柔上剛下、剛上柔下之卦居其半矣，不當獨于咸、恒言之也。是故“剛上柔下”，言初、四二爻成震、巽之始也；“雷風相與”，言震、巽可久之象也；“巽而動”，言震、巽可久之才也；“剛柔皆應”，言六爻可久之道也；有是四者，是之謂“恒”。“恒，亨，无咎，利貞”，久于其道之所致也。雖天地之大不能外此，故必恒久不已，然後為天地。“利有攸往”者，恒道无終窮。无終窮則往无不利，猶日月久照，四時久成，皆“終則有始”之道。聖人之道，天地恒久不已之道也。其所以化成天下，亦如日月四時是已。使有終无始，則日月亦不能久照，變化亦不能久成，聖人亦不能化成天下矣。故《彖》言所以為恒者，四“剛上而柔下，雷風相與，巽而動，剛柔皆應”是也。又言恒之所以為道者，二“久于其道也”，“終則有始也”。久于其道，雖天地亦如之；終則有始，雖日月四時亦如之；此可以見天地萬物之情矣。咸、恒六爻之才皆不及，疑二卦之義非大，故孔子于《彖》皆以天地萬物之情終之，使後世學者不以小道觀之也。

《象》曰：雷風，恒。君子以立不易方。

方猶道也，君子所立不可易，易則不可常矣，是以顏子“拳拳服膺而弗失之”也。

初六：浚恒。貞凶。无攸利。

《象》曰："浚恒"之"凶"，始求深也。

進道有漸而後可久。在恒之初，浚而深求，非其道也。孔子曰："欲速則不達。"孟子曰："其進鋭者其退速。"是豈可久之道乎？以是為"貞"則"凶"矣。不達退速之道，何所利哉？

九二：悔亡。

《象》曰："九二，悔亡"，能久中也。

可久之道无它焉，中而已矣。過猶不及，皆非可久也，故《中庸》曰："中者，天下之大本也。"九二位雖失正，非无悔之象，能久于中，則其悔亡矣。九二无他辭，特曰"悔亡"，蓋見止于守常，无他事也。

九三：不恒其德，或承之羞。貞吝。

《象》曰："不恒其德"，无所容也。

人之于德也，過中則不恒，不恒則日入于小人之域，是以為機變之巧无所用，恥焉。雖"或承之羞"，亦忍而固守，方自以為得計，而不知恥，是可鄙也。孔子曰："人而无恒，不可以作巫醫。"蓋言不能容身于巫醫之賤，況事君治民之職乎？故曰"无所容也"。伊川曰："或承"，謂有時而至也。

九四：田无禽。

《象》曰：久非其位，安得"禽"也？

居可久之地，故能成可久之功。居非其位而望其功，是以沒世窮年而終不可得也，其九四"田无禽"之謂歟？初六以柔求深，自用之過者也；九四剛而不中，居非其位，不能自用以有獲者也；皆非恒道。語之聖人"久于其道"，則失之遠矣。

六五：恒其德。貞婦人吉，夫子凶。

《象》曰："婦人""貞""吉"，從一而終也。"夫子"制義，從婦"凶"也。

先人曰：柔而在中，位有餘而才不足稱也。能"恒其德"，婦人則吉，夫子則凶，何也？婦人從一而終可也，"夫子制義，從婦"之義可乎？是以伯夷聖之清，孟子謂之隘；宋伯姬守禮而不去，孔子取其恭；于此可見矣。

上六：振恒。凶。

《象》曰："振恒"在上，大无功也。

先人曰：居震之極，以動為常，窮而不知變者也。是以言其得失則"凶"，語其道則終"无功"矣。

䷠ **艮下乾上**

遯：亨。小利貞。

古之人，有大德而无其時則遯。方二陰浸長，進而之否，不利君子之時，進則否而遯則亨也。乾，健也；艮，止也。有剛健之德而止于上者，大畜也；有剛健之德而止于下，此其所以為遯也。孔子之德與天同矣，而可以止則止，遯之義也。"小利貞"者，可小事也。是以孔子乘田委吏、中都司寇皆屑為之，至孟子為齊卿，其道皆止于一國一邑一職之間，在聖賢皆謂之小事也。

《彖》曰：遯，"亨"，遯而亨也。剛當位而應，與時行也。"小利貞"，浸而長也。遯之時義大矣哉！

常人之亨，以得位失位言；聖人之亨，進退皆以道言。道不必位亨，雖遯，亦亨也，故曰"遯而亨"也。"剛當位而應"，五之應二也。"與時行"者，時止則止，時行則行，是為遯之義，雖聖人亦不能自必也。"小利貞，浸而長"者，陰浸而長，不可大事之時也。不可大事而《彖》言

“大矣哉”者，蓋有天德而止者，謂之遯，不然困窮逃難而已，非聖人所謂遯也，此遯之時義所以為大也，雖堯舜授受亦不過于遯而已矣。聖人懼人之不知天德之大，徒以逃難避仇、遠迹山林者皆謂之遯，則遯之為義小矣，故特曰“遯之時義大矣哉”也。遯之“小利貞”，睽之“小事吉”，不知者遂以為小而不思也，故孔子明其大，而後知小利貞者有大義存焉，小事吉者有大用存焉。

《象》曰：天下有山，遯。君子以遠小人，不惡而嚴。

遯之為象，取二陰浸長而消陽，君子見幾而作，故卦謂之遯。天下有山，蓋備二體之象，非是名卦之意，《易》如此類者亦多矣。君子當遯之時，畏小人之害道，志在遠之而已。雖山林江海為遠害之地，然亦有以道遠之者。遠之之道何如？不惡其人而嚴其分是也。孔子曰：“人而不仁，疾之已甚，亂也。”疾之則惡也，不惡則不疾矣。孔子曰：“君子無衆寡，無小大，無敢慢。”又曰：“君子正其衣冠，尊其瞻視，儼然人望而畏之。”皆嚴之謂也。自古山林江海遯世之士多矣，獨遯以道者，孔孟而已。若夫君臣授受亦有遯之道者，蓋臣道上行，君不得不為之遯也。知其道而遯者，堯舜也。不知其道而固有者，桀紂也。然非舜禹湯武而遯，則篡矣。

初六：遯尾。厲。勿用有攸往。

《象》曰：“遯尾”之“厲”，不往，何災也？

《易》道貴早辨而君子欲知幾，故自“履霜堅冰”之後，早辨之道言于初者多矣。而遯之初六獨止而不知去，不能早辨者也，故曰“遯尾，厲”。遯尾者，遯之後時也。為遯之尾，是為難之首也，其危宜矣。“勿用有攸往”者，言處遯尾之道，雖危而災猶可避也。蓋往之義在我，能止而不往，則何災之有？故止而不退則為厲，止而不往則无災矣。用靜，吉之時也。

六二：執之用黄牛之革，莫之勝說。

《象》曰："執""用黄牛"，固志也。

六二柔順中正，上應九五，可謂得君之臣矣，而猶執用黄牛固志，何哉？方遯之時，"小利貞，不可大事，勿用有攸往"，雖應于君而遯之志不可不固也。是以孔子于定、哀，孟子于齊、梁，非无應也，而其道不可少貶以從時好者，所謂"固志"也。六二為下體艮卦之主，知時止而止，故稱"執"焉。柔順，牛之象也。中正，黄之象也。不能執用黄牛，則見利忘義，終不可大有為于天下而自喪其德多矣。"勝說"，或如字，或作"脫"。《易》以"說"為"脫"者有矣，此義實近之。而其言似膚淺，故先儒有不從者也。

九三：係遯。有疾。厲。畜臣妾吉。

《象》曰："係遯"之"厲"，"有疾"憊也。"畜臣妾吉"，不可大事也。

遯以艮止，故六二止于下以固志，九三過于止而係于遯也。係于遯而不知變，是以疾困而危，其江海避世之徒歟？"畜臣妾吉"者，是道也，施之于家則可，施之于天下則不可。若是者，君子謂之隘，其可大事乎？

九四：好遯。君子吉，小人否。

《象》曰："君子""好遯"，"小人否"也。

遯自九四而上，其遯皆美，蓋乾德剛健中正，何適而非美乎？九四"好遯"，所謂"遯世无悶"者也，"潛龍"之義也。君子安之，故"吉"。小人汲汲于富貴，戚戚于貧賤，一不得志，將自經于溝瀆而莫之知，又豈能好遯而安之哉？故曰"小人否"也。

九五：嘉遯。貞吉。

《象》曰："嘉遯。貞吉"，以正志也。

先人曰：堯授舜，舜授禹，雖曰“天之歷數在爾躬”，其為嘉遯之志則一也。故子謂韶“盡美矣，又盡善也”，其是之謂乎？雍曰：九五剛健中正，道全德備，舉遯之事，莫美于斯，故曰“嘉遯”。“貞吉以正志”者，道至于此，與時為對。隨而不流，无係也，无執也，无好也，不事于外，正其在我者而已矣，此其所以為嘉也。上非堯舜，下非孔子，皆不足以與此。

上九：肥遯。无不利。

《象》曰：“肥遯。无不利”，无所疑也。

肥者，道之充實也。道之充實，放諸四海而準。孟子所謂“至大至剛，塞于天地之間”者，何所往而不利乎？以是道而處遯世，故无所係好，其于進退綽綽然有餘裕矣，夫何疑之有？當遯之極，所謂知變之大人也。遯之時義，觀九五、上九可見。

䷡ 乾下震上

大壯：利貞。

泰之辭言“小往大來”，而《象》則言天地上下、陰陽健順、君子小人，以極大小之類。大壯之象，四陽過中，名卦之義實取于大也，雖天地亦大者之壯，非獨人事而已，與泰言“大來”无以異也，故《象》曰“正大而天地之情可見矣”。

《象》曰：大壯，大者壯也。剛以動，故壯。大壯“利貞”，大者正也。正大而天地之情可見矣。

凡天地萬物大者之壯，俱為大壯。徒用壯而已，非大壯也。德之大者无踰于天，自人道言之，人得天德而動，壯之所以大也。且彊梁以動者，雖无不壯，其或窮人欲而滅天理，則性善梏，亡天德，于是失之矣，雖壯而非大也。故必得天之剛德而動，而後謂之大壯。“大壯利貞”者，大者之正也。大者天也，正則天之德也，天地之情于斯可見，況人道乎？

孟子謂齊宣王曰："王請無好小勇，夫撫劍疾視，曰：彼惡敢當我哉！此匹夫之勇，敵一人者也。王請大之！"惟孟氏深明大小之義，諸子未之或知也。故言文武一怒而安天下之民，豈所謂大者之壯歟！若匹夫匹婦自經于溝瀆，何其小哉！聖人以羊譬壯，深見小人之情矣。

《象》曰：雷在天上，大壯。君子以非禮弗履。

天下雷行為无妄，雷在天上為大壯。无妄之動以天則天德及物之時，故《象》言"茂對時育萬物"。大壯先天而後動，在人則盡心知性，則知天之時，期不失《中庸》所謂"天命之性"者，故《象》以"非禮弗履"為言也。且壯者，君子所以勝己，而小人所以勝人。孔子告顏淵以"克己復禮"，勝己之道也。旣勝己之私，則无適而非天矣，是為壯之大者也。小人不知勝己，至于窮人欲而滅天理，何大之有？是以九三祗以用壯言之，然有大壯之"弗履"以成己，然後有无妄之"育物"以成物，二者之道相為終始，亦猶《中庸》言天命之性、率性之道，而後曰"脩道之謂教"。蓋性與道成己也，而教所以成物也。

初九：壯于趾。征凶。有孚。

《象》曰："壯于趾"，其"孚"窮也。

壯于趾者，用壯之始也。始而用壯，必終于"凶"矣。有孚者，信其必以凶窮也。凡爻辭獨言壯者，謂小人之壯，皆非"大者壯也"。

九二：貞吉。

《象》曰："九二，貞吉"，以中也。

卦辭言"利貞"，然得其貞者，九二也。九二之貞，謂固守大壯之道也。天之德以剛中為正，九二以剛居中，是以能固守而"貞吉"也。居卦之下位為不足，未能究天德之用，故特曰"貞吉"而已，蓋"非禮弗履"之士也。

九三：小人用壯，君子用罔。貞厲。羝羊觸藩，羸其角。

《象》曰："小人用壯"，君子"罔"也。

剛至三而壯矣，小人務勝人，故喜壯而用之。君子務在勝己之私，不失天命之性，是以勿用壯于外也，以用壯為正則危矣。羊狠而喜觸，用壯之象也。"觸藩羸其角"，用壯而"厲"也，其厲如此，凡以小人不知壯有天道之大故也。君子用罔者，君子罔以壯為用也。先儒或為羅罔之罔，失之矣。

九四：貞吉。悔亡。藩決不羸，壯于大輿之輹。

《象》曰："藩決不羸"，尚往也。

剛至四而愈壯，而曰"貞吉，悔亡"，何哉？蓋四居上體之下，能捨衆剛而與上，有承柔載上之志，是以"貞吉，悔亡，藩決不羸，壯于大輿之輹"也。然九四之壯雖非大壯，特用得其宜耳。輿輹當用壯之物也，又況大輿之輹乎？"壯于大輿之輹"，是為得其宜也。得其宜，故"貞吉，悔亡，藩決不羸"，君子之所以能任重者以此。伊川曰："輹"與"輻"同。虞翻為"腹"，非也。

六五：喪羊于易。无悔。

《象》曰："喪羊于易"，位不當也。

羊之用壯无異于小人，不務勝己于內，而欲觸物于外，一往若此，其害深矣，是以"非禮弗履"之人務在克己而喪其羊也。克己喪羊，亦人之難能，而六五初无甚難，則其"无悔"宜矣。"位不當"者，德不足而位有餘，不能究天德之大，以成堯舜三王之治，徒"喪羊""无悔"，僅能成己而已。

上六：羝羊觸藩，不能退，不能遂。无攸利。艱則吉。

《象》曰："不能退，不能遂"，不詳也。"艱則吉"，咎不長也。

居動之極，以柔用壯，雖无羸角之厲，而進退不能，何所利哉？"不能遂”者，進不足以勝人也。“不能退”者，退不足以自勝也。此豈不能審于度德量力之事者歟？故曰“不詳”也。聖人兢兢業業，其難其慎，以不矜不伐為己任，又安有用壯之厲乎？是以“艱則吉”也。

䷢ **坤下離上**

晉：康侯用錫馬蕃庶，晝日三接。

伊川曰：晉以其明盛，故不言亨；順乎大明，故不戒以貞。不待言而其德可知。雍曰：《彖》言“晉，進也”，《雜卦》曰：“晉，晝也。”則知晉之義不止于進。蓋言明以進，故曰“晉”；漸以進，不謂之晉也。晉卦取名之義與大有略相類，大有火在天上，君道也，故為大有。晉明出地上，臣道也，故為晉。君臣天地之象雖不同，其欲以明德居上則一而已。且以人臣之進獨備一卦之義，則臣道之至大者非康侯安足以當之？《易》之卦辭唯晉為異，專以康侯為義，是以不及其他也。康侯如是，其“亨利貞”可知。

《彖》曰：晉，進也。明出地上。順而麗乎大明，柔進而上行，是以“康侯用錫馬蕃庶，晝日三接”也。

“明出地上”，二卦之象也。“順而麗乎大明”，晉之義也。“柔進而上行”，成卦之序，康侯之德也。其德柔順而明，故下能康一國之民而為之主；上能致王之寵而“錫馬蕃庶，晝日三接”也。車馬，重賜也。三接，數接乎上也。在國能康一國之民，則進而麗乎大明，斯足以康天下矣，古之人文王是也。

《象》曰：明出地上，晉。君子以自昭明德。

“元首明哉！股肱良哉！”自古以明為君德之大，堯舜文王皆是也，而晉為臣道，“自昭明德”何哉？蓋侯有君人之道，有明德自昭而柔順上行，然後備晉之義，可以謂之康侯。不如是，雖使“錫馬蕃庶，晝日三接”，亦非晉進之道，不得謂之康侯矣。古之人莫不務明明德于天下，為君、為臣亦豈有二德哉？是以伊尹言“咸有一德”，武王言“同心同德”，則晉之《象》言“自昭明德”，不為過矣。

初六：晉如，摧如。貞吉。罔孚裕。无咎。

《象》曰：“晉如，摧如”，獨行正也。“裕。无咎”，未受命也。

在卦之初，為進之始，有可進可退之義。能不以進退為慮，唯固守明德，柔順上行，為臣若此，能无吉乎？“罔孚”者，雖以明德自任，而初之時名實未加于上下，未足信于人。當是時也，進退之際，旣已處之裕然，何咎之有？若孔子“可以仕則仕，可以止則止”是也。“獨行正”者，獨以明德上行而固守為正，不以進退為慮也。“未受命”者，无官守、言責之時，孟子所謂“吾進退，豈不綽綽然有餘裕”也。

六二：晉如，愁如。貞吉。受兹介福，于其王母。

《象》曰：“受兹介福”，以中正也。

六二柔順中正，為臣之道莫美于斯，而曰“晉如，愁如”者，蓋小人以進為喜，而君子以進為懼。故召公為保則不悦，正考父三命而傴俯，兹其所以順而麗乎大明歟？是以旣貞且吉，受介福于其王也。孔子言諸侯長守富貴之道，則曰：“戰戰兢兢，如臨深淵，如履薄冰。”則晉如、愁如而“受兹介福”也宜矣！此爻之義與卦辭相類，蓋言侯之受錫福于王者。“母”字无別義，亦衍字也。

六三：衆允。悔亡。

《象》曰：“衆允”之志，上行也。

在晉之初，名實未加，未孚于人。至三則忠順不失，以事其上也久矣，于是乎“衆允”之也。雖非中正，疑于有悔，及衆允之時，則悔亡矣。三之上行，有嚮明之志，所謂“順而麗乎大明”者，是以衆不為疑而允之也，故曰“志上行”也。

九四：晉如鼫鼠。貞厲。

《象》曰："鼫鼠。貞厲"，位不當也。

離以明為德，而火以暴為失，故離之九四有"突如其来如，焚如"死棄之象。晉之九四與離同位，雖順德在下，不至于焚如之暴，然當晉之時，不免有貪位慕祿之失也。"鼫鼠"，貪而畏人者也，守此道以事上，能无危乎？"位不當"者，旣未進六五之明，又過三陰之順，以剛自進，故不當也。晉之六爻无凶，獨四以貪而"厲"，上以伐而"吝"，蓋才有餘而德不足者，豈若初、二、三、五之"昭明德"也哉？是以聖人德之為貴。

六五：悔亡。失得。勿恤。往吉。无不利。

《象》曰："失得。勿恤"，往有慶也。

君道无他焉，在中與明而已。六五居中，何悔不亡？又唯"自昭明德"，而一己之"失得，勿恤"于外，蓋君子"失諸正鵠，反諸其身"之道也。如是則何往不吉？何行不利乎？《象》言"往有慶"者，人君勿恤一己之失得，獨以離明自昭，所謂"一人有慶，兆民賴之"者矣。孟子告滕文公曰："君子創業垂統，為可繼也。"若夫成功則天也，君如彼何哉？強為善而已矣。"失得勿恤"之意，強為善也。謂之"強為善"，亦"自昭明德"之義。

上九：晉其角，維用伐邑。厲。吉。无咎。貞吝。

《象》曰："維用伐邑"，道未光也。

角，上窮之物。位進而上，窮亦危矣。然晉非止于進而已，明順之義存焉，是以可"用伐邑"也。然自危則終吉，自危者"如臨深淵、如履薄冰"之義，不得已而用之，非好攻戰而樂殺人也，是以"无咎"。不然則旣伐邑而"厲"，不亡幸矣，何吉之有？至于伐邑，則明德之昭已或虧蔽，故《象》言"道未光"也。固以伐邑為貞，不知明德之虧，非"吝"而何？是以"春秋无義戰"。彼善于此，聖人无取焉。然則齊晉之霸，方之康侯其未優乎？

䷣ 離下坤上

明夷：利艱貞。

聖人之德惟明為大，有明德以在上，大有之君是也。有明德以居下，晉之臣是也。明夷者，明傷也，故為明德遭難之時。非聖人其難其愼，用晦而明，殆且傷矣，所以“利艱貞”也。

《彖》曰：明入地中，明夷。內文明而外柔順，以蒙大難，文王以之。“利艱貞”，晦其明也，內難而能正其志，箕子以之。

在《易》卦《彖》之辭異者，獨晉言康侯，明夷言文王、箕子，革言湯武是也。蓋康侯能盡晉之義，故文王言之以見卦之德，與人之德一也。孔子明文王之意，故繼以湯武、文王、箕子為言。然明夷之《彖》自分二義，文王、箕子之道蓋不同也。孔子曰：“文王既沒，文不在兹乎？”“文明”言文王有明德，所謂“內文明”也。三分天下有其二，以服事商，所謂“外柔順”也。文王盡坤、離之義，所謂得明夷之大者矣。箕子“用晦而明”，得其“艱貞”而已。此文王、箕子之辨也。觀其與微子、比干自靖自獻于先王，所謂“內難而能正其志”也。自為之奴，卒陳《洪範》，所謂“艱貞”“用晦而明”矣。明夷《大象》獨為聖人明德遭難之事，初无衆人之象，故正言文王、箕子也。

《象》曰：明入地中，明夷。君子以莅衆，用晦而明。

離，日也。方其明出地上，晉晝之時也。及其日中照天下，則為豐矣。至于明入地中而後為明夷，夷之為傷，非毀其明也，晦其明而已。晦其明則有終明之道，是以艱貞之君子所以能“用晦而明”也。然日所以照臨下土，故君子之莅衆者，其象以之。

初九：明夷于飛，垂其翼。君子于行，三日不食。有攸往。主人有言。

《象》曰："君子于行"，義"不食"也。

卦之初爻皆有進无退，而明夷之初，聖人三釋之，其辭皆不能果于進者。以明傷之時，其義不可果于進，而其勢亦不得進也。何謂三？"明夷于飛，垂其翼"，一也。"君子于行，三日不食"，二也。"有攸往，主人有言"，三也。且譬之鳥焉，欲進則飛之疾，而今言垂其翼者，以明明傷之時義，不可進也。知義不可進而不進，是為初九垂翼之道也，此戒于未進之前也。君子當斯時而欲有行，是自取困窮之道。《象》言"義不食"者，君子于行，義有不得祿食之象。然則三日不食，自取之也，此言勢不得進而自取困辱也。苟不知勢之不得進，而終欲有所往，是以至于"主人有言"。主人，主我者也。主人有言，則難將作矣。故聖人欲垂其翼于前，不欲主人有言于後，斯能"用晦而明"矣。是以辨之于初也。

六二：明夷，夷于左股。用拯馬壯。吉。

《象》曰："六二"之"吉"，順以則也。

離之所以為明者，以二也。明夷之時，初則以進為傷，二則不進亦傷矣。不用其明則其傷淺，故有"夷于左股"之象。雖傷于左股，而有"用拯"之道。用拯之道，健順則吉，故言"馬壯，吉"。馬壯，猶"明夷于飛"也。"順以則"者，猶"垂其翼"也。以是知明夷之道固不能一于明，亦不可一于晦也。六二以柔順中正，至明之才，是以能順時不違，則以盡用拯之道而獲吉也。

九三：明夷，于南狩，得其大首。不可疾貞。

《象》曰："南狩"之志，乃大得也。

伊川曰：九三離之上，明之極也，又處剛而進。上六坤之上，闇之極也。斯義也，其湯武之事乎？湯武非利人之天下也，去其害而已。"南"，在前明方也。"狩"，畋而去害之事也。"大首"，謂闇之魁首，上六也。三與上相敵應，為至明克至闇之象。"不可疾貞"，謂誅其元惡。

舊染汙俗未能遽革，必有其漸，故《酒誥》云“又惟殷之迪諸臣惟工，乃湎于酒，勿庸殺之，姑惟教之”是也。雍曰：初九其傷未至，六二其傷已至，九三則其傷已過矣。濟之以剛明上進之才，是所以南狩而大得志也。“不可疾貞”者，離之性失之過則暴，故戒之以此。伊川謂九三為湯武，則夷于左股者，其文王乎？

六四：入于左腹，獲明夷之心，于出門庭。

《象》曰：“入于左腹”，獲心意也。

伊川以六四為陰邪小人，居高位，以柔邪順于君者也。雍曰：小人之事其君也，務引其君于不正之道，然後能獲其心意，而作威福于天下也。《大學》之道欲明明德于天下者，必先正心誠意，而後可以治國治天下，是以明君務知本，而後小人不得啟其邪心，又烏有“入于左腹，獲心意”之事哉？明夷之君，暗主也。暗主不知正心誠意，故小人得以不正之道乘間而入，以獲其心意，適所以喪其君之明也。好大喜功者以攻戰入之，好貨財者以聚斂入之，好奢侈者以土木文繡入之，好淫泆驕樂者以鄭衞聲色入之，故入于左腹，言投其不正之道也。“明夷之心”，暗主之心也。“于出門庭”，作威福于天下也。君子務引其君于當道，而格君心之非。小人則務投其不正之道，而得其心意，以作威福。君子、小人之事君，其辨如此。是以爭臣多君子，而功利之臣多小人。此爻蓋言小人以不正之道傷君之明為義。

六五：箕子之明夷。利貞。

《象[①]》曰：“箕子”之“貞”，“明”不可息也。

君子以正道處己，而以道之權濟時。明者，聖人之正道也。“用晦而明者”，權也。雖權而其明未嘗息者，“箕子之明夷”是也。當明夷之時，不知用晦而明，則見傷必矣，此箕子所以為“利貞”也。五為尊位，以

① “象”，原本作“彖”。據武英殿聚珍版本改。

君臣之分言之，則君也。以君子小人言之，則君子也。故君子處晦與人君處晦皆同。

上六：不明。晦。初登于天，後入于地。

《象》曰："初登于天"，照四國也。"後入于地"，失則也。

明夷之極，一于晦也，故言"不明，晦"。不明而晦，則非若"于飛垂翼"者也，又非"用拯馬壯"之道也，其明息矣。聖人原始要終言之，故曰"初登于天，後入于地"。入于地，所謂"不明晦"，而明之道失矣。

䷤ **離下巽上**

家人：利女貞。

《大學》言"古之欲明明德於天下者，先治其國；欲治其國者，先齊其家"，故家齊而後國治，國治而後天下平，則一家之治所以為治國、治天下之本也。而家人之道亦與治國、治天下之道皆一也。齊家自夫婦始，故舜觀厥刑于二女，文王刑于寡妻，至于兄弟。然則"利女貞"者，又家道之本也。此與《詩》首《關雎》言后妃之德同意。

《彖》曰：家人，女正位乎內，男正位乎外。男女正，天地之大義也。家人有嚴君焉，父母之謂也。父父、子子、兄兄、弟弟、夫夫、婦婦，而家道正。正家而天下定矣。

家人之名卦，以二、五也。二、五正男女之位，而曰"天地之大義"者，由人事言之，則男女所以為家人。自道言之，則天地男女一也。故男女正，有天地之大義存焉。然聖人畫是卦而名以家人者，豈真一家之事而已哉？內之修身，外之治國、治天下，大而至于天地之義，舉家人皆足以明之。道之要者无以易此，此聖人名卦之義也。且家人之義以正家為主，正家之主，尊而嚴者，"父母"也。父母盡尊嚴之道，以正一家，則父父、子子、兄兄、弟弟、夫夫、婦婦，而"家道正"矣。家正則國治，國治而天下定，其道一也。故孟子曰："推恩足以保四海，不推恩不足以保妻子。”古之人所以大過人者，無他焉，善推其所為而已。善推其所為，斯足以究“正家而天下定”之義。

《象》曰：風自火出，家人。君子以言有物而行有恒。

風，外也；火，内也。“風自火出”，由内而之外也。修身，内也。欲齊其家者先修其身，是猶風自火出之道也。“言有物而行有常”，君子之修身也。非禮勿言，則言有物矣。非禮勿動，則行有常矣。是以乾之九二自“庸言之信，庸行之謹”終至于盡“君德”。家人自“言有物，行有常”終至于“正家而天下定”，其義一也。故孟子言“國之本在家，家之本在身”，又曰“大人者正己而物正也”，其是之謂乎？

初九：閑有家。悔亡。

《象》曰：“閑有家”，志未變也。

制治于未亂，保邦于未危，此聖人防微杜漸早辨之道也。苟亂而後治之，危而後保之，不亦晚乎？家人之道，能閑于初，故能有家而悔亡。《象》言“志未變”者，治家之道。志于家道未變之初，所謂“制治于未亂”，故能終无變也。有家如此，有國者亦无以異矣。

六二：无攸遂，在中饋。貞吉。

《象》曰：“六二”之“吉”，順以巽也。

《彖》言“夫夫、婦婦”，六二，所謂“婦婦”者也。婦人從夫，无遂事，婦之道也。居中主饋，婦之職也。《詩》所謂“无非无儀，唯酒食是議”是也。二者，六二之所以“貞吉”也。然正家者，夫也。從夫者，婦也。故以順巽為吉。

九三：家人嗃嗃。悔。厲。吉。婦子嘻嘻。終吝。

《象》曰：“家人嗃嗃”，未失也。“婦子嘻嘻”，失家節也。

“嗃嗃”，剛嚴之意也。“嘻嘻”，歡悅之情也。剛嚴之道，悔厲由生，雖非中道而終吉无凶。歡悅之情固人所喜，而以恩掩義分，日以亂；情愛雖隆，“終吝”之道也。九三過中，故或“悔厲”，然聖人之道貴有終，與其失家節而終吝，固不若終吉而悔厲，未為失也。由是而言，則閑家之道當以嚴分為先，此家人所以稱“嚴君”歟？然有嗃嗃之嚴使无悔厲，雖“王假有家”之道不過于此，是雖非九三所能盡，實自嗃嗃積而致之耳。

六四：富家。大吉。

《象》曰：“富家。大吉”，順在位也。

君子修身齊家，由內出外，至于巽體，家道成矣。故六四“富家大吉”，九五“王假有家”，上九“威如，終吉”也。六四之富，豈金玉布帛而已哉？蓋必有其道矣。其道何如？父父、子子、兄兄、弟弟、夫夫、婦婦是也。家道之富无以加于此，故其為吉莫大焉。然得其道謂之“順”，失其道謂之“逆”。父父、子子，順也。父不父，子不子，逆也。《象》言家人，家道正則父子、兄弟、夫婦各安其分而无逆焉，故曰“順在位”也。在《禮》亦曰：“父子篤，兄弟睦，夫婦和，家之肥也。”《易》之所謂“富”，猶《禮》之所謂“肥”也。《禮》以人之肥、家之肥、國之肥、天下之肥，“是謂大順”。《象》言“順在位”，則《禮》之大順是也。齊景公曰：“信如君不君、臣不臣、父不父、子不子，雖有粟，吾得而食諸？”夫有國有家者，以有粟為國矣。而有不得而食者，其富有甚于粟也。孔子于家人之《象》言“父父、子子、兄兄、弟弟、夫夫、婦婦”，及對景公則曰“君君、臣臣、父父、子子”，則知家人之道推之國則國治，道一而已。

九五：王假有家。勿恤。吉。

《象》曰：“王假有家”，交相愛也。

九五，父道也。父母為嚴君，故父與王，其道一也。況家國之治，寧有二乎？是以非王道之至，不足以有家。非有家，未見其能正天下也。

此家人之道，所以正家而天下定矣。“勿恤，吉”者，“王假有家”，毋憂天下之不定也，天下定則吉孰大焉？然父父、子子、兄兄、弟弟、夫夫、婦婦同大順而无逆焉者，“交相愛”之義也。

上九：有孚。威如。終吉。

《象》曰：“威如”之“吉”，反身之謂也。

家人之始在于閑，及其能成在于信，究終始不可變者，“威如之吉”而已。威，自我出也。孟子曰“家之本在身”，故威如之吉，克保其終者；非反諸其身，蓋不能也。《象》既明“言有物而行有常”，而此又言“反身之謂”者，家人之道所以成始成終者，修身而已。且恩愛人之常情，父子、兄弟、夫婦之間所不能无，而過之者多矣。至于明信嚴分，或為情愛所奪，則家人嚴君之義未盡其道，故上九以“有孚，威如”終之。威如之吉未備，君子必自反也。然是道也，内之則可以正心修身，外之則可以治國治天下，惟明家人終始之義，允執其中，而内外之道至矣。是以《詩》首《關雎》則見文王化天下之道，所謂“王假有家”者也。聖人序詩之意蓋亦深矣。

䷥ **兑下離上**

睽：小事吉。

有睽之事，有睽之時。睽本小人事，而大人有睽者，遇睽之時也。遇睽之時，大有為亦難矣，是以“小事吉”，蓋睽之常也。

《彖》曰：睽，火動而上，澤動而下。二女同居，其志不同行。說而麗乎明，柔進而上行，得中而應乎剛，是以“小事吉”。天地睽而其事同也。男女睽而其志通也。萬物睽而其事類也。睽之時用大矣哉！

火澤无相得之性，二陰有難和之情，所以為睽。火性上，今動而上；澤性下，今動而下。方之天水違行，蓋其小者，雖不成訟，亦為睽也。然澤中有火謂之革，上火下澤謂之睽。革以不相得之性上下相交，火自下而上，澤自上而下，其勢必遇而相息，又不若睽之相違而不遇也。“小事吉”者，自卦論之，初說而終明，其道非睽也。自爻論之，六五上行得中，而下應九二之剛，其事非睽也，其為吉也宜矣。凡卦皆二義，睽之《彖》先言睽之所以為睽之道也，後言睽之時用，則聖人用睽之時也。睽非大人事，故上言“小事吉”；而聖人有用睽之道，故下言“大矣哉”。蓋文王言其常而孔子極其用也，非孔子不知其大也。天高地下，睽也；男尊女卑，睽也；萬物散殊，亦睽也。天地雖睽不害于同事，男女雖睽不害于通志，萬物雖睽不害于事類。蓋睽之道必體睽而用合，然後有濟，孔子懼人不明其大，故特曰：“時用大矣哉！”

《象》曰：上火下澤，睽。君子以同而異。

上火下澤，異之象也。聖人用睽有道存焉，然用同者，用睽之道也。故大舜善與人同，同也。有天下而不與焉，異也。柳下惠“不羞汙君，不辭小官”，同也。而曰“爾為爾，我為我”，異也。故君子以“同而異”為用睽之道也。孔子曰“君子和而不同”，蓋言不同于小人之事也。此言“君子以同而異”，蓋言同于道也。故言同雖一，而為事道則異矣。

初九：悔亡。喪馬勿逐，自復。見惡人。无咎。

《象》曰：“見惡人”，以辟咎也。

初九无應，有悔之象。居睽而說道存焉，故“悔亡”也。“喪馬”，初睽也。逐之則成其為睽，不可合矣。“勿逐，自復”，用同而復也。“惡人”，與己異者也，見之所以“同而異”也。能同而異，何咎之有？柳下惠曰：“爾為爾，我為我，雖袒裼裸裎於我側，爾焉能浼我哉？”故由由然與之偕而不自失焉。《象》所謂“同而異”，而初九“見惡人”，其義一也。“見”者，遇之而勿絶之辭，非必欲見之也。“子見南子”之“見”是也。孔子初不見陽貨，蓋以從大夫之後不敢先也。在魯、衞之禮不同，非不見惡人者也。

九二：遇主于巷。无咎。

《象》曰："遇主于巷"，未失道也。

在睽諸爻皆以見遇為言，是以君子貴夫"同而異"也。二、五正應，雖睽易合，蓋男女通志之義，故"遇主于巷"也。《說文》言"巷，里中道也"。里中之道，出門則遇之，言遇主之易也。方睽之時，遇主之易而"无咎"者，不失正應之道故也。古之君子難進易退，況睽之世乎？孟子曰："君子未嘗不欲仕也，又惡不由其道。"苟不由其道，則其進易矣。九二"遇主于巷"若甚易，然疑其類于不由其道者，故《象》特言其"未失道也"。初九之无咎異于時九二之无咎，同于道，故不待"喪馬勿逐"而後"自復"，亦不待"見惡人"而後可辟咎也。同人曰"出門同人，又誰咎也"，睽之九二實似之。

六三：見輿曳，其牛掣，其人天且劓。无初，有終。

《象》曰："見輿曳"，位不當也。"无初，有終"，遇剛也。

六三陰柔居二剛之間，當睽之世，欲求速合，蓋亦難矣，故有"見輿曳，其牛掣"之象。"見輿曳"，欲從而求合也。"其牛掣"，則違而致睽也。時之方睽，動輒乖異，豈人力也哉？天道然也。然六三致牛掣之睽，豈六三之罪耶？時使之然，故曰"其人天且劓"。譬猶无妄之災，非人所致。孟子亦曰"行止，非人所能也"。"无初"者，遇二剛而不得進也；"有終"者，睽道終極則反，而從應也。《象》言"位不當"者，以陰位柔，急于求濟，故"見輿曳"而欲從焉。

九四：睽孤，遇元夫。交孚。厲。无咎。

《象》曰："交孚""无咎"，志行也。

天下之勢合則衆，睽則孤，凡睽皆然。而獨于九四、上九稱"睽孤"，何哉？蓋上居睽極，四近君而不得，非若初之"自復"、二之"遇主"、三之"有終"也，故稱"睽孤"焉。處孤之道，不過于求人以自助而已，故求善士而相與以誠，則雖危"无咎"矣，所謂"德不孤"也。

王輔嗣以初亦无應，獨立同在體下，同志者也，故"交孚，无咎"，其志得行。伊川曰：元夫，猶云"善士"也。初九悔亡，則處之至善者矣。

六五：悔亡。厥宗噬膚。往何咎？

《象》曰："厥宗噬膚"，往有慶也。

處睽之世，已為悔矣，六五以柔自將，又悔之道也。得其正應，能下賢焉，故悔可亡。"厥宗"，二也。二之應五，若噬膚然，言其易也。故二稱"于巷"，五稱"噬膚"，其義一也。君臣道合則非睽，以是而往，將有大慶，又何咎之有？睽之道，用合而體睽，二、五盡之。故《彖》言"天地睽，男女睽"，《象》言"同而異"，皆一也。

上九：睽孤。見豕負塗，載鬼一車。先張之弧，後說之弧。匪寇，婚媾。往遇雨則吉。

《象》曰："遇雨"之"吉"，羣疑亡也。

處睽之極，故曰"睽孤"。然天下之睽始于疑，疑故睽。不疑，則交孚而无睽矣。疑者，小人之道也，聖人无疑也。睽之成卦，本自二女，則小人之象明矣，故上九極言其疑也。"見豕負塗"，有之。疑也。"載鬼一車"，无之。疑也。有之疑，疑之始也；无之疑，其疑甚矣。有无无所不疑，是以張弧以御之，其道乖矣。三之應上，何寇之有？其應甚正，婚姻之道也，故後有說弧之象焉。"往遇雨則吉"者，陰陽和則雨，往而和，則有无之際，羣疑自釋，睽道革矣，是以吉也。六三陰也，上九陽也，陽氣下降，陰道上行，故言"遇雨"。"見豕負塗"，猶《詩》言"誰謂鼠無牙"，有之疑也。"載鬼一車"，猶《詩》言"誰謂雀無角"，无之疑也。

䷦ 艮下坎上

蹇：利西南，不利東北。利見大人。貞吉。

蹇，難也。見難而知止，謂之"蹇"，故蹇為智者之事。蹇之時，得人則濟，故“利西南，不利東北，利見大人”。西南，得朋之地也。東北，喪朋之地也。大人，足以濟大蹇者也。得人之道，先在反己，其身正而天下歸之，故“貞吉”也。

《彖》曰：蹇，難也。險在前也。見險而能止，知矣哉！蹇，“利西南”，往得中也。“不利東北”，其道窮也。“利見大人”，往有功也。當位“貞吉”，以正邦也。蹇之時用大矣哉！

險而止，蒙者之事。見險而能止，智者之事。蹇之與蒙，用智不用智雖不同，其于待人以濟險則一也。猶屯、解不同，其于自動以濟險亦一也。震之動剛，其才足以自濟；艮之止柔，其才不足以自濟；故蒙、蹇必止而待人也。“蹇利西南，往得中”者，謂九五也，九五朋來而中節也。“不利東北，其道窮”者，寡助之至，至于親戚畔之，道窮可知矣。“利見大人，往有功”者，大蹇之時，雖多善士亦不能有濟，必大人而後有功也。“當位貞吉”者，所處知所止，則无不當位之失；无不當位之失，則其身貞矣，是以吉也。古之聖人莫不先于治己，故大人正己而物正，當位貞吉則正己者至矣，所以為正邦之本也。“蹇之時用”以見大人為主，雖乾龍“飛”“見”，不過利見大人而止耳，顧不大哉。

《象》曰：山上有水，蹇。君子以反身修德。

古之君子，窮則獨善其身，達則兼善天下。獨善之道无他，修德而已。蒙也，蹇也，皆君子遇險獨善之時也，故蒙曰“果行育德”、蹇曰“反身修德”也。蹇利得朋而反身修德者，君子愛人不親，反其仁；治人不治，反其智；禮人不答，反其敬。行有不得者皆反求諸己，其身正而天下歸之，故得朋之道，莫大于“反身修德”之要也。屯之難，濟以動，故“君子以經綸”。困之難，濟以說，故“君子致命遂志”。蹇之難，在止于至善，故曰“反身修德”。難非一也，故所以濟難亦不能同也。

初六：往蹇，来譽。

《象》曰："往蹇，来譽"，宜待也。

蹇為智者之事，見難而止，智也；見難而往，非智也；故往則蹇而来則譽也。夫知止而止則安榮，知止而不止則危辱，故言"來譽"。來譽雖美，未足以究蹇之實用，故宜有待以濟也。

六二：王臣蹇蹇，匪躬之故。

《象》曰："王臣蹇蹇"，終无尤也。

六二當位得中，上應九五，不私其身，涉己之難以濟君之難，非同德興王之臣不能至也。孟子曰："畜君何尤？畜君者，好君也。"夫蓄君之德，濟君之難，其志皆同，"无尤"宜矣。初六以往為蹇，六二以蹇蹇為无尤，蓋九五大人也，初六非見大人，則當止不止則失身；六二見大人，則當往不往則失君；此其所以異也。

九三：往蹇，来反。

《象》曰："往蹇，来反"，内喜之也。

蹇難之際，非見大人，則皆當止。故往、蹇之義皆同。"反"者，既往復反之辭。蹇自觀來，九三復反于内，故"内喜之"也。初二陰爻，故見剛反則喜之。伊川謂"反"猶《春秋》之言"歸"。九三之反，實歸也。

六四：往蹇，来連。

《象》曰："往蹇，来連"，當位實也。

馬氏以連為難，故輔嗣謂往來皆難。伊川曰：來則與下同志，衆所從附也。雍曰：往来皆蹇，何取當位？惟其來而能連在下之志，故曰"當位實"也。六四之位實，以接下為職，今得其實矣。

九五：大蹇。朋来。

《象》曰："大蹇。朋來"，以中節也。

君道居蹇則天下難矣，故云"大蹇"也。九五以中正之道致匪躬之臣，蓋所謂反求諸己而天下歸之者也，故曰"朋来"。大蹇朋來，所謂西南得朋之利也，故《彖》曰"蹇利西南，往得中也"。"以中節"者，以中自反，而致朋來也。

上六：往蹇，来碩。吉。利見大人。

《象》曰："往蹇，来碩"，志在内也。"利見大人"，以從貴也。

居難之極，難將革矣，猶能以往為戒，慎之至也，故有"來碩"之吉。"利見大人"者，以居難之極，志當濟難，徒謹失身之戒，則乖"正邦"之義矣，故利見九五之大人也。"志在内"者，謹失身之戒也。"以從貴"者，明得君之義也。内外兩盡其道，宜其"来碩"而"吉"矣。蹇自二至上五爻皆當位，故《彖》言"當位，貞吉"。其曰"来譽""来反""来連""来碩"者，碩，大也，反身修德至于盛大則至矣。譽則次之，反者衆之所喜，連則當其實而已。方險難之時，无悔、吝、凶、咎而有譽、反、連、碩，"无尤""中節"之得，斯其所以為智之事歟？

䷧ **坎下震上**

解：利西南。无所往，其来復。吉。有攸往，夙吉。

解者，難之解也。故動乎險中為屯，動乎險外為解。解與屯為内外，亦與蹇為反復。故蹇利西南而解亦利西南，雖止與動不同，其險難則相接跡矣。"復"者，来之漸也。難解之時，无所往而復于道；難作之際，速于往而緩難；各盡其宜，是以皆"吉"也。先言"无所往"而後言"有攸往"者，安不忘危之義也。亦猶先泰後否、先旣濟後未濟也。

《彖》曰：解，險以動，動而免乎險，解。解，"利西南"，往得衆也。"其来復。吉"，乃得中也。"有攸往，夙吉"，往有功也。天地解而雷雨作，雷雨作而百果草木皆甲坼。解之時大矣哉！

遇險而止者，才之不足也；遇險而動者，才之有餘也。以有餘之才，故能動而免乎險，所以為解也。"解利西南，往得衆"者，西南得朋之地也。得朋而動，乃能濟險，故蹇之"大蹇朋來"與解之"朋至斯孚"皆一道也。"其来復，吉，乃得中"者，險難既解而来復，不為太過，乃得中也。所謂"獲三狐而得黃矢"者也。"有攸往，夙吉，往有功"者，以有餘之才故往則有功，如"射隼于高墉之上"者也。夫有難則有解，解終復于難，故解緩之時，復存"夙吉"之義，亦"休否，其亡苞桑"之道也。解之道雖天地亦如之，天地之解以雷雨，故"百果草木皆甲坼"。然則豈止人難解散而已乎？故曰"解之時大矣哉"。王輔嗣曰：難解之時，非治難時，故不言"用"。體盡于解之名，无有幽隱，故不曰"義"。

《象》曰：雷雨作，解。君子以赦過宥罪。

雷雨之作，无間于大小美惡，皆解其難，此天地之所以為大也。聖人法天以解大難，亦无所不及，雖過失罪戾之人，亦有赦宥以緩之，是所以能盡解時之大，非私己自謀而已也。古者罪有寬宥而无赦，赦而釋之者，惟過失耳，此過、罪之不同也。故《康誥》言"人有小罪，非眚"，而曰"乃不可不殺"，謂罪也。"乃有大罪，非終"，而曰"時乃不可殺"，謂過也。觀解之象與《康誥》之言，可見先王用刑之意，"赦過宥罪"亦解之一耳，語盡解之大則未也。《彖》言解時之大，故《象》復明其小。

初六：无咎。

《象》曰：剛柔之際，義"无咎"也。

處解之初，以柔居剛，以陰應陽，得"无所往，其來復，吉"之義，故"无咎"也。其為无咎，蓋于剛柔之交際，盡其所處之道，理必无過矣。

九二：田獲三狐，得黃矢。貞吉。

《象》曰："九二，貞吉"，得中道也。

狐疑之喜，不足與有成，況難解之時乎？九二以剛陽之才，田而獲之，以去其害，然後中直之道可得，而守"貞吉"矣。狐，陰類也。解有三陰，故云"三狐"。黃，中也。矢，直也。

六三：負且乘，致寇至。貞吝。

《象》曰："負且乘"，亦可醜也。自我致戎，又誰咎也？

陽為君子，陰為小人。小人六也，負之事也。君子三也，乘之器也。居非其位，以負而乘，致寇之至，不亦宜乎？吝而固守，益可鄙也。凡來寇己者，皆曰"寇"，不必盜也。

九四：解而拇，朋至斯孚。

《象》曰："解而拇"，未當位也。

輔嗣以三為拇，伊川以初為拇。九四拘于應初，不知"朋至斯孚"之大，故必"解而拇"而後朋可至，此難之所以解也。

六五：君子維有解。吉。有孚于小人。

《象》曰："君子有解"，"小人"退也。

六五之君以柔居中，下應忠直之臣，无所不緩，故曰"維有解，吉"。不言所事，解之大者也。其解之至，"有孚于小人"者，不私己以解難，如天地雷雨无間于草木之微，是以小人亦信之而退安其分也。

上六：公用射隼于高墉之上，獲之。无不利。

《象》曰："公用射隼"，以解悖也。

六三負且乘，悖亂之道，隼之象也。"高墉"，三之位也。乘非負之所當乘，墉非隼之所當處，在三致戎，猶負乘在上。能"獲"，猶"射隼"也。夫以上六"解悖"之道，以獲六三負乘之醜，是以无不利也。

孔子曰："君子藏器于身，待時而動。"解悖有道，所謂"器"也。高墉之上，則其"時"也。

䷨ 兌下艮上

損：有孚。元吉。无咎。可貞。利有攸往。曷之用二簋，可用享。

名卦之義，以一損无復謂之"損"，損而復益謂之"益"。故二卦皆有損義，而其名則難同也。世以損有損下厚己之意，故以損為非美。然損善、損惡、損上、損下，損其過與不及，或損而為君子，或損而為小人，一治一亂，莫不有損之謂也。文王取損惡益善為言，孔子因之，至益則《彖》言"民說无疆"，然後知損亦有損下厚己之意也，聖人之旨深矣！損惡之至，至于"有孚"，是以"元吉，无咎"，有"可貞"之道，亦利于有行也。"曷之用二簋，可用享"，猶言"何必用多儀"，所以損其過也。且禮者，中也。過則為偽，不可謂之"禮"，是以可損也。禮以時為大，故損之時，雖二簋亦可用享，不以微薄廢禮也，與坎"樽酒，簋貳"同意。故《彖》曰"與時偕行"。

《彖》曰：損，損下益上，其道上行。損而"有孚。元吉。无咎。可貞。利有攸往。曷之用二簋，可用享"，二簋應有時。損剛益柔有時，損、益、盈、虛，與時偕行。

損自泰來，乾之九三損而成兌，坤之上六益而為艮。在卦之象，以剛變柔謂之"損"，以柔變剛謂之"益"，故曰"損下益上"。以義言之，則下流惡也，上善善也。損惡益善，則道日進，故卦言"利有攸往"而《彖》言"其道上行"也。或不知居尊之義，損天下以奉一人，則善日消而惡日長矣。迂儒方究多儀備物之享，不知損過復禮之義，則天下不勝其偽矣。伊川曰：享祀之禮，以誠敬為本。儀物所以飾其誠敬之心，飾過其誠則為偽矣。斯言盡之也。祀事在所損，則其他可知。"二簋應有時"者，當末俗繁文之世，二簋可享也；時方得禮之中，則二簋為不及矣。所謂"可用享"者，蓋欲著誠去偽，損其末節，寧儉之意也。可，僅辭也。非中禮之享也。“損剛”者，損乾之三也。“益柔”者，益坤之上也。“損剛益柔有時”者，亦猶二簋之享。剛亦有時而不可損也，故損益盈虛之道又有時焉，遇其時，則道與偕行矣。以此見聖人非固為損益，皆因其時而已。

《象》曰：山下有澤，損。君子以懲忿窒慾。

山澤言二卦之體。損之所以為損，《象》言“損下益上”而已。忿欲，小人之道也，惡之所積，偽之所生也。必先“懲忿窒欲”，以去小人之道，然後君子，所以為一損不復，而《繫辭》曰：“損，德之修也。”然欲者，平居无時不生，故直欲窒之。忿有時而作也，遇作之時，則懲之而已。

初九：已[①]事遄往。无咎。酌損之。

《象》曰：“已[②]事遄往”，尚合志也。

《繫辭》曰：“損先難而後易。”已事，謂畢先難之事也。“遄往”，後易也。以其道先難，故言之于初也。“已事遄往”則“无咎”，以明難事未已，往則咎矣。以《象》觀之，“損下”為先難之事也。以《象》觀之，“懲忿窒欲”為先難之事也。“酌損之”者，酌其宜而損之，過與不及皆非酌損也。《象》言“已事遄往，尚合志”者，蓋損下益上則其道上行，是以上合六四之志。顏淵問“克己復禮”，孔子告以“非禮勿視，非禮勿聽，非禮勿言，非禮勿動”，顏淵“請事斯語”。所謂“已事酌損”也，所謂“懲忿窒慾”也，所謂“先難”也，“修德”也，損之道如是而已。

九二：利貞。征凶。弗損益之。

---

① “已”，武英殿聚珍版本作“巳”。

② “已”，武英殿聚珍版本作“巳”。

《象》曰："九二，利貞"，中以為志也。

初能已事遄往，故二有可貞之道。可貞而言"征凶"者，三損于上，足以致益；二復損之，則過矣，故以征為凶而"弗損"也，弗損所以益德也。九二得中，故曰"中以為志"。

六三：三人行則損一人，一人行則得其友。

《象》曰："一人行"，"三"則疑也。

三人，三陽也。三陽彙征而損一人，謂六三之損也。"一人行"者，上九之行也。上九行而下，得六三為應，故云"得其友"也。以泰之乾、坤論之，則下，乾也；上，坤也；乾、坤交變，故《繫辭》言"天地絪緼"也。以三人、一人言之，則六三，兑女也；上九，艮男也；故《繫辭》言"男女搆精"也。"三則疑"者，損之成卦，由六三、上九之變得其友也。三爻雖皆應，而非艮、兑成卦之主，不可言得其友。故一人行則可，三則疑也。三陽盛極，必損之道，故于六三言此。

六四：損其疾，使遄有喜。无咎。

《象》曰："損其疾"，亦可"喜"也。

疾，害己者也。先損其害己者，然後"遄有喜"。猶"已事遄往"，皆先難後易之義也。先損其疾，至于遄有喜，是以"无咎"。初九、六四之辭略相類者，上下皆為損之初也。"亦可喜"者，能損其疾，雖未至于道之大成，已可喜矣。"意、必、固、我"，人之疾也，孔子絶之；"遷怒、貳過"，人之疾也，顏子去之；謂之"損其疾"者如此。故曰"損以遠害"。

六五：或益之十朋之龜，弗克違。元吉。

《象》曰："六五，元吉"，自上祐也。

當損之時，下損上益，故居尊之位，无不益也。"十朋之龜"，元龜也。益之至，豈獨人事而已？雖元龜之靈弗能違，此其所以"元吉"也。

《洪範》曰："汝則從，龜從，筮從，卿士從，庶民從。是之謂大同。"六五之"元吉"，猶《洪範》之"大同"也。"自上祐"者，所謂"天且弗違，而況于人乎？況于鬼神乎？"龜之弗違，鬼神從之也。先言"或益之"者，由人益之而言也。先儒皆以十朋為十龜，神龜、靈龜之屬，非也。大貝十朋之龜，謂元龜也。六五之辭與益之六二同者，損至六五，疑于益矣，又其反對之義同也。"或益之"，謂來益之不一，以見人從之多也。

上九：弗損益之。无咎。貞吉。利有攸往。得臣无家。

《象》曰："弗損益之"，大得志也。

"一人行而得其友"者，上九也。故"无咎"。"貞吉，利有攸往"，是由"損下益上，其道上行"之所致也。"得臣无家"者，天地、男女、君臣皆一象也，得臣即得友之義。"无家"者，致一之臣。《象》言"大得志"者，修德而至于"无咎，貞吉"，居上而"得臣无家"，在損之時大得志者，无踰于此矣。上九為損道之成，益且至矣。无家之臣謂六三也。損之道，五得其"元吉"，上得其"无咎、貞、利"也。

䷩ 震下巽上

益：利有攸往。利涉大川。

損、益實一道，相須以成德，有損而後有益，故聖人先求損，修德之序也。損而致益，損之得也；損而无益，損之失也。得則為善，為君子；失則為惡，為小人。此損之道有二也，益一而已。然損主止，益主動。止故"有孚，元吉，无咎"，而後"利有攸往"。益繼止以動，故"利有攸往"而"利涉大川"也。益象虛中，而上下二卦皆木，所以"利涉大川"。損、益之道相為終始，故二卦之辭其義相繼。

《彖》曰：益，損上益下，民說无疆。自上下下，其道大光。"利有攸往"，中正有慶。"利涉大川"，木道乃行。益動而巽，日進无疆。天施地生，其益无方。凡益之道，與時偕行。

益自否来，乾之九四損而成巽，坤之初六益而為震，是損上之四，益下之初也。“民說无疆”者，言其為君而厚下也。損不以君民為言者，蓋其所損，或善或惡，其道皆上行耳。損惡而上行，則德日進矣。損善而上行，是以自厚私己之道，故與益為異也。然自修德言之，則先損以遠害，後益以興利，是以“其道大光”也。“利有攸往”，言往而興利，是以中正之道益天下，斯天下有慶矣。“木道乃行”者，益之卦象與中孚相類，中孚之“利涉大川”，以“乘木舟虛”也；益之震、巽皆為木道，雖未若中孚之舟虛，亦木道行而利涉矣。神農氏“斲木為耜，揉木為耒，耒耨之利，以教天下；取諸益”者，亦木道之行也。“益動而巽”，則无盈滿之累，故“日進无疆”。顔淵“有若无，實若虛”“終日不違如愚”，所以“見其進，未見其止”也。孔子曰“益長裕而不設”，故益，裕道也。雖“天施地生，其益无方”，亦長裕不設之大者耳。聖人法天地，是以“中正有慶”也。損言“損益盈虛，與時偕行”，則并損、益言之。益言“凡益之道”，至是損為已事，則无損矣，惟有益而已。“與時偕行”，以言其日進而不已也。

《象》曰：風雷，益。君子以見善則遷，有過則改。

《子夏傳》曰：雷以動之，風以散之，萬物皆益也。故天施地生，所以益萬物者，莫盛于雷風也。損之《象》言“懲忿窒欲”，蓋言修德之始，務損去其惡也。其惡既損，則見善自遷矣。然猶曰“有過則改”者，非謂懲窒忿欲之未盡也，蓋遷善之際，猶或有失焉。有之，又當不憚改也。“過”謂過失耳，非若忿欲之為惡也。顔子“三月不違仁”，則亦有違矣；“不遠復”，則亦有未復之時矣；所謂“過”也。是以顔子克己之始于視、聽、言、動之非禮者，皆勿而絶之，所謂“懲忿窒欲”也。及其得一善則拳拳服膺而又弗失，所謂“見善則遷”也。有不善未嘗不知，知之未嘗復行，孔子以謂“殆庶幾”，所謂“有過則改”也。《論語》亦以“不遷怒，不貳過”言之。不遷怒，則所遷者善矣。故懲忿窒欲，始也；見善則遷，中也；有過則改，終也。知此則損、益之道盡矣。

初九：利用為大作。元吉。无咎。

《象》曰："元吉。无咎"，下不厚事也。

損為益之始，益為損之終，損益者終始之道也。在損之初，言當已事；至益之初，則遄往之時矣，故言"利用為大作"。而《繫辭》言"益以興利"，其義一也。自益之一卦言之，則初九為益之始；自損而至于益言之，則初九道已成矣，先難之事已矣。言乎得失則"元吉"，論其修德則"无咎"，當興利之初，故利為大作也。損、益二卦終始相通，故其辭意相接。損之上九曰"弗損益之，无咎，貞吉，利有攸往，得臣无家"，而《象》言"大得志"；益之初九言"利用為大作，元吉，无咎"，蓋所以終"利有攸往"之辭，亦知其大得志也。猶之卦辭，損自"有孚"終于"利有攸往"，而益之卦辭以"利有攸往"為始也。"下不厚事"者，益之初九非先難之時，故雖在下而不必厚于事，是以直以長裕之道大有為以益天下，自然"元吉，无咎"也。事如懲忿窒欲損惡之事，固當厚而不敢忽，然德既有成，當利澤天下，非厚事之時也。何以知其德之成，蓋方忿未懲、欲未窒之時，非獨无以致元吉，亦且未能補過而无咎矣。

六二：或益之十朋之龜，弗克違。永貞吉。王用享于帝。吉。

《象》曰："或益之"，自外來也。

損、益本一道，相須以相成。以二卦反對言之，則損之上，益之初；損之五，益之二也。故損上益初，其辭相屬；而損五益二，又大同矣。自損五之下，去益既遠，于益為不及；自益二之上，去損復遠，其辭為已過矣。六二柔順中正，人之所與，故"或益之十朋之龜，弗克違"也。"或"者，來益而不一之辭。損之六五曰"元吉"，自然之吉也。此曰"永貞吉"，久而有守，斯為吉也。君臣之道不同，故其吉亦異。"或益之"，人益之也。"十朋之龜弗克違"，鬼神益之也。"王用享于帝，吉"，天益之也。益象虛中而六二謙以居之，是以致益之多，天且弗違，況于人與鬼神乎？在謙之《象》言“天道益謙，鬼神福謙，人道好謙”，益之六二皆得之。伊川曰：人之為善，則千里之外應之。六二中正虛己，而益之者自外來是也。苟為不善，則千里之外違之。上九求益之極，擊之者自外来是也。

六三：益之用凶事。无咎。有孚。中行告公用圭。

《象》曰：“益用凶事”，固有之也。

六三居動之極，為益之過者。過于益下，雖不為凶，而用于患難之際，則得其宜而“无咎”也。“有孚，中行告公用圭”者，信以行之，貴于得中，而後可以告公用圭也。告公用圭，治世之禮也。益之過厚，用于患難則固有之，苟欲用之平世，非有孚以中道行則不可矣。此明時有不同，其用亦異也。伊川曰：凶事謂患難非常之事，然則孟子謂“拯民于水火”之時，又如《周官》行人有“賻補、賙委、槁禬、哀弔”之禮，皆是也。

六四：中行告公，從。利用為依遷國。

《象》曰：“告公從”，以益志也。

三、四失中，故皆以中行戒之。四非有為之地，居巽之下，不能自動以益人，故欲有行也，告公而已；欲遷國也，依人而已；不能自用也。“告公”者，以益天下之志告之也。

九五：有孚惠心。勿問。元吉。有孚惠我德。

《象》曰：“有孚惠心”，“勿問”之矣。“惠我德”，大得志也。

天下之能致益者，君也。而求其益者，天下之民也。“有孚惠心”，則所以致益者有至誠之道焉，此其所以“元吉”也。“有孚惠我德”，則天下之民求益而得益，至誠懷我之德矣，此其所以“大得志”也，益之道于是為至。損之上九言“大得志”，蓋自損得益而為得志也；此言大得志，蓋君有惠天下之志，至于天下信而懷其德，是為大得志之時也。孔子曰“老者安之，朋友信之，少者懷之”，九五之謂也。“勿問”者，“有孚惠心”无所擇也。猶《象》言“天施地生”而曰“无方”，《繫辭》言“益之長裕”而曰“不設”，皆无限極之意。

上九：莫益之，或擊之。立心勿恒。凶。

《象》曰：“莫益之”，偏辭也。“或擊之”，自外来也。

天下之理，高極者必危，滿極者必溢，是以益贊于禹曰：“滿招損，謙受益。”詩人美成王，言“能持盈守成”，則知盈滿之戒，古人深慎之也。益之上九，益道既極，其損將至，故“莫益之”。莫益之者，莫之與益也。莫之與益，則惟傷之者至，是以至于“或擊”也。夫以乾之健，猶有姤；以坤之順，猶有復；物之所不能免者。當是時也，戰戰兢兢，如臨深淵，如履薄冰，尚懼不免于擊，況“立心勿恒”之人乎？其凶宜矣。“偏辭”者，言“莫益之”之辭。謂一偏于求益不已，不知持滿之戒，故至于極而莫之與，是所以謂之“偏”也。持滿之道何如？孔子所謂“安其身，易其心，定其交”是也。且方益之時，天地人鬼无或不致益焉；及其極也，外来之擊斯亦衆矣。謙言“天道虧盈”“鬼神害盈”“人道惡盈”，益而至于盈，其害必至，與豐之上六“闃其户，閒其无人，三歳不覿，凶”其義皆同。

《郭氏傳家易說》卷五

宋 郭雍 撰

下經夬 姤 萃 升 困 井 革 鼎 震 艮 漸 歸妹

䷪乾下兌上

夬：揚于王庭，孚號有厲。告自邑，不利即戎。利有攸往。

以剛決柔，謂之“夬”。剛柔者，君子、小人之象也。小人之害君子也，以喜怒之私心，往往陰為之謀，以行譖害君子之去小人也。以天下之公義，是以暴揚于王庭，孚號其有自取危厲之道而決之也。以一柔而乘五剛，自危之道也。不能退聽以違之，是其可決也。“告自邑”者，始自王庭，孚號其有厲而決之，然後自邑國告之，及于四方，以見盡天下之公義也。夫威天下者，不以兵革之利，況君子決小人有道存焉，豈假威力以強之乎？是以“不利即戎”也。“利有攸往”者，乾道將復，雖君子不得自已往而決之，隨時之義也。此舜所以必先去四凶，然後天下可得而治矣。

《彖》曰：夬，決也，剛決柔也。健而說，決而和。“揚于王庭”，柔乘五剛也。“孚號有厲”，其危乃光也。“告自邑，不利即戎”，所尚乃窮也。“利有攸往”，剛長乃終也。

《彖》明剛決柔謂之“夬”，非剛決柔不名夬也。然有乾之健，故能決；有兌之說，故能和。小人既決，合天下之公義，故天下說而和，所謂“四罪而天下咸服”也。柔乘五剛，不得不正其罪，是所以必“揚于王庭”也。“其危乃光”者，明信宣布其所以自取危亡之道，則君子之公義乃明矣。“所尚乃窮”者，以威力為尚而不知有道存焉，適足以致小人之辭，是自窮之道也。“剛長乃終”者，五剛既盛，必復于乾而後已。柔不去則剛不長，剛不長非終道也；小人不去則君子之道不長，君子之道不長非君子之終也。剛長乃終，必決之義也。

《象》曰：澤上于天，夬。君子以施祿及下，居德則忌。

說萬物者莫說乎澤，今澤上于天，有必下之勢，在萬物有必說之理。君子法之，所以“施祿及下”，是不以富貴自有而與天下共之也。“施祿及下”者，君子之所以澤物也。“居德則忌”者，君子之所以處己也。所處在德，不踰法禁之中，躬己之厚也，子夏所謂“大德不踰閑”之義也。惟躬己厚，故可以澤物而天下說之矣。孔子曰：“修己以安百姓。”故人君未有不正心誠意修身而能治天下國家者也。或謂忌者，禁民為非也。夬之象以說下為主，无法禁之義。蓋夬之取名本于五剛一柔，卦《彖》論全卦六畫之象，故以剛決為主；而《象》則分兌與乾之二象論之，故以說下為主；是以其義不同也。輔嗣又以“則忌”為“明忌”，失之矣。忌猶自有忌憚之思，故亦通不踰法禁之意。謂之“居德”，則知在我自居之德也。

初九：壯于前趾，往不勝。為咎。

《象》曰：“不勝”而“往”，“咎”也。

四剛過中，已為大壯，況夬之五剛乎？故大壯初九曰“壯于趾”，而夬曰“壯于前趾”，則又欲速進其壯矣。然初九居剛長之初，力未能決，有必不勝之理，必“不勝而往”，其“咎”宜也。此復所以有“朋來，无咎”之義而夬之初九失之。

九二：惕號，莫夜有戎。勿恤。

《象》曰：“有戎。勿恤”，得中道也。

初九過于用剛，而不知“不勝”之“咎”。九二處中居陰，則无過焉，是以有兢慎戒不虞之義。"惕"，知懼也。"號"，明戒也。有備无患，故雖"莫夜有戎"，非所憂也。"得中道"者，以剛中自治而已，非如初九之過于用剛者也。大壯以初九、九三用壯，而二則"貞吉"，皆與夬同。惕號，鄭氏音"號令"之"號"。而作"呼號"者，非其義也。

九三：壯于頄。有凶。君子夬夬獨行，遇雨若濡，有慍。无咎。

《象》曰："君子夬夬"，終无咎也。

夬與大壯，內卦三爻相類，故初九、九三皆言"壯"。壯者，小人用剛之事，非大者之壯也。二卦九三皆具君子、小人二義，故大壯曰："小人用壯，君子用罔。"而此則曰"壯于頄，有凶，君子夬夬"是也。以小人用壯言之，則知壯于頄者，小人事也。頄，面顴也。上體也。三往用壯于上，而不知有時焉，是以"凶"也。君子之剛則異乎此，當可決之時則決之，君子之道也，是以九五之決，有"莧陸"之易。小人獨行用壯，雖遇雨之和，猶濡而有慍，況非和乎？故其為過，實自取之，无所歸咎也。唯君子明夬夬之義，則終无咎矣，故《象》言"終无咎"，非釋爻辭也，蓋言小人之有咎，不若君子終无咎也。九三雖用壯而上六為應，故有遇雨之象。"夬夬"者，上之夬夬，時也；下之夬夬，決也；得夬之時而後夬決也。大壯于"君子用罔"之下復言小人事，故曰"羝羊觸藩，羸其角"，此于"君子夬夬"之後言"獨行遇雨"，其義同也，皆言君子、小人者。九三之位有上下之義，然小人之歸者多矣，故聖人皆重明小人之戒也。胡安定以"君子夬夬"在"若濡有慍"之下，伊川以"獨行遇雨"在"君子夬夬"之上，皆以下有"无咎"二字，難釋。然義亦可通，不必疑也。至諸家非大失其意，則不明釋之，皆疑故也。案自"當可決之時"以下，原本脱落字句甚多，今據《大易粹言》校補。

九四：臀无膚，其行次且。牽羊。悔亡。聞言不信。

《象》曰："其行次且"，位不當也。"聞言不信"，聰不明也。

五剛之中，九四獨非中正之位，故為不明之象。蓋有因循苟安之心，且當三陽並進之時，己獨居其上則不得其安矣，故“臀无膚”。初无果敢有為之志，故“其行次且”，能自勉以從陽，亦可亡其悔矣。羊狠而无知，九四之象。“牽”如牽復之牽，勉強之意也。然有見善不明，聞言而不信者，其悔亦未能亡也。陽喜進而陰喜退，其位不當則進退不一，是以“次且”。君子聽思聰，故聞善言則信，九四不足以與此。

九五：莧陸夬夬中行。无咎。

《象》曰：“中行。无咎”，中未光也。

剛長至于五，所謂可決之時矣，君子于是決之，如決“莧陸”之易，无所用力焉，故曰“莧陸夬夬”也。初之“為咎”，三之“有凶”，皆非知時者也。九五得其時、得其位，用衆剛之力，有決之過，无不及焉，是以用“中行”之道則无咎，過則咎也。然九五尊位大中，居光宅天下之任，其道豈決小人而已哉？決小人，臣下之事也，雖得中道，亦未光也。未光有終光之義，能充其道則光矣。取象于莧、陸二物者，如言摧枯拉朽之易也。

上六：无號。終有凶。

《象》曰：“无號”之“凶”，終不可長也。

伊川曰：夬者，小人之道。消亡之時也，決去小人之道，豈盡誅之乎？使之變革，乃小人之道亡也，道亡乃其凶也。雍曰：上六之凶，適當五剛進決之時，不可苟免，故言“无號，終有凶”也。“不可長”者，又言終凶之速也。然號有哀號之意。卦有三“號”字，王氏以一為號令，二為號呼。或皆為號令字。獨伊川以二為號令，上六為號咷字，最為當理。

䷫ 巽下乾上

姤：女壯。勿用取女。

夬之一陰，將消之陰也。姤之一陰，方長之陰也。其陰雖同，所以為陰則異，故夬、姤卦象反對，其義正相反。夬以五剛為義，姤以一柔為義也。陰之方長，“女壯”之象也。自以一陰方長而陽道向消，无畏五剛之志，欲獨以一柔遇之，用壯之甚也，是以不可取也。觀一陽之復，猶曰“朋來无咎”；而姤以一陰之遇，不待得朋，是以知其壯也。陽至四、五而後言壯，姤一陰方長即為壯者，亦見君子、小人之情不同也。是以陽為君子，而陰為小人。

《彖》曰：姤，遇也，柔遇剛也。“勿用取女”，不可與長也。天地相遇，品物咸章也。剛遇中正，天下大行也。姤之時義大矣哉。

以柔遇剛，謂之“姤”。遇之為事，天地萬物不能无也。无則萬物不生，教化不成，故地之遇天，臣之遇君主，于一則可，而以一遇五則不可也。遇不主于一，豈長从之道哉？故貞女不從二夫，忠臣不事二君，是以姤之女壯，勿用取也。卦辭止于“女壯，勿用取女”而已，聖人懼學者止以女子之道而言姤，故極天地、明教化而言其義之大也。天地不相遇則萬物不章，剛為天，柔為地也。剛中之臣非得中正之君，則教化不能盛行，姤之時義其大如此。《彖》辭前言姤之象，後明姤之德。剛得中正，謂五也。

《象》曰：天下有風，姤。后以施命誥四方。

天下風行，无物不遇，后王法之，可以“施命誥四方”。夫姤之道最為難用，聖人用于“施命誥四方”之際，所謂善用《易》之道者矣，非聖人明之，則姤道廢矣。伊川曰：《象》稱先王者，先王所以立法制，若建國、作樂、省方、勅法、閉關、育物、享帝皆是也。稱后者，后王所為也，財成天地之道，施命誥四方是也。君子則上下之通稱，大人則王公之通稱。雍竊謂先王，王者之事；后則凡有君道者皆同之。君子、大人，通上下有德之稱，大人則又德之大者耳。故雖匹夫亦可為君子、大人，顏淵、柳下惠是也。

初六：繫于金柅。貞吉。有攸往，見凶。羸豕。孚。蹢躅。

《象》曰：“繫于金柅”，柔道牽也。

陰之始生，雖有方長之漸，而柔弱未可有行，故利在堅固自制，繫而不動，以待其時，斯可矣。“柅”，止車之物也。能以固止，為貞則吉。“有攸往”，則“見凶”也。苟不能堅固自制以待時，譬如“羸豕”躁動，信能“蹢躅”而已，安能有為、有行哉？動而不能有為、有行，徒有見凶之患，所謂“非徒無益，而又害之”者，是以必“繫于金柅”，不動可也。柔道不能獨立，初六之繫，蓋為柔道所牽耳。夫遇有必動之理，而初居不可動之勢，以見遇之初，猶將有待也。

九二：包有魚。无咎。不利賓。

《象》曰：“包有魚”，義不及賓也。

初六以陰居下，魚之象也，九二包而有之，得相遇之道，故“无咎”。初當應四，疑九二之“包有”為非，蓋姤遇之時，遇為先也，是以言“包有魚，无咎”也。“賓”者，外來之陰也。初六之陰，二能包之；二陰之來，不能包也，故九二不利賓之來也。不利其來者，以義不能包及二陰故也。且初六柔道方長，必有繼來之陰，三、四尚遠，二當先遇，故言“不利賓”也。惟其不能包有二陰，故賓之繼來，則九二退而成遯。時運已化，姤遇之道息矣。

九三：臀无膚，其行次且。厲。无大咎。

《象》曰：“其行次且”，行未牽也。

九三，不能安其位者也。當遇之時，无遇之位，可以止矣。當止不止，是以至于“臀无膚，其行次且”也，至是則危矣。且初六得遇之位，以柔道不能獨立，苟不能自制以有待，亦有“羸豕蹢躅”之患，況九三非遇之位，其危宜矣。二之遇四之應，為有其事也。无事而行，九三也。“无膚”“次且”之“厲”，本非九三所有，蓋未嘗牽勉而妄行焉，是以至此。然“无大咎”者，三居二、四之間，雖行不能越二剛，終无妄遇之事，故亦无大咎。夬之九四辭相類者，夬、姤三、四，反對之爻也。與損、益二、五同。

九四：包无魚。起凶。

《象》曰："无魚"之"凶"，遠民也。

四與初應，為有魚也。當姤遇之時，初六見九二而先遇焉，是九四失其正應，故言"无魚"也。夫得道者多助，失道者寡助，寡助之至，親戚畔之，此"无魚"所以"起凶"，蓋言凶之起自无魚始矣。魚，民象也。為君而不得其民，能无凶乎？四之與初非遠也，而曰"遠民"者，視二為遠耳。他卦正應有間，多為終吉，獨姤之時，以遇為急故也。

九五：以杞包瓜。含章，有隕自天。

《象》曰："九五，含章"，中正也。"有隕自天"，志不舍命也。

九五尊位中正，為道甚大，其為遇也，宜異夫在下包茅之微，故言"以杞包瓜"也。杞，大木也，人君之象也。瓜，緜緜相繼之實也，民象也。高其木，大其蔭，緜緜之屬託其本而有生焉，是其為包也大矣。"含章"，九五之德也。"有隕自天"，志惟天命之遇也。"志不舍命"，循天之理也。"以杞包瓜"，則盡養民之道。"有隕自天"，則无妄遇之災。是其所以為含章之美也。含章，非含而不發也，内有含章之美，故見于外者如此。

上九：姤其角。吝。无咎。

《象》曰：姤其角，上窮"吝"也。

居姤之終，不知道之變，道既上窮，猶欲遇焉，是其所以"吝"也。"无咎"者，姤以妄遇，則有凶。上九既不遇于君，又進則无所遇，非能得无咎之道，幸而居无咎之位耳。與九三"无大咎"同義。

䷬ 坤下兑上

萃：亨，王假有廟。利見大人。亨。利貞。用大牲。吉。利有攸往。

萃聚之世，既庶既富之時也，故萃有亨之道。孔子曰："既富矣，又何加焉？曰：教之。"聖人設教必于富庶之後，而設教之道莫先于孝享，以為天下先，故觀之"神道設教"，亦必以"盥而不薦"為首，與萃之時"王假有廟，致孝享"之意同。"利見大人，亨"者，天下萬物萃聚之時，主之者不得其道，則亂由以生，故非見大人，則萃不能亨也。大人為道之大，足以容民畜衆者也，所以"利見大人"者，"利貞"故也，正故能亨，不正則不亨矣。始言"萃亨，王假有廟"，統言之也；自"利見大人"下，詳言其事也。見大人則正，正則得主萃之道，故天下可以用大牲而致孝享。因萃之盛足以有為，是以"利有攸往"矣。由是觀之，萃非大人，適足以致亂也，故卦辭先言萃有亨之道，而後言見大人則亨也。

《彖》曰：萃，聚也。順以說，剛中而應，故聚也。"王假有廟"，致孝享也。"利見大人。亨"，聚以正也。"用大牲。吉。利有攸往"，順天命也。觀其所聚，而天地萬物之情可見矣。

其道不順，其情不說，則无萃聚之理。"剛中而應"，九五也，萃之主也。非剛則不能為衆聚之主，非中則不可為主，苟无其應，又不能為之主也。是以"順以說"為物聚之理，"剛中而應"為能聚之道。"致孝享"者，嘉會之時，禮在所先也。萃之致孝享，亦以身化天下也。"聚以正"者，見大人則聚以正道，非大人則聚以不正之道，故大人所以為時利見也。"用大牲吉，利有攸往"者，因時而可有為也。時則所謂"天命"也，當可為而為，所以"順天命"也。然天地萬物之情，所以聚者不過順說而已，其道不順，則無由以聚；其情不說，亦不能聚矣。故天地萬物之情既不過順說，是以《彖》言"可見"也。

《象》曰：澤上于地，萃。君子以除戎器戒不虞。

澤聚于地，萃之象也。然天下之理，順極者必逆，說極者必怨，聚極者必散，乖爭陵犯，莫不由此以生，所以萃之時君子豫為之防，"除戎器”而“戒不虞”也。除，謂除弊惡而新之。

初六：有孚不終，乃亂乃萃。若號，一握為笑。勿恤。往无咎。

《象》曰：“乃亂乃萃”，其志亂也。

初與四為正應，誠信之應也。而初六捨應從類，不終其道，乃惑亂相聚，非聚以正之道也，雖有“一握為笑”之暫，何可長也？故必勿恤其類，往從正應以終，“有孚”則“无咎”矣。何以知初六之不終？蓋陰柔不能有立，當萃之時，見其類則必聚，今二陰在上，故知其捨應從類也。“其志亂”者，其志惑于其類而失應，故云“亂”也。

六二：引吉。无咎。孚乃利用禴。

《象》曰：“引吉。无咎”，中未變也。

二雖陰柔，而有中正之德，猶牽于羣類，不能自達，必九五引而後應，以見柔之不能盡萃聚之道也。應而得吉，吉乃“无咎”，則得聚之道矣。得聚之道，則既庶既富，是以可薦誠而用禴也。禴祭簡薄，以誠為主，苟誠不至則不可以禴，故以孚先之。“中未變”者，柔道好從而易變，如初六捨[1]應從類是也。二之所以“引吉”，蓋以得中，故未變也。二以用禴，故知得萃之道。初之“乃亂乃萃”，知其失矣。

六三：萃如，嗟如。无攸利。往无咎。小吝。

《象》曰：“往无咎”，上巽也。

三以其類在下，常失所聚，故有“嗟如”之歎。无應无類，何所利乎？然與其上无應而下失初、二，不若往從上六，雖非正應，而萃之時或復以同類而可聚也，是以“无咎”。然求之非其道，能无“吝”乎？“上巽”者，以上六有柔巽之德，故有可往而從之之理也。

---

① “捨”，武英殿聚珍版本作“改”。

九四：大吉。无咎。

《象》曰："大吉。无咎"，位不當也。

九四之言"大吉，无咎"，道之至美者也，而注釋之家皆反其意，未以為美，故伊川亦以《象》言"位不當"，疑其所為未能盡善，故云必得"大吉"然後"无咎"也。且以卦爻觀之，萃之六爻獨有二陽下皆有應，四又上比于君，得其所聚，莫吉于斯，故言"大吉，无咎"也。"位不當"者，四得上下之聚，有大君之象，而位非君位，不充其德，故言"不當"也。以萃聚而得吉之大，固其所宜，而又曰"无咎"者，以臣而有君聚之象，其位不當，疑于有咎故也。萃之成卦在九四，故為萃之主。與豫之九四同。

九五：萃有位。无咎。匪孚。元、永貞。悔亡。

《象》曰："萃有位"，志未光也。

居萃之時，得位之當者，九五而已。然有其位，斯有其事，主天下之萃，則其事也。能充其道，故為大人；不能充其道，則僅有其位，无過亦幸矣。湯之"克寬克仁，彰信兆民"，豈"有位无咎"而已哉？故九五為"匪孚"也。匪孚者，未能大信于天下也。不能信于天下，則將有悔矣，惟"元永貞"可以无悔。元者，盡君長之道也。永，可久也。貞，正也。得位而孚，充是三者之道，則大君之能事畢矣，湯文是也。得位而匪孚，未能信于天下，故特"悔亡"而已，此《象》所以言"志未光"也。九五宜能充其道而爻象弗與何哉？蓋九四下比羣陰，非其位而有其道矣。萃聚之權，獨在九四，凡以九五未能孚于天下故也，此爻辭弗與之義也。必曰"萃有位"，又見徒有其位而已，所以甚言无其道也。然九四"大吉，无咎"而《象》曰"位不當"，九五"萃有位"而《象》曰"志未光"者，以見九四得萃聚之道而无君位可行，九五雖有君位而其志未光大也。

上六：齎咨涕洟。无咎。

《象》曰："齎咨涕洟"，未安上也。

衆陰可與之聚，則遠而在下；二陽可從之而聚，而己獨乘之；當萃之時，失其所聚者，上六也，故有"齎咨涕洟"之象。然能齎咨涕洟，不敢自安于上，猶為知懼之人，故雖失其所聚，亦"无咎"矣。

䷭ **巽下坤上**

升：元亨。用見大人。勿恤。南征吉。

天地萬物皆有升，在人則位之升謂之升，德之升亦升也。升位則足以行道，升德則足以進道，是以"元亨"之理在焉。升位而見大人，故无附麗小人之失；升德而見大人，則日入于君子之塗；故"用見大人"可以无憂而有慶也。南為明方，陽之位也，君之所也，君子之類也，故南征无不吉也。惟見大人，故可"勿恤"，則害己者去而无憂矣，故可至"南征"。南征，斯无不吉，蓋升之有序如此。

《彖》曰：柔以時升，巽而順，剛中而應，是以大"亨"，"用見大人。勿恤"，有慶也。"南征吉"，志行也。

柔道不升則沈潛，无以自達其德與位，日入于卑汙陷溺之域，故《書》謂"沈潛剛克"者，亦"柔以時升"之義也。升以坤、巽成卦，二陰相附，其體難升，故必須時而後可升焉。巽有入之道，坤有順之義，二、五剛中而應，故可升而"大亨"也。"用見大人，勿恤"者，見大人則在己者无憂，在己无憂則害己者去矣。位日可進，德日可成，故為"有慶"之漸。慶者，澤加于民，天下之慶也。然則"南征"，則志无不行明矣。

《象》曰：地中生木，升。君子以順德，積小以高大。

萬物之升，其象則皆如"地中生木"也。自毫末以至合抱，人皆見其升之之迹者，以"順""積"而致之耳。順則不逆於德，積則為之有漸，故能升而不已，以極高大。不然則逆德暴行，未能升而困及之矣。

初六：允升。大吉。

《象》曰："允升。大吉"，上合志也。

初六居衆爻之下，沈滯而難升者。能自信之篤，確然不移，終自拔于沈滯之中，故言"允升"而致"大吉"也。"上合志"者，二、三之陽其升為易。初六能上合九二、九三之志，與之同體而升，所謂"用見大人，勿恤"者也，故无沈滯難升之害焉。

九二：孚乃利用禴。无咎。

《象》曰："九二"之"孚"，有喜也。

《書》曰"沈潛剛克"，故升之道亦以剛中而應而後大亨，九二是也。九二能以誠信之道"孚"于上下，其進而"有喜"，不亦宜乎？必曰"利用禴"者，事天地鬼神與事君一道也。禴祭簡薄，惟以誠為主。苟有誠信，雖天地鬼神无嫌于簡薄，況人道乎？是以"无咎"。

九三：升虛邑。

《象》曰："升虛邑"，无所疑也。

自下而升至于三，其來不可禦也，況有剛陽之才，足以自致乎？是以如升无人之"虛邑"，其行"无所疑"矣。

六四：王用亨于岐山。吉。无咎。

《象》曰："王用亨于岐山"，順事也。

孟子言太王"邑于岐山之下居焉"，又曰"昔者文王之治岐也"，則"岐山"為太王、文王之所治也。太王、文王其道皆亨，是以"吉"且"无咎"。然所以亨者无他，順事而已。觀其狄人侵則事之，欲土地則去之，又曰"不以其所以養人者害人"，此太王之順也。故邠人從之如歸市，而肇基王迹，所謂"亨""吉"而"无咎"矣。文王三分天下有其二，以服事殷，文王之順也。故二老來歸而天下歸之，光于四方，顯于西土，所謂“亨”“吉”而“无咎”矣。謂之“順事”不亦宜乎？升之道以“順”“積”為主，獨六四得之。

六五：貞吉。升階。

《象》曰：“貞吉。升階”，大得志也。

升之道在上為易，在下為難。在上以順而可升，在下必有剛德而後可升焉。故六五之升，獨无所事，以貞自守，不失其吉。如歷階而升，有進无退，況九二以剛中而應之，其“大得志”宜矣。

上六：冥升。利于不息之貞。

《象》曰：“冥升”在上，消不富也。

在下升之難，故初六必合陽剛之志而後可升；在上升之易，故上六有“冥升”不知止之辭焉。“利于不息之貞”者，冥升于祿位則失知止之戒，茍能知止[①]不息，以進于道，其為利貞孰大于是？“消不富”者，冥升不已，則極于升而困矣。困則消至焉，是以不富。蓋冥升不已為消之漸，而在消息之理，息則富而消則不富故也。《易》于坤體多言不富者，陰道常乏也，泰之六四、謙之六五皆是也。

䷮ **坎下兌上**

困：亨。貞大人吉。无咎。有言不信。

天下之時不同，而所以處之之道不能一也。困為難處之時，惟君子反諸其身以修德，不繫于困否，故不失其亨也。大人之貞，寬裕有容如天地，然何物足以困之？是以“吉”而“无咎”。以見小人匪正，不能處困而凶咎必至也。處困尚德而不尚言，雖君子之言人亦未之信，況衆人乎？

① “止”，武英殿聚珍版本作“强”。

《彖》曰：困，剛揜也。險以說，困而不失其所，“亨”，其唯君子乎？“貞大人吉”，以剛中也。“有言不信”，尚口乃窮也。

困之所以成卦，以剛揜于陰不能自伸，故為困也。險陷而能說，不失其所亨之道，人之難能也，故惟君子能之。君子亦大人也，言其成德曰“君子”，語其德之大則曰“大人”。大人以貞而吉者，有“剛中”之德也。“尚口乃窮”者，君子有德則以德濟身，尚德也。小人无德則以利口辯辭濟其身，故云“尚口”也。尚德則不失其所亨，尚口則終窮矣，孔子曰：“君子固窮，小人窮斯濫矣。”君子、小人惟困乃見，故《繫辭》曰：“困，德之辨也。”

《象》曰：澤无水，困。君子以致命遂志。

澤、水一物也。語其為功利之名，曰“澤”。論其為功利之物，則曰“水”也。澤必資水而利萬物，“澤无水”則“困”，而无以資物矣。君子得位而後能澤加于民，无位則困而窮處矣。君子，知命者也，當其困也，豈復怨天尤人哉？一歸之天命而已。故孔子曰：“道之將行也與？命也。道之將廢也與？命也。”而孟子則曰：“行止，非人所能也，吾之不遇魯侯，天也。”則孔孟之困，皆致之天命而无怨也。“遂志”者，君子所志者道，道不以困窮而變。窮亦是道也，通亦是道也，故孔子曰：“用之則行，舍之則藏。”遂志也。孟子曰：“窮則獨善其身，達則兼善天下。”亦遂志也。遂志，是以不失其所亨也。

初六：臀困于株木。入于幽谷，三歲不覿。

《象》曰：“入于幽谷”，幽不明也。

臀困內，自困也；困于株木，外困于物也。處困之初，內不能自安，外不能有行，內外皆困，而欲以柔濟之，則困益甚矣，是以“入于幽谷，三歲不覿”也。“幽谷”，不明之所。愈不能自安，至于三歲之久，无所見焉，又不若困于株木之有物也。既困于株木，而處之非其道，故有“入于幽谷，三歲不覿”之象。雖九四為應，方且自困不能庇初，故如株木不能庇物也。然則處困之道何如？惟修德以“致命遂志”而已。凡卦之初居下體之下，故為臀、為趾、為拇、為尾，皆一象也。

九二：困于酒食。朱紱方來，利用享祀。征凶。无咎。

《象》曰：“困于酒食”，中有慶也。

《彖》曰：“困，剛揜也。”謂九二之剛揜于二陰，所以為“困”，非止三之揜二也。然九二剛中之大人，困而不失其所亨者，特君臣未遇，天祿未食，君子困于家食之際，无飲食宴樂之奉而已，其道不可得而困也。“朱紱”，王者之象。九五之君方將以同德而來求，則困于酒食，非所患矣。“利用享祀”者，天下之至難致者，君之求；至難通者，鬼神之德；而九二剛中之德，至誠感物，故无或不通。以之待君之求，則朱紱方來；以之交鬼神，則利用享祀；是其至誠之道无所感而不通也。苟不知是道而欲妄進以求用，則先自失其所亨，凶之道也。“中有慶”者，大人以道自任，豈以口腹酒食為困哉？蓋酒食以見君臣相遇交際之道，不得乎此，雖如伊尹樂堯舜之道，不過老死莘野而已，終无享天心、革夏正之事也。是知酒食之間有天下之大慶存焉，故需卦于九五言“需于酒食”，而詩人于《鹿鳴》言“燕樂”，蓋一義也。

六三：困于石，據于蒺藜。入于其宮，不見其妻。凶。

《象》曰：“據于蒺藜”，乘剛也。“入于其宮，不見其妻”，不祥也。

石之為物，堅不可犯，知不可犯而不犯，則无困焉；知不可犯而犯之，是以遇困也。六三之柔不能以柔道自安，反欲用剛上干二陽，“困于石”也。下乘九二之剛，“據于蒺藜”也。“宮”者，自安之所也。“妻”者，所安之主也。以進則非所困而困，以退則非所據而據，上下失自安之道，雖有宮有妻，將皆失之矣，是以“凶”也。《象》曰“不祥”也者，其不能自安，則不善之幾也。至于“不見其妻”，則不善之明應也。故知處困而不自安，終必至于名辱身危，死期將至，而後不祥之效終焉。至于不能保妻子，則他人可知矣。

九四：來徐徐，困于金車。吝。有終。

《象》曰："來徐徐"，志在下也。雖不當位，有與也。

當困之時，以陰求陽者，无他焉，求濟而已。初六之困甚矣，而九四正應不能以濟者，以九二剛中在下，力足以有濟，而初六近而可從也，故有"金車"之象焉。金有堅剛之象，車有積中之德，謂九二也。"來徐徐"者，初六既從二，而于九四之應則徐徐其來也。當困之時，九二得濟難之權，四不當位，非其敵也，故不能濟初之急，而致徐徐其來也。不能濟初之急，是困于九二之權也，困于九二而未能應初，"吝"也。雖吝而"有終"者，正道終復而應也。故初六言"三歲"，以見雖久而有期，非若終凶者也，與九四"有終"之義相符。《象》曰"志在下"者，彼雖徐徐其來，而四則未有忘初之志也。有與者，雖不當濟困之事，以初六正應，而有當與之道也。

九五：劓刖，困于赤紱。乃徐有說，利用祭祀。

《象》曰："劓刖"，志未得也。"乃徐有說"，以中直也。"利用祭祀"，受福也。

困之象，上下皆揜于陰。在常人處之，受其困而已；在有為之君，必思所以去之，是亦有用刑之象。"劓刖"者，上下皆刑之也。刑小人而去之，所以進君子，故九五"劓刖"，以困于赤紱故也。"赤紱"，君子之服也。病君子之不進，故刑及小人也。君子進，則善者勸而不仁者遠，何困之有？且君子難進易退，不求而致之，不可得也。故九五患赤紱之不進，而九二有"朱紱方來"之辭，以見九五之求之也。九二中直之臣，至而後有說，故曰"乃徐有說"。必曰"紱"者，紱，蔽膝也。與黃裳之義，同取其謙下之道也。朱紱，君也。赤紱，臣也。九二以謙而不敢自進，九五以謙而下求之，故皆曰"紱"也。君臣相與，至誠而已，其道雖鬼神可交，況人乎？故以九二事君之道用于享祀，則"利用享祀"矣；以九五下賢之道用于祭祀，則"利用祭祀"矣。此亦見其君臣同于至誠之德，用于人、用于神皆可也，如是則天下其有不治者哉？“志未得”者，非樂于用刑也，君子未進，人君志未得之，初不得已而用之也。“受福”者，與孔子“祭則受福”之義同。蓋是道也，用于君子則必得賢，用于鬼神則必受福，人神雖不同，其交感之道則一而已。

上六：困于葛藟，于臲卼。曰動悔有悔。征吉。

《象》曰：“困于葛藟”，未當也。“動悔有悔”，吉行也。

上六以柔居困之極，不能脫困，有葛藟纏糾之象，復欲安而居之，又甚危不可安也。是處困之不能退、不能遂者，故曰“困于葛藟，于臲卼”也。曰“動悔有悔”者，畏懦之過。徒知悔吝生乎動，不敢動乎悔中，如是則必有悔至。不知當困之極，征而脫困則吉，是未可與權之士也。“未當”者，處困之道未當也。“吉行”者，謂悔雖生乎動，而困之上六吉，在于行時有不得同也。此爻蓋聖人明處困失時之戒。

䷯ 巽下坎上

井：改邑不改井。无喪无得。往來井，井汔至。亦未繘井，羸其瓶。凶。

井之為物，水在下也，今坎水居上而為井者，水在下則未用，在上則出而有功，乃能盡井之義，故卦辭合德與用言之。“改邑不改井，无喪无得，往來井井”，皆井之德也。“汔至，亦未繘井，羸其瓶，凶”，言井之用也。井言其凶者，以見雖有德而不及用，非井也。《中庸》曰：“天命之謂性，率性之謂道，修道之謂教。”又曰：“能盡其性，則能盡人之性。”又曰：“誠者，非自成己而已也，所以成物也。”故《中庸》之言皆終于用，盡井之義，則中庸之道得矣。然卦辭不言其功獨言其凶者，蓋深以不克終其功為戒也，能終其功，則吉可知，亦猶《中庸》言“人皆曰予知，擇乎中庸，而不能期月守”之謂也。井字本取井榦之象，而井田又取井字之象，故卦名非井田之義。“改邑不改井”者，邑有變而井无變故也。取之不能竭，勿取不能盈，故“无喪无得”。“往”者，謂已應而往者也；“來”者，謂方來而應之者也。往者以此，來者以此，雖應物无窮而其德未嘗改也。幾至未盡綆而“羸其瓶”，與无井德者何以異？是以“凶”也，能克終其用則无凶矣。孟子曰：“掘井九仞而不及泉，猶為棄井也。”此論適與井之義同，是以聖人貴夫有用而中庸之德為至焉。

《彖》曰：巽乎水而上水，井。井養而不窮也。“改邑不改井”，乃以剛中也。“汔至。亦未繘井”，未有功也。“羸其瓶”，是以“凶”也。

順入水性而能上水，是之謂“井”。蓋井以靜為德，以動為功。動而出，故能致養于无窮；不能動，出特止水而已，非井之義也。由是言之，則井之道，其猶人之性乎？人性本靜，及其盡之也，又足以盡人盡物，而至于參天地賛化育。井之德亦本靜，及其出而應物，則致養而不窮。故《中庸》自天命之性至修道之教而後其道終，井自其德以及于有用而其道亦終焉。“改邑不改井”，剛中之德也。“汔至，亦未繘井”，未有致養之功，功用未成而羸其瓶，非“凶”而何？不言“无喪无得，往來井井”者何？蓋皆繫乎剛中之德，聖人舉一以明之耳。

《象》曰：木上有水，井。君子以勞民勸相。

飢渴之害甚矣，人能无飢渴之害者，井養之功也。民之勞苦亦甚矣，使民忘其勞而服田力穡者，君子“勞民勸相”之道也。勞民勸相之道无他焉，盡其性以安之而已，因其性以利導之而已，皆所以致養也。故勞民勸相可以配井之功用，則井之功用博矣！

初六：井泥不食，舊井无禽。

《象》曰：“井泥不食”，下也。“舊井无禽”，時舍也。

井泥，在下之物也。井以潔而食，泥則汙穢不食矣。“舊井无禽”，汙穢也。禽尚不至，況人乎？初六知守下而不知動出之功，故為“時舍”也。亦猶人之性不能自修，偽惡日生則性失矣，安能有及物之功乎？

九二：井谷射鮒，甕敝漏。

《象》曰："井谷射鮒"，无與也。

巽之性順而入，不能自舉以趨有用之地，故九二亦失井之道，而莫見其功也。井以上出為功，不能動而上，反如谷水旁流，足以射鮒，不足以養人，其德既非美矣。語其用，則甕且敝漏，雖有動出之名而无上水之實，是以為衆所不與也。"敝漏"近於"羸瓶"，"无與"近于"時舍"，若是者安知有用之大乎？許氏云："甕，汲瓶也。"

九三：井渫不食，為我心惻。可用汲，王明，並受其福。

《象》曰："井渫不食"，行惻也。求"王明"，受福也。

知井以上出為用，而能自治以待用者，九三是也。渫治之而不食，則不見知者衆也。不見知者衆，故有知之者"為我心惻"也。心惻，傷之也。傷其"可用汲"而不食也。猶之修德之士不見用者，王不知之也。王不知之，王之不明也。王明則達而兼善天下，而天下受其福矣。《象》言"井渫不食，行惻"也者，葢言渫治而不見用，其行可傷惻也。爻言"王明"而《象》言"求王明"者，君子難進易退，葢求明王而事之也。故古之人有非其君不事者，所以求王明也欲見。爻言"王明"，為九三之未遇，故曰"求王明"也。

六四：井甃。无咎。

《象》曰："井甃。无咎"，修井也。

九三有其才而未得其時，故有"求王明"之辭。六四近中正之君，非无其時矣，而其才不能濟物，足以自修而已，故有"井甃"之象焉。雖不能濟物，苟能自修則"无咎"矣，未為失也。《易》之言"无咎"，于有疑之爻多言之。其不言者，或明見其无咎，或明知其有咎。如井之初六、九二雖未至凶，皆有咎之爻也。九三雖未吉，知其无咎矣。六四之才疑于有咎，故明言"无咎"以別之。聖人之意或見于有言，或見于无言，是以人難得之也。

九五：井洌，寒泉食。

《象》曰："寒泉"之"食"，中正也。

九五剛健中正，才德與位兼得之，井道莫善于斯，故言"井洌，寒泉食"也。洌，潔也。寒者，水之性也。寒泉既不失其性，又修潔之，食之美者莫善于斯，猶人能自修，不失其性則德全矣。天命之性初未失也，皆以不中不正則失之，其能自修使不失其性者，无他焉，"中正"而已。"寒泉之食"亦猶是也。然言"洌"又言"寒"者，"洌"言井之修潔，主人事而言也。"寒"言泉有自然之性，主天理而言也。人事，學也。天理，命也。兩得之斯為至矣。《繫辭》論九卦皆言"德"，德未有不能修性而得者，此井之道所以與性通也。

上六：井收勿幕。有孚。元吉。

《象》曰："元吉"在上，大成也。

井无他道，特以上出為功用耳，故至上六為功用大成而"元吉"也。收者，功之成也。勿以功成而遂吝其博施濟衆之德，故云"勿幕"。戒其勿幕，所以終井道也。其功既成，其施愈博，天下信之，是以"元吉"。《象》言"元吉在上"者，非上六之元吉也，井道至上而大成，盡元吉之道也。

䷰ 離下兌上

革：已①日乃孚。元亨。利貞。悔亡。

甚哉，革道之難也！天下之事不和則革，和則无革，是革之繫乎時者也。聖人以道論之，乖于道則革，不乖于道則不革，是革又繫乎聖人也。然方革之初，固不能使天下之盡信，俟其盡信，則失時矣。故聖人觀當革之時，盡其在我所以革之之道，雖衆所未孚，革已則其孚必矣，

① "已"，武英殿聚珍版本同。

蓋得革之道故也。故卦辭首言“已日乃孚”，以明革道之難也。革道如之何?“元亨利貞”是也。元亨利貞，天德也，无欲也。革之而不失天德，是可革也，故革之。而當已日可孚，其悔亦亡矣。革之而失天德，是不可革也。不可革而革，則革之不當，已日不孚，必有大咎，不止于其悔不亡而已。“悔亡”者，凡欲革者皆有悔，是以革之當，則能亡其悔也。

《彖》曰：革，水火相息，二女同居，其志不相得，曰“革”。“已[①]日乃孚”，革而信之。文明以說，大“亨”以正，革而當，其“悔”乃“亡”。天地革而四時成，湯武革命，順乎天而應乎人。革之時大矣哉!

息，滅也。非生息也。水火之性，以勝相滅，然有相違者，則不息也。不幸如二女同居而不能相違，其志復不相得，則必革而息矣。“已日乃孚”，言革而後信之也。“文明以說，大亨以正”，然後“革而當，其悔乃亡”。非“文明以說，大亨以正”，則知其革必不當，其悔不能亡矣。“文明”，故見于未革之先。“說”，故孚于已革之後。“大亨”，故能終革之道。“正”，故能明革之公。以是為當而悔亡，則革之道其難矣哉！然天地尚有革而不能廢，況人道乎?此湯武革命所以不能自已也。惟順天，故“元亨利貞”。惟應人，故“已日乃孚”。上乃順天，下能應人，故“悔亡”。能此則為湯武，不能此是簒也。且桀紂之君，上則得罪于天，下則結怨于民；湯武知當革之時，盡所以革之之道，以順天應人而已，曾无私欲焉，此革之道也。是以革通天道，非止人事改更而已，故曰：“大矣哉!”

《象》曰：澤中有火，革。君子以治歷明時。

革，天道也，非人力也。天道謂之“革”，人力為之則曰“簒”也。惟革本天道，故卦具四德。而《象》言“治歷明時”，聖人所以明天道而欽授之。此革之所以為大也。

---

① “已”，武英殿聚珍版本同。

初九：鞏用黃牛之革。

《象》曰："鞏用黃牛"，不可以有為也。

革，有革者，有革之者，有從革者，有輔君之革者，諸爻之義不同。初九在下，非能革人，亦非人所革者，從革而已，故固"用黃牛之革"。黃，中色也。牛，順物也。戒其用中而順從，是以"不可有為"也。不可，戒辭也。初九雖非可為之爻，聖人之辭又所以戒，不知革道者也。

六二：已[①]日乃革之。征吉。无咎。

《象》曰："已[②]日""革之"，行有嘉也。

六二得君得位，柔順中正，可以革矣，而臣道不當先君，故君已革而後乃革之也。"已日乃革之"，非從君之革也，謂終君之事而革天下也，是以進則"吉"而"无咎"。"已日革之"，則盡臣道，故其"行有嘉"。君未革而革之，則失君臣之道，非嘉也。

九三：征凶。貞厲。革言三就。有孚。

《象》曰："革言三就"，又何之矣？

革之為卦，上則九五，下則六二，為革之主。三不中而用剛，非革之主也。故以革道進則凶，以革道守則厲，不知革不可妄為，有天道存焉，非九三用剛炎上之性可自任之時也。首言"征凶，貞厲"，蓋九三之象如此。下言"革言三就，有孚"，則明革之卦辭，言三就之道也。"三就有孚"者，謂"元亨利貞""悔亡"及"已日乃孚"也。三者皆得之，是為三就也。故進則无凶，貞則无厲。九三既非其位，又非其人，而捨"革言三就"之道，則又何之乎？宜其征則凶、貞則厲，是誠不若初九"鞏用黃牛之革"矣。

---

① "已"，武英殿聚珍版本同。

② "已"，武英殿聚珍版本同。

九四：悔亡。有孚。改命。吉。

《象》曰："改命"之"吉"，信志也。

九四近君而用柔，輔君之革者也。輔君之革，非自用也，故其悔可亡，而上下信之，是以"有孚，改命吉"也。不曰"革"而曰"改命"者，四不若二之中正，不能行"已日乃革"之大，特可奉行改命而已，猶之出納之臣也。《書》曰"夙夜出納朕命，惟允"，然則出納王命，以信為主，此九四所以有"有孚，信志"之辭。"信志"者，志可信于人者也。

九五：大人虎變。未占有孚。

《象》曰："大人虎變"，其文炳也。

盛矣哉，九五之革也！大人之道也！且虎之文，炳然而易見；大人之道，文明而可覩。使天下曉然，知大公至正，革命之當，无陰謀可疑之事，以順天應人，則天下不必占決而信之也。昔湯征自葛，而天下信之，其"大人虎變，未占有孚"之道歟？

上六：君子豹變，小人革面。征凶。居貞吉。

《象》曰："君子豹變"，其文蔚也。"小人革面"，順以從君也。

上六革道既成，君子、小人皆從九五大人而革者也。君子弸中彪外，至誠以從君，故其文蔚然以成"豹變"。炳者，文之著明也。蔚者，文之茂密也。豹與虎相類，蓋言從君之德也。《詩》所謂"濟濟多士，秉文之德""羣黎百姓，徧為爾德"是也。小人雖无德自將，亦能革面從君，不失順從之道，此所以為革道之成也。革道既成則无革矣，猶欲以革進則凶，惟能居守其貞，是以"吉"也。《書》曰"夏迪簡在王庭"，豈豹變之君子乎？

䷱ 巽下離上

鼎：元吉。亨。

《易》以器物名卦者，井、鼎二卦而已。聖人名卦必以道，獨二卦以器者，以明道、器皆一也，由道可見器，由器可推道也。井以不改為德，以動出為功，井之道也。鼎用以享上帝，養聖賢，鼎之道也。伊川謂“吉”為羡字，卦才可以致元亨，未便有“元吉”也，故《彖》辭无“吉”字。

《彖》曰：鼎，象也。以木巽火，亨飪也。聖人亨以享上帝，而大亨以養聖賢。巽而耳目聰明，柔進而上行，得中而應乎剛，是以“元亨”。

井、鼎皆物也。《彖》于鼎言鼎象，而于井不言象者，蓋井之象水在下，今取于“巽乎水而上水”之義，非象也。鼎取以“木巽火，亨飪”之象，故曰“鼎，象也”。聖人之亨，豈口腹之奉而已哉？“享上帝”“養聖賢”而已。享上帝，交天也。養聖賢，交人也。交通天人，則亨飪之用大矣！巽而耳目聰明者，人君之視聽以天，而其“明四目，達四聰”也以人。能享上帝、養聖賢，則其耳目聰明之用廣大矣，故可以垂旒充耳而視[①]聽天下也。“柔進而上行，得中而應乎剛”，五之德也。自聖人“亨以享上帝”，以至“得中而應乎剛”，皆致“元亨”之道也。

《象》曰：木上有火，鼎。君子以正位凝命。

鼎能革物而已，君子法之，何取于“正位凝命”哉？究鼎之用，上足以享上帝，下足以養聖賢，雖人君垂旒充耳而聰明无不及焉。故君子正其位以凝命，以成垂拱无為之治者如此。

初六：鼎顛趾。利出否。得妾以其子。无咎。

《象》曰：“鼎顛趾”，未悖也。“利出否”，以從貴也。

趾，下道也。凡物之顛趾，皆悖也。惟鼎之用初，必顛趾，利于出敗惡以致潔取新，故在鼎獨為未悖也。“妾”，下人也。使妾有子，悖也。

① “視”，武英殿聚珍版本無。

子足以奉祭祀，承先祖，亦“未悖”之道也，是以“无咎”。“以從貴”者，否為賤而潔新為貴也。

九二：鼎有實，我仇有疾，不我能即。吉。

《象》曰：“鼎有實”，慎所之也。“我仇有疾”，終无尤也。

凡陽為實而陰為虛。九二剛中，故為有實，明鼎之方用非虛鼎也。“仇”，為我之害者也。虛則方有容，故害我者不來；實則盈滿之時，故害我者必至。必使我仇“不我能即”，然後“吉”，此聖人持滿之戒也。古之人爵高祿厚不免凶禍者多矣，皆仇能即之故也。仇非一也，既滿而仇人，則人為仇；既滿而驕，則驕為仇；既滿而貪，則貪為仇。凡能害我者，无彼无此皆仇也。是以古之君子慎之欹器之戒，以虛則欹，中則正，滿則覆。九二之仇不我能即者，用中故也。《象》言“慎所之”者，方是時，尤當慎其所之也。之怨耦、之驕、之貪，皆所之也。有所之則有所致，鼎既有實，何致之有？是求益也。盈而求益，損之道也，故害且至焉，是以君子戒之也。“我仇有疾，終无尤”者，仇雖有害我之理，然我能用中，則仇自病之，而不我能即，故終吉而无尤矣。

九三：鼎耳革，其行塞，雉膏不食。方雨，虧。悔。終吉。

《象》曰：“鼎耳革”，失其義也。

鼎以虛中，故能受；耳以虛中，所以納鉉。九三居下體之上，有鼎耳之象，以陽居陽，其實甚矣，不能虛中以待，是所以“鼎道革”而“其行塞”也。凡物之行以足，獨鼎待鉉，故以耳。耳實則其行塞，其行塞則不為用，雖有雉膏，烏得而食之？雉，文明之物也，離之象也。膏，祿食也。上有文明之君，至美之祿，其行既塞，不可得而食也。必待陰陽之和，然後“虧”其“悔”而“終吉”矣，豈高明柔克之戒乎？“失其義”者，失鼎耳虛中之義也。

九四：鼎折足，覆公餗，其形渥。凶。

《象》曰："覆公餗"，信如何也。

二與四，同功之爻也。二方有持滿之戒，慎其所之，故四以近君而任天下之重。曾不自量其力，至于喪身敗事，沾汙狼藉，其"凶"甚矣。"信如何"者，言力小任重之理。信當如何？言必至于敗覆也。

六五：鼎黄耳，金鉉。利貞。

《象》曰："鼎黄耳"，中以為實也。

六五文明之主，柔順居中，故有"黄耳""金鉉"之象。黄，中也，中虛故能納鉉。金，堅剛也，故足與有行。能如是焉，鼎道備矣。固守是道，終无革耳、折足之憂也。"中以為實"者，六五陰虛，以黄中之德為實也。亦猶坤之六五，"美在其中"之道也。

上九：鼎玉鉉。大吉。无不利。

《象》曰："玉鉉"在上，剛柔節也。

上九鼎道大成，剛柔適宜，故得"玉鉉"之象。玉，剛而溫，非一于剛者也，是以"大吉，无不利"。與井之上六"元吉在上"之義同。"剛柔節"者，以剛節柔，以柔節剛，相與以相濟，猶所謂"欲剛必以柔守之"之意也。九三剛過于中，无節也。九四用剛，自任之過，无節也。故獨上九得剛柔之節，而盡玉鉉之美以成鼎道之吉，斯為至矣！

䷲ 震下震上

震：亨。震來虩虩，笑言啞啞。震驚百里，不喪匕鬯。

震一索而得男，故謂之"長男"，自乾、坤而來。變之始者，莫先于震，故為動之始。然乾坤震動之始，其來方興莫測，是以有震動之象。曰"亨"者，天下之理，不動則不亨，故天地萬物待震而後亨也。自"震來虩虩"，皆主人事而言。虩虩，恐懼之貌。"啞啞"，和樂之意。因震動而恐懼則長慮，卻顧終无危亡之失，是以後獲笑言和樂之吉也。"震驚百里，不喪匕鬯"者，雖有大震恐，不失主祭之道，蓋知"恐懼修省"

而已。主祭，長子之事也。然則文武始于憂勤，終于逸樂，其亦“震來虩虩，笑言啞啞”之義乎？

《彖》曰：震，“亨”。“震來虩虩”，恐致福也。“笑言啞啞”，“後”有則也。“震驚百里”，驚遠而懼邇也。出可以守宗廟社稷，以為祭主也。

“震來虩虩”，因恐懼而致福。“笑言啞啞”，和樂而未嘗失則。“驚遠，懼邇”，言震之大，遠邇皆及之也。震之為卦，内外重震，故有遠邇大震之象。遠邇大震而能不喪匕鬯，此其所以可“守宗廟社稷”“為祭主”也。匕者，撓鼎之器，所以載鼎實而致之俎。鬯，香酒。所以灌地降神。皆主祭之事也。

《象》曰：洊雷，震。君子以恐懼修省。

洊，重也。上下皆震，威益盛也。當是時也，知恐懼畏天，修德省身，故可以无過而不至于危亡。苟不知“恐懼修省”之戒，則危亡①矣。

初九：震來虩虩，後笑言啞啞。吉。

《象》曰：“震來虩虩”，恐致福也。“笑言啞啞”，後有則也。

恐懼修省于前，則必獲和樂笑言之吉于後，理之必然也。初九震動之初，恐懼修省不可緩也，過此則危矣，故于初言之。

六二：震來。厲。億！喪貝，躋于九陵。勿逐，七日得。

《象》曰：“震來厲”，乘剛也。

震之動自下而上，在震之初，猶欲恐懼修省，況二之乘剛乎？故震來則危厲而喪失隨之也。“躋于九陵”，避其來也。不知修省而避，非其道也。故不待逐而七日可得，言不可避也。“七日”，一卦之復，復則自來矣。

---

① “亡”，武英殿聚珍版本此字下有“必”字。

六三：震蘇蘇。震行无眚。

《象》曰："震蘇蘇"，位不當也。

震自初動，六三遠于動者，而能蘇蘇然畏懼不自安，是以行而无過眚也。不敢自安者，知位之不當，亦所謂"知懼"者也。

九四：震遂泥。

《象》曰："震遂泥"，未光也。

九四處多懼之地，陷[①]于重陰之間，无中正之德以自將，故不能有行而"遂泥"也。滯溺不自振，又安有光亨之道乎？

六五：震往來。厲。億！无喪。有事。

《象》曰："震往來厲"，危行也。其事在中，大"无喪"也。

二以"來厲"而"喪貝"，則五之往來皆厲，宜其大有喪也。得"无喪，有事"亦幸矣。有事者，其事也，謂六五之君事也。《象》言"危行"者，往來皆厲，行則危也。六五往而上則即柔，來而下則乘剛，皆喪有事之道，是以知其危也。六五位雖不正而用中焉，其事既不失中道，雖涉危行，可以"大无喪"矣。以无喪為大，則知喪之亦大也。"億"者，恐懼驚歎之辭。說者或為"辭"，或為"萬億"，或為"億度"，其義頗不能通，為"辭"近之。

上六：震索索，視矍矍。征凶。震不于其躬。于其鄰。无咎。婚媾有言。

《象》曰："震索索"，中未得也。雖"凶""无咎"，畏鄰戒也。

居震之極，无中以自守，內積驚懼，失所處之道，是以志氣索索然，而其瞻視亦矍矍然不安也。能止而守，不過驚懼而已，以征則凶也。震

① "陷"，原本此字作"限"。字讹。據武英殿聚珍版本改。

驚之來，未及其身，方及其鄰，能畏懼而戒之如此，則“无咎”矣。蓋先時而懼，未至于極故也。“婚媾”，所親也。“有言”，失之小也。處震之極，得无大咎足矣，小有言，蓋不可得而免也。《象》言“中未得”者，以失中道，故索索然也。震卦言“虩虩”“啞啞”“蘇蘇”“索索”“矍矍”與二、五之言“億”，諸卦皆无其義，雖多為恐懼之貌，亦于爻義各有辨也。

䷳ 艮下艮上

艮[①]：其背，不獲其身。行其庭，不見其人。无咎。

伊川曰：艮與畜止之義何異？曰：畜止者，制畜之義，力止之也。艮止者，安止之義，止其所也。雍曰：艮止之義，最為近道，而知之行之者鮮。且天下之欲无窮而人每患于不能止者，蓋不知无欲之地而止之也。有欲而止之，大畜是也。故有“說輹”“豶豕”之象，伊川所謂力止之者也。止于无欲之地，所謂“艮其背”也。人之有目，欲于色者也；耳，欲于聲者也；口，欲于味者也；鼻，欲于臭者也。至于背，則无見无知，故无欲。常與物背馳而[②]不相向，使欲无自而生，故得安于止之道。一身且不獲，況外物乎？內欲不動則外境不入，是以“行其庭，不見其人”也。“不獲其身”，忘我也。“不見其人”，忘人也。忘我者在止之止也，忘人者在行之止也。以止而忘我之止，施之于行，施之于人，皆一也。內外兼止，則人欲自滅而天理固存，是以“无咎”。孟子言“養心莫善於寡欲”，與“艮其背”之義正同。

《彖》曰：艮，止也。時止則止，時行則行，動靜不失其時，其道光明。艮其止，止其所也；上下敵應，不相與也；是以“不獲其身。行其

---

① “艮”，武英殿聚珍版本同。按高亨《周易古經今注》：“‘艮’字當重。‘艮，艮其背’者，上‘艮’字乃卦名，下‘艮’字乃卦辭，此全書之通例也。”

② “馳而”，原本作“而馳”二字。據武英殿聚珍版本乙轉。

庭，不見其人。无咎”也。

止有止之止，有行之止，其行止之間，又有時焉，葢行止繫乎時而不繫乎止也。止所以應行止者也，時所以為行止者也，是則艮止之止在我，而行止之止則在彼矣。行止為時，則艮止為道矣，故《彖》言“時止則止”，又曰“艮其止”，所以兼明有二義也。且艮之道，時方止則止其止，時方行則行其止，行止在時。艮止在此，在時者不可必，在此者可必，不以在此之可必而易時之不可必，則止道盡矣。是以艮止之中復有行，而行止之行復有艮之止，是所謂行其道者也。孔子曰：“用之則行，舍之則藏。”孟子曰：“窮則獨善其身，達則兼善天下。”是皆以止道應時也。莊子曰：“寧其死為留骨而貴乎？寧其生而曳尾于塗中乎？二大夫往矣，吾將曳尾于塗中。”是為知止不知行，有我廢時者也。欲孰甚焉？且天下之欲常生于必，而无欲生于不必。孔子所以“毋必”者，止其欲也。莊子不知必之可止，而欲必其生之樂，是以失時止則止、時行則行之義。老氏有曰：“絶聖棄智，絶仁棄義。”莊子又曰：“焚符破璽，剖斗折衡。”彼時有之而我絶之，欲不在時與物，而在我也。易在彼之欲而為我之欲，其惑甚矣！故雖艮止之道，聖人不能廢時，老莊氏未之思也。“動靜”，統言之也。行止亦動靜也，動靜俱不失時，其道至矣，故“光明”也。道大成則明，故《中庸》曰：“誠則明。”其道光明，則艮道大成矣。艮始于止，施之於行止，又施之于行止之時，此其所以為大成也。“止其所”者，又言止无他義，知其所而止之耳。“上下敵應不相與”者，艮之六爻皆敵也，敵所以成艮也。知敵而相與，則為交戰之道，失艮止之義遠矣。知敵而不相與，則與敵背馳，情欲自遠，是以能“不獲其身，不見其人，无咎”也。“无咎”者，于道无失，其為義大矣。

《象》曰：兼山，艮。君子以思不出其位。

艮之為卦，上下皆艮，故曰“兼山”。下卦内也，内為身。上卦外也，外為人。兼内外而統之，所以有“不獲其身，不見其人”之象也。止无他義，止其所而已。以君子之位言之，則“思不出其位”者亦止其所也。位非獨爵祿而已，所守之分皆位也。必曰“思”者，未有事之時也。未有事之時則无欲矣，待有其欲而止，則非艮也。《中庸》曰：“喜怒哀樂之未發，謂之中。”然則艮之為止，其在玆時乎？

初六：艮其趾。无咎。利永貞。

《象》曰：“艮其趾”，未失正也。

趾，初象也。凡動之先，莫先于趾，止于動之先則易，而止于既動之後則難。止于其先，故得“无咎”；止于既動之後，不能无得失也。“利永貞”者，利在从于其道而固守之也。《中庸》曰：“人皆曰予知，擇乎中庸，而不能期月守。”是不知利永者也。又曰：“得一善，則拳拳服膺而弗失之。”是能利貞者也。《象》言“未失正”者，止于未動之先，未有失正之事也。小畜于“復自道”言“吉”，復于“不遠復”言“元吉”。艮之初六有過于二者而不言吉，蓋吉凶者，失得之象。二卦之復，雖與止相近，然有失而能止，則謂之“復”。凡言復，皆先失後得復則吉，不復則凶，吉凶可得而言也。“艮其趾”，則止于未失得之前，吉凶失得皆在所止矣，是以不言“吉”也。然則艮之“无咎”豈不足于小畜與復之吉哉？蓋不使累于得失而已，故《象》言“未失正”，則止于无失。止于无失，則未嘗有得矣。然世多以“吉”為過于“无咎”，是不知吉與无咎自為二道，論有為則莫善于吉，論守道則无咎為大。是以《易》辭或言“吉”，或言“无咎”，或“吉而无咎”，或“凶而无咎”，不可同也。

六二：艮其腓，不拯其隨，其心不快。

《象》曰：“不拯其隨”，未退聽也。

腓，腨腸也。下體之所主也。上而股，下而足，皆隨之，故為六二之象也。六二，下卦之主也。初六、九三之所隨也。六二雖居中得正，得止之道，然以柔用柔，才有不足，是以不能舉其隨而其心不快也。方止之時，忘我、忘人，而六二“不拯其隨，其心不快”何哉？蓋六二，有為之臣位也。君子正心誠意之初，故“艮其背，不獲其身；行其庭，不見其人”；及其道之大成，施之于天下國家，欲天下各安其所止。蓋伊尹使是君為堯舜之君，使是民為堯舜之民，孟子欲正人心之時，而不能拯其隨者，是以其心不快也。此謂“其隨”失隨之義，故君子之心不快。《象》言“未退聽”，謂隨者也。

九三：艮其限，列其夤。厲。熏心。

《象》曰：“艮其限”，危“熏心”也。

不能止之于初，至于三則難矣。九三用剛，有力止之象，猶大畜“說輹”“豶豕”之道也。“限”，所以制內外也。內欲不生，外境不入，所謂“艮其限”也。亦猶列身之夤而制其左右也。“厲熏心”者，常以危亡之憂熏爍其心使不忘者，所謂“其亡？其亡？繫于苞桑”者也。曰“熏”者，與《詩》言“憂心如熏”同意。凡此者，皆以九三之止失于早辨，故必極于用力以限止之，方之初六則甚難矣。然艮止之道，行无不善，是以六爻終无凶危，特有難易之別也。雖然，止而言“厲”何也？《中庸》曰：“人皆曰予知，驅而納諸罟擭陷阱之中，而莫之知辟也。”君子失性之危，《中庸》謂之“陷阱”，則艮之言“厲”一道也。

六四：艮其身。无咎。

《象》曰：“艮其身”，止諸躬也。

以初論四，則初為早辨者也。然有初之“艮其趾”，然後四能“艮其身”，先後之序，理亦宜然。艮其身，則一身之內合于自然，无不止也，是以“无咎”。“止諸躬”者，謂能成己，而已未能成物也。

六五：艮其輔，言有序。悔亡。

《象》曰：“艮其輔”，以中正也。

六五君位，一卦之主，蓋主天下之止者也。天下命令之所由出，可不慎乎？故“艮其輔，言有序”而後“悔亡”也。輔，頰車也。言之所出也。“有序”，中節也。“君子居其室，出其言善。則千里之外應之。”有序者固如此也，是以其悔可亡。惟中正之君，故能慎而止之如此，庸主忽其言，故天下亦共違之也。觀舜命九官，則知“艮其輔，言有序”之道。而商紂“謂己有天命，謂敬不足行，謂祭无益，謂暴无傷”，蓋有間矣。豈孔子所謂“喪邦之言”哉？

上九：敦艮。吉。

《象》曰：“敦艮”之“吉”，以厚終也。

居止之極，止之過中者也。過中則疑于有失矣，然“慎厥終，惟其始”者，古人之戒。有始有卒者，聖人之事。能過于止，是厚于終也，又安有失哉？故言“敦艮，吉”。

䷴ **艮下巽上**

漸：女歸吉。利貞。

漸之進，不速而不已也。天地之道進皆有漸，況人乎？舉人道而言之，則進之漸者，无若女之歸也。女歸不以漸則奔也。漸則為歸，速則為奔，故女歸以漸為吉也。凡天下之進如女歸之漸，无不吉也。“利貞”者，女歸之道正也，固守之，无不利矣。然聖人制昏禮有納采、問名、納吉、納徵、請期之節，其禮為尤備，是以知其漸也。鴻之進也，有于干、于磐、于木、于陸之漸，豈不猶女歸之禮乎？故卦辭言“女歸”，而爻明“鴻漸”，其義一也。伊川曰：諸卦多利貞，而所施或不同。有涉不正之疑而為之戒者，損之九二是也。處陰居說，故戒以宜貞也。有其事必貞乃得其宜者，大畜是也。言所畜利于貞也。有言所以利者，以其有貞，漸是也。言女歸之所以吉而利者以如此，貞也。

《彖》曰：漸之進也，“女歸吉”也。進得位，往有功也。進以正，可以正邦也。其位，剛得中也。止而巽，動不窮也。

《彖》言漸之進如女之歸則吉，所以明卦辭也，蓋世俗多失漸進之道，獨女歸有漸存焉耳。“進得位”者，先明女歸之漸，而後言人之進也。凡人之進，以漸得位則往有功，蓋其進鋭者，其退必速，是以无功也。進既以漸，又能以正，則可以正邦，所謂“不能正其身，如正人何”也。凡進以漸者，必不失正，進不以漸而失正者多矣。孔子于漸進之時，又并“進以正”而言之也。“其位剛得中”者，言五之德也。“止而巽，動不窮”者，言艮以止，巽而動，是以其進不窮也。

《象》曰：山上有木，漸。君子以居賢德善俗。

合抱之木生于毫末，則木之生未嘗不以漸也。有山之高而木生焉，故其高无窮，猶漸之進，其進有道，故亦不窮也。進之道何如？止而巽是也。先有所止，不為妄進，巽而入之，則有漸矣。“居賢德”，先有所止也。“善俗”，巽而入之也。德非一日可成也，俗非一日可善也，“居賢德，善俗”，又漸之義也。居賢德而後善俗，蓋先自治而後治人，《彖》所謂“進以正，可以正邦”之道也。《易》以巽主風教，故此言“善俗”。

初六：鴻漸于干。小子厲。有言。无咎。

《象》曰：“小子之厲”，義无咎也。

《易》以《象》言之，則一卦一爻之内，天地萬物无不具焉。聖人或取諸身，或取諸物，獨能舉其一以明之耳，理不能盡也。如艮則取諸身，漸則取諸鴻，非艮之象不在物，而漸之象不在人也。故卦言“女歸”，《彖①》言“進位”，爻言“鴻漸”，互相發明，无嫌于不同也。世之論象者率拘于《説卦》已言八卦之象，其所不言者不能明也。況六十四卦之象，古人未嘗明言之，且震為龍，而乾稱龍；乾為馬，而坤稱馬；坤為牛，而離稱牛；皆非《説卦》之象。八卦无鴻而漸稱鴻，故知《易》之取象，天地萬物无不具，聖人亦不能盡言，姑舉八卦之略，使後世知所謂象者如此，貴夫觸類而長之也。“鴻漸于干”者，鴻，水鳥也；干，水

① “彖”，原本此字作“象”。字讹。據武英殿聚珍版本改。

涯也。言進之漸未遠于水也，君子能安于漸也。小子，細人也。志務速進，故以漸為“厲”，危之而“有言”，是不知在漸之初，未能遠進者，其于君子之“義无咎”也，何危之有？

六二：鴻漸于磐，飲食衎衎。吉。

《象》曰：“飲食衎衎”，不素飽也。

磐，石之可安者。自干而磐，已獲安矣。“飲食衎衎”，蓋君臣相遇，安而和樂也，與《詩》所謂“嘉賓式宴以衎”同意。漸進之道見于得君之祿，安樂飲食，雖小子亦无危厲之言，是以“吉”也。“不素飽”者，不素餐之謂也。伊川曰：不素飽者，君子漸進于上，將行其道以及天下，豈徒空飽飲食而已乎？而王輔嗣謂本无祿養，進而得之，其為歡樂，願莫先焉。孔氏因之曰：素，故也。故无祿養，今日得之，故願莫先也。觀此益見伊川先生造次不忘于行道，二子所養如此而已。昔孟子謂樂正子曰：“我不意子學古之道，而以餔啜也，”飲食之事，疑于餔啜，故孔子言“不素飽”之義以明之，而二子以得祿養為歡樂，豈不異哉？

九三：鴻漸于陸。夫征不復，婦孕不育。凶。利禦寇。

《象》曰：“夫征不復”，離羣醜也。“婦孕不育”，失其道也。“利”用“禦寇”，順相保也。

初、二之進也有漸，而三則自任以剛，其進欲速，失漸之道，是以致凶。《爾雅》：“高平曰‘陸’。”自水而至于陸，進之甚遠，故有“夫征不復”之象。進而比四，不正之婦也，故曰“婦孕不育，凶”。然九三之才，有進无退，患在失中，獨用以“禦寇”則利也。“離羣醜”者，捨初、二同體而進也。“失其道”者，比四之不正，失漸之道也，非所謂“進以正，可以正邦”者也。“順相保”者，禦寇所以保其類也。初、二陰柔，順九三之相保也，與蒙之上九“利禦寇”同義。蓋他无所用，獨可禦寇而已。蒙之《象》言“上下順”者，以己獨處上，衆皆順之也。此言“順相保”者，初、二順而相保而已。

六四：鴻漸于木，或得其桷。无咎。

《象》曰："或得其桷"，順以巽也。

六四陰柔，才有不足，乘九三之剛從而比之，非所安也，故有"于木"之象。"桷"，平衡之柯，或得則可安矣，安則"无咎"。《象》言"順以巽"者，當不安之際，惟巽與順可得安寧故也。巽，權道也。《繫辭》曰："巽以行權。"然六四順以巽，終為"无咎"之爻。而先言于木不安之象者，葢六四之象有失有得，獨言其得，則人將莫知其失，而不慎始者多矣。聖人雖取其善終，又欲人之善始，是以兼明其失得也。漸之為卦，本明慎始之義。

九五：鴻漸于陵。婦三歲不孕，終莫之勝。吉。

《象》曰："終莫之勝。吉"，得所願也。

陵，高阜也。君之象也。二、五正應，君臣同中正之德，宜其"吉"矣。然猶"三歲不孕"者，以三、四為之間故也。四不能間五，而能間二；九三禦寇之才，足以間五。然君臣同得，有間終合，故"終莫之勝"也。雖九五之尊，猶有三歲之乆者，亦為之以漸故也。三言"夫征不復"，五言"婦三歲不孕"，以卦辭言"女歸吉"，故以夫婦為言。

上九：鴻漸于陸，其羽可用為儀。吉。

《象》曰："其羽可用為儀。吉"，不可亂也。

先人有言：陸，當作"逵"。逵者，九達之衢。雍曰：漸進之吉，至是无所不通矣，安與樂皆不足以盡之。漸之六爻，其辭皆聲音相協。故初則干、言，二則磐、衎，三則陸、復、育，四則木、桷，五則陵、孕、勝，如此則上九為逵、儀明矣。"其羽可用為儀"者，九達之地，非止十目所視而已，通道大都，人之瞻仰者衆，莫不以為儀表也，漸進之吉孰大于是？"羽"者，外見之美，故人可則而象之也。"不可亂"者，至美外見，獨異于衆人，故人莫得而亂之也。

䷵ 兑下震上

歸妹：征凶。无攸利。

歸者，女子之嫁也。妹，言少女也。少女從長男，非正之道，樂于自進則凶也，何所利哉？卦辭言“征凶”者，獨歸妹一卦，然而非樂于自進，亦无凶矣。王輔嗣以歸妹為娣媵，故其言曰：雖與長男交，嫁而係娣，是以說也。孔氏因之曰：以妹從娣而嫁，謂之“歸妹”。誤矣！娣媵謂之“媵”，非歸也。孔子言天地之大義，謂夫婦也，娣媵豈能具此義哉？諸爻言娣義自不同，輔嗣以初九有“歸妹以娣”之辭，故以妹為娣媵耳。六五曰“其君之袂，不如其娣之袂良”，孔子《象》曰“帝乙歸妹，不如其娣之袂良也”，以見妹稱君，而娣為媵矣。

《彖》曰：歸妹，天地之大義也。天地不交而萬物不興。歸妹，人之終始也。說以動，所歸妹也。“征凶”，位不當也。“无攸利”，柔乘剛也。

有乾坤則有六子，有天地則有男女夫婦，天地夫婦之義一也。《繫辭》曰：“天地絪緼，萬物化醇；男女搆精，萬物化生。”故《彖》以歸妹為天地之大義，葢主夫婦生化之道而言也。“歸妹，人之終始”者，夫婦生化之道終則有始，猶天地之无窮也。“說以動，所歸妹”者，孔子先言女嫁皆曰“歸”，至此論歸妹之卦所以“征凶，无攸利”也。《關雎》之義“樂得淑女”，葢以德為主，而此長男以所歸者妹，遂說以動，則不以德矣。彼既不以德而說，此又不以德而進，是以“征凶”。“位不當”者，卦爻皆不當位，是以有不以德進者矣。以少女而歸長男，非以柔乘剛而何？宜其无攸利也。或謂少女說而動，如此則去淫奔不遠矣。孔子曰：“說以動，所歸妹也。”觀此則說動者男也。

《象》曰：澤上有雷，歸妹。君子以永終知敝。

衛人作《氓》詩，葢言“男女无別，遂相奔誘，華落色衰，復相棄背”，此所謂男女不終之敝也。歸妹之義雖非奔誘，然以長說少，志在容色，失夫婦之大義，其去奔誘不遠矣。是以君子于此，欲思永終偕老之道，而戒不終之敝也。《禮》曰："壹與之齊，終身不改。"故夫死不嫁，所謂"永終"者如此。

初九：歸妹以娣，跛能履。征吉。

《象》曰："歸妹以娣"，以恒也。"跛能履"，"吉"相承也。

初在下，賤者之位也。上无正應，无所歸焉，娣之象也。自无所歸，因人之歸而為娣媵，故言"歸妹以娣"也。"跛能履"者，娣雖非正，亦足以有行，猶跛者之能履也，故進而佐其君則吉。"恒"者，可从之道也。娣媵，古之道，非妄為也，故可从。"吉相承"者，言娣以進而承君為吉也。

九二：眇能視。利幽人之貞。

《象》曰："利幽人之貞"，未變常也。

九二剛中，賢女也。長男説，少女而動，則夫之非賢可知矣。女，從男者也，夫之不賢，女不能制也。一賢一否，眇之象也。眇而能視，以見九二之獨賢也。然夫之不賢，豈可變常而從之哉？守其幽獨之操，不為不賢之人奪其志，可謂女子之貞者矣，斯其所以為利也，故曰"利幽人之貞"。九二葢能獲其利者，非才不足而戒之也。"幽人"亦女子之象。

六三：歸妹以須，反歸以娣。

《象》曰："歸妹以須"，未當也。

六三之女不正也。不正之女，人之所棄，故難其歸而有待也。雖有待而終難其歸，固不若反歸妹之義，而從娣媵之事也。"未當"者，居位未當，是以不能有所歸而待也。下卦惟九二得中，有歸妹之象。初居下位，三失正德，故為娣媵，義殊不同。而謂一卦皆為娣媵之象，則非也。娣媵非天地大義，安足以盡歸妹之象？

九四：歸妹愆期，遲歸有時。

《象》曰："愆期"之志，有待而行也。

三之與四，其不當相似，而辭有不同，何哉？蓋六三以柔用剛，又為過中，而九四以剛用柔，有未中之義，是其所以不同也。以其不當无應，亦不免愆期有待而已，其歸終有時，故无反歸之事。《象》言"有待而行"者，"行"如《詩》言"女子有行"是也。又以見所以"愆期"者，在我有所待，非人不求之也。以是知過中與未中，用剛與用柔，其不同如此。所以《繫辭》言"三多凶"也。

六五：帝乙歸妹。其君之袂，不如其娣之袂良。月幾望。吉。

《象》曰："帝乙歸妹"，"不如其娣之袂良"也。其位在中，以貴行也。

六五以柔居尊，得謙下之道，故為"帝乙歸妹"。與泰之六五同意，此王姬下嫁之象。帝而稱乙，亦言其謙柔也。"其君之袂，不如其娣之袂良"者，君謂妹也，妹以德自飾，不以服飾為事，故不如其娣之袂良也。《詩》序言王姬"車服不繫其夫，下王后一等，猶執婦道以成肅雝之德"，則詩人所美者，繫乎肅雝之德，不獨取于車服也。"月幾望"者，"不自滿假"之意也。其娣袂良，猶能謙下而无嫉妬之心，蓋"樛木逮下"之義也。"帝乙歸妹"，下于其夫也。"月幾望"，下于其娣也。夫如是，吉孰大焉？故《樛木》之詩每章必以"福履"終之，是亦"月幾望"而繼以"吉"之義也。月，陰類也。小畜上九曰"婦貞厲，月幾望"，則月為女子之象矣。"其位在中，以貴行"者，天下未有不得中而能謙下于人者，六五之位在中也，以尊歸卑，是為"以①貴行"也。惟在中，故能不失貴行之義。聖人之意尚德而已。

上六：女承筐，无實；士刲羊，无血。无攸利。

---

① "為以"，原本作"以為"二字。據武英殿聚珍版本乙轉。

《象》曰："上六""无實"，承虛筐也。

上六居一卦之極，失謙下之義，无以奉祭祀，則非夫婦之道矣，故稱"女""士"焉。未嫁曰"女"，未娶曰"士"。筐所以載實也，"承筐无實"，失婦道也。《禮》云"血祭，盛氣也"，親割牲而无血，失夫道也。夫不夫，婦不婦，何所利哉？是以夫婦之道有不能永終者，以此聖人貴其知敝。故"夫夫、婦婦而家道正矣"。言"无實""无血""无攸利"于上六之爻，皆不能永終之敝也。

《郭氏傳家易說》卷六

宋 郭雍 撰

下經豐 旅 巽 兌 渙 節 中孚 小過 既濟 未濟

䷶ 離下震上

豐：亨，王假之。勿憂。宜日中。

豐者，盛大之名。盛大，所以“亨”。極天下之盛大，惟王能至之，蓋王者有道之主也。然物極太盛者，憂必將至，惟用中道自持，則可无憂，故欲“勿憂”，則宜如日之方中也。日過中則昃，豐過盛則憂，一道也。聖人欲持滿以中，故言“宜日中”。然噬嗑與豐皆明動之卦，噬嗑先動而求明，得明而後可亨也；豐已明而後動，則不期而自亨矣。故噬嗑亨，繼以“利用獄”，利于求明故也；豐无不亨，故特曰“王假之”而已，亦猶乾之“不言所利”也。

《彖》曰：豐，大也。明以動，故豐。“王假之”，尚大也。“勿憂。宜日中”，宜照天下也。日中則昃，月盈則食，天地盈虚，與時消息，而況于人乎？況于鬼神乎？

非動則不能致豐，不明以動又无自而豐，惟明以動，是以豐也。豐之為道，尚也，大也，非盡王之道者不至之也。日未中則不及，既中則過，皆偏照也；惟日中无偏照，故王者宜法是道，以照天下，是以聖人貴夫持之而不失也。日中而後有昃，月盈而後有食，昃、食皆有憂矣，蓋以其道失中故也。此再明“勿憂，宜日中”之義也。豈特日月而已乎？雖天地盈虚尚與時為進退，如春為陽中，秋為陰中，過是皆陰陽之極矣，況在人與鬼神者乎？孔子作《彖》畧及豐大而言中為詳者，大，其時也；中，其道也。詳其道所以垂戒，亦見豐之時非易處者矣。

《象》曰：雷電皆至，豐。君子以折獄致刑。

噬嗑動以求明，故雖為雷電而未極其至。豐先明而後動則動无不善，是以極其至也，故曰“雷電皆至”，葢明之至而動亦至也。“折獄”，斷弊也。“致刑”，麗于刑也。方動而有明有不明，故明罰勑法以申戒之，求于明也。既明而後動，則无疑矣，是以斷弊而致之刑也。

初九：遇其配主。雖旬无咎。往有尚。

《象》曰：“雖旬无咎”，過旬災也。

有為之世所莫先者，明動而已。豐者，有為之時也。明與動，相配之道也。初之遇四，以明遇動，故言“配主”，非遇配主則不能有為矣。輔嗣曰：旬，均也。配主雖均而可與有為，故雖均亦无咎，而往則有尚，是宜往配以有為也。“過旬災”者，才力既均，則當相資以有成，一欲偏勝則為災矣，是以初以四為配主，四以初為夷主，迭自為賔而莫適為主，斯无過旬之災矣。王氏以旬為均者，以初九、九四均陽爻也，非正應也。

六二：豐其蔀，日中見斗。往得疑疾。有孚發若。吉。

《象》曰：“有孚發若”，信以發志也。

六二為離明之中而有豐蔀之闇者，以陰居陰，才位不足，上非正應，所以有從闇之象也。“蔀”者，覆障而致闇之謂也。居明而豐于闇，自致之也，故至于“日中見斗”，葢豐于闇則闇必至焉。天下之理，明則无疑，闇則疑，六二用明投闇，“往得疑疾”，乃其宜也。然天下之无信者，生于不中不正，既中且正，斯為“有孚”矣。任其中正，有孚而發，則動无不吉。捨中正有孚之德，而從居陰從闇之義，則惑矣，是其所以疑也。“信以發志”者，由固有之明信發中正之志，則吉也。六二有中正離明之德，足以致吉；有居陰從闇之義，足以蔽明；是以聖人之辭兩及之。

然有為則在人耳，故人守德不妄動則吉，舍德而妄動則疑，理之必然也。“有孚發若”，内也，主在己之德言也。“豐其蔀”，外也，主在外之事言也。是以君子不明則不動，終无豐蔀見斗之患，唯智者能之。然日中无見斗之理，是之謂“疑疾”，猶睽之“載鬼一車”也。

九三：豐其沛，日中見沬。折其右肱。无咎。

《象》曰：“豐其沛”，不可大事也。“折其右肱”，終不可用也。

王氏謂沛為幡幔之屬。然凡偏蔽之象皆謂之沛，非必幡幔之類也。沬，昧也。隱昧不明之象也。自蔽其明至于隱昧不明之地，則傷其明矣。人之有為也，目有所見而後手足可為，今自傷其明，至于幽昧无所見焉，是不能有為也，故有“折其右肱”之象。“无咎”者，猶雖凶无咎之義，葢言折其右肱，疑于凶而无咎也。案自“无咎者”以下原本脱去二十字，今據《大易粹言》校補。且豐居盛大之際，最為大有為之時，非天下之至明不足以盡其道，今自損其明，如豐沛見沬，則其才不可以有為也。自知其才不可以有為而彊為之，則其為過甚矣。知其才不可以有為而不為，亦可謂自知之明矣，是所以“折其右肱，无咎”也。《象》言“不可大事”者，既失其明，不可有為故也。必言“折”者，葢絶其有為之資，示終不可用也。九三過中而從陰，故有是象。右肱，偏體也。

九四：豐其蔀，日中見斗。遇其夷主。吉。

《象》曰：“豐其蔀”，位不當也。“日中見斗”，幽不明也。“遇其夷主”，“吉”行也。

二之豐蔀見斗，以重陰而非正應也，而“有孚發若，吉”者，中正也。四之“豐蔀見斗”，非中正也，而“遇其夷主，吉”者，應初之求而有遇也。反復參考之，則二爻之義實相類，故其辭同而皆終之以吉。有為之時，明動必相濟，然後有成，故初謂四為“配主”，四謂初為“夷主”。夷，等也。等亦匹配之義。迭稱“主”者，均為陽剛，特明動相須不能專任以有為，莫適賔主。惟足于明者，知求動以為主；居于動者，知求明以為主故也。《象》言“位不當者”，非中正也。“遇其夷主”，則行斯吉矣。

六五：來章。有慶譽。吉。

《象》曰：“六五”之“吉”，“有慶”也。

觀豐之世，以无所豐為大，不知此而徒欲務豐于外，是蔽于豐者也。蔽于豐故惟見斗、見沬而已，非處豐之道也。猶為之君者，居豐盛之世，上欲豐于朝廷，下欲豐于民物，或欲豐其貨財，或欲豐其土地、城邑、宫室、車徒之類，是不知豐之世盛大无以加，又求豐之，是无厭也。故必有一偏之蔽，然後從而損其明，則向之欲豐，今反損矣。聖人貴夫持盈守成，而不以豐大為務，故《書》有“満招損”之戒，而《易》著豐蔀、豐沛之失。且卦辭言“王假之”，又言“勿憂。宜日中”，則知能行道者，乃能極其至；而持之以中道者，又所以无憂也。是以六爻之中稱豐者皆无善道，而六五不言豐，獨為可尚也。“來章”，章之也，所以章豐之盛大也。豐在彼者也，豐之來，我能章之而已。茍豐之來，我亦豐之，是二、三見斗、見沬之不明也。章之之道何如？持之、守之，保而弗失，使豐之道久亨于世，无加損焉，是為章之之道也。此五所以獨能至之也。不知出此而有一偏之蔽，則所豐者小道而損豐之大，所豐者末務而忘豐之本，是日中而求昃，月盈而求食，非聖人章豐之道也。來章如是，則其慶、其譽何時而已耶？是為六五之吉也。不然茍務豐而不知善終之道，聖人无取焉。故“豐其屋，蔀其家”，固非有期于“闚其户”“閴其无人”，而其為應必至是而後已，可不戒哉！

上六：豐其屋，蔀其家。闚其戶，閴其无人，三歲不覿。凶。

《象》曰：“豐其屋”，天際翔也。“闚其戶，閴其无人”，自藏也。

屋之覆障非特蔀、沛而已，而“豐其屋”“蔀其家”，又為自厚于一身一家之事者也，于豐之道豈不小哉！然天下之理有謙盈之異效，雖欲自厚，其如天地鬼神何？故豐屋蔀家者固非有期于“窺其户，閴其无人”，而其為應必至是而後已也。久而无所見，其凶甚矣！見斗、見沫猶有見焉，上六既極，故“不覿”而“凶”也。“天際翔”者，天際之高不可極也，高不可極，猶欲至而翔焉，是不知豐大之无以加，遂窮无厭之欲者也，故為“豐其屋”之象。“自藏”者，其无人也，非由人致之，實自致之耳。《序卦》曰“窮大者必失其居”，其是之謂歟？班固言許、史、三王、丁、傅之家皆重侯累將，窮貴極富，見其位矣，未見其人也。豈“闃其无人”之謂乎？

䷷ 艮下離上

旅：小亨。旅貞吉。

旅者，失其所居也。《序卦》曰：“窮大者必失其居，故受之以旅。”是以豐之上六“豐其屋，蔀其家。闚其户，闃其无人”而旅之象已形焉。旅雖失其所居而未困，故亦有可“小亨”之象。然自亨之道論之，則旅得其小者耳；自貞吉論之，亦不能大全，獨得旅之“貞吉”也。故在亨得其小者，在旅得其貞吉，是以言“小亨”，又曰“旅貞吉”也。由是觀之，則小亨未必不大于貞吉，而旅之貞吉未必不小于小亨也。諸卦亦有是義，因旅可明之耳。

《彖》曰：旅，“小亨”。柔得中乎外而順乎剛，止而麗乎明，是以“小亨。旅貞吉”也。旅之時義大矣哉！

旅自否來，以六五為成卦之主。六五，柔得中也。自否三而為旅之六五，是“柔得中乎外”也。上承上九，“順乎剛”也。艮，止也。離，明也。“止而麗乎明”，則止不失其所者也，是皆所以“小亨”而“貞吉”也。旅之時義所以為大者，居尊得中，順剛麗明，安得不為大義乎？故大有之所以為大，火在天上而已；旅之所以為大，義亦以山上有火故也。以火在天上而為“元亨”，則山上有火又宜為“小亨”矣。觀此則知君人之道其以明為大也，如此是以詩人于闇亂之世則思古明王，蓋下民之至情也。

《象》曰：山上有火，旅。君子以明慎用刑而不留獄。

《易》於火在天上、明出地上、山上有火，雖象有大小不同，其為至明則一也。君子法之，是以“明慎用刑而不留獄”也。獄者，天下之至難明者也。以舜之聖，猶至于再三訓戒，有曰“欽哉！欽哉！惟刑之恤哉”，有曰“惟明克允”，有曰“明于五刑”，由是觀之，則明慎用刑，宜聖人之致意也。留獄則為不明矣，聖人深懼其不明，故又申言之旅之明。義見于卦象而不見于卦辭，故孔子于象明之，此蓋義之大者也。

初六：旅瑣瑣，斯其所取災。

《象》曰：“旅瑣瑣”，志窮“災”也。

旅雖有失其所居之義，而卦象之中至明存焉，故君子之處旅也，必思其至明而法以行事，然後足以得旅之大義。此象所以言“明慎用刑”之意，不知出此，反致意于瑣瑣細末之務，則闇于大義，是其所以為“取災”之道歟？夫窮志畢力于瑣瑣之務者，終不能大有為于天下也。初六陰柔之才，自居於卑，故无高遠之見如此。孟子曰：“養其大體為大人，養其小體為小人。”旅之大義與其瑣瑣皆在人自養之而已，可不審哉！

六二：旅即次，懷其資，得童僕。貞。

《象》曰：“得童僕。貞”，終无尤也。

伊川曰：次舍，旅所安也。貨財，旅所資也。童僕，旅所賴也。雍曰：旅，幾于困者也。不得其安則困，不得其資則困，不得其助則困；今安即其次、懷其資，又得童僕之助，則處旅之善者矣，是所以不能困也。童僕以助上為正，得其貞則得其助矣，終何尤哉！六二柔順中正，故其善處如此，語之以大義則未也。

九三：旅焚其次，喪其童僕。貞厲。

《象》曰："旅焚其次"，亦以傷矣。以旅與下，其義"喪"也。

旅以致明為大，而柔順中正亦足小亨。九三剛而不中，俱失亨大之義，故不能安旅，失助而危也。"旅焚其次"，則失其所安，斯亦可傷矣。然二以旅自處，故"得童僕，貞"。三以剛暴之才，不以旅自居，反欲自脫于旅而以旅道居童僕，宜其失衆心而喪也。童僕以助為貞，既喪則失助，是以"貞"為"厲"矣。夫旅豈與人之道哉？君子修己安人，自卑自厚而已，故終无"以旅與下"之事。"焚"亦言其剛暴也，旅有火之性也。

九四：旅于處，得其資斧。我心不快。

《象》曰："旅于處"，未得位也。"得其資斧"，心未快也。

九四居上體之下，无高亢不屈之義，蓋亦安于旅者。方之"即次"，亦庶幾焉。雖得資用，徒能自修，異夫童僕之助者，是以其心未快也。君子之快何如？使是君為堯舜之君，是民為堯舜之民是也。不然則雖得資斧，適足以獨善其身而已，何所快哉？故九四之我心不快，孟子所謂"窮"也，所謂"不得志"者也。且爻辭言"于處"而《象》言"未得位"，亦以見六二即次為得位，而于處未得位者，窮處而未得志者也。

六五：射雉，一矢亡。終以譽命。

《象》曰："終以譽命"，上逮也。

六五君位，又為成卦之主，且自否三升而為文明之君，豈非"射雉，一矢亡"之象乎？君子藏器于身，待時而後動，故一矢而亡之，發无不中也。"終以譽命"者，終譽以致天命也。譽，在人者也。命，在天者也。"天聽自我民聽"也。"上逮"者，其道登聞于天也，蓋言人君修德于身，終致文明之盛；下得百姓之心，而上受天命也。猶文王受命作周之詩而言"令聞不已"，蓋未有不得于人而能受命者也。六五射雉有由艱危以致治之象，玆豈非人君在旅之義乎？

上九：鳥焚其巢。旅人先笑後號咷。喪牛于易。凶。

《象》曰：以旅在上，其義“焚”也。“喪牛于易”，終莫之聞也。

旅不可窮也，而上九窮之，是以失其所安之甚，如鳥之焚巢，將无依焉。旅之道易入而難出，未嘗不“先笑而後號咷”也。其于得失之際，則得之甚艱，失之甚易。牛大而難失之物，亦易喪之三者，究其終皆无獲吉之理，是以“凶”也。《象》言“其義焚”者，窮旅于上，必焚之義也。“喪牛于易”，方自失不暇，終无譽命之得，故莫之有聞也。

䷸ 巽下巽上

巽：小亨。利有攸往。利見大人。

伊川曰：巽與兑皆剛中正，巽、兑義亦相類，而兑則“亨”，巽乃“小亨”者，兑，陽之為也；巽，陰之為也。兑柔在外，用柔也；巽柔在内，性柔也。巽之亨所以小也。雍曰：巽，入也。故能亨。然柔弱，自居其小宜矣。能入，故“利有攸往”；居柔“小亨”，故“利見大人”。聖人懼小其志而欲養其大體也，是亦“沈潛剛克”之意與？

《彖》曰：重巽以申命。剛巽乎中正而志行。柔皆順乎剛，是以“小亨。利有攸往。利見大人”。

上下皆巽，是為“重巽”。上以巽入而化下，下以巽順而從上，是以命行无違也。“剛巽乎中正而志行”者，上以巽入而化下，是剛以巽而无太過也。“柔皆順乎剛”者，下以巽順而從上，是柔以巽而无不及也。上下之巽如此，故亨而利也。

《象》曰：隨風，巽。君子以申命行事。

君子之德，風也。有風之德而下无不從，然後具重巽之義，故《象》言“隨風，巽”，則知重巽隨風之義，皆繫乎上下而言也。君子有是德，下民如是而從，其于“申命行事”也，何有易于巽主教命？猶《詩》之言風也。故觀則“省方觀民設教”，姤則“施命誥四方”，蠱則“振民育德”，皆主巽而言也。由是觀之，則巽之命，可順之命也。命或不可順，而欲以剛強之，亦難矣哉！

初六：進退。利武人之貞。

《象》曰：“進退”，志疑也。“利武人之貞”，志治也。

卦以居柔而不能大，初六又以柔而不能決，是以有進退之象。“武人”，三軍之勇者。“不膚撓，不目逃”，其志決於進者也。初六疑于“申命行事”之際，則敗且至矣，宜以武人之貞，自治其志可也。治己以武人之貞，斯无進退之疑矣，孔子語冉求以“聞斯行之”是也。然道雖不一于進，而此利在行事，是亦“行權”之義。

九二：巽在牀下，用史、巫紛若。吉。无咎。

《象》曰：“紛若”之“吉”，得中也。

二有剛中之德，巽无不行矣，而猶過于恭。巽有牀下不安之象者，此其所以謂之巽也。是道也，雖神明可交而受福，況人乎？然過于巽，在聖人之道疑若有咎矣。而當巽之時，九二以剛德能行巽之道，是其所以无咎也，故《象》言“紛若之吉，得中也”。然惟九二剛中，故有巽在牀下之美，不然殆且過矣。

九三：頻巽。吝。

《象》曰：“頻巽”之“吝”，志窮也。

過于剛而不中，是以或巽或失，所謂“既不能令，又不受命”者也，非“吝”而何？其志終不能以有行，是以“窮”也。

六四：悔亡。田獲三品。

《象》曰：“田獲三品”，有功也。

六四近君，志決于進，无初六之疑。既无羣疑，則“悔亡”矣，是以有“田獲三品”之功也。六四至柔，不當有田獲之功，而此以順乎剛，故得之。由是觀之，則剛以巽而无太過，柔以巽而无不及，則巽之為道，豈柔弱畏懦之義哉？是其可與有行也。

九五：貞吉。悔亡。无不利。无初，有終。先庚三日，後庚三日。吉。

《象》曰："九五"之"吉"，位正中也。

剛以巽而後貞吉，柔以巽而後有功，貞吉則无太過，有功則无不及，是以四、五皆得巽道而"悔亡"也。九五居尊中正，為巽之主，固守是道，吉无不利。猶曰"无初，有終"者，巽之為象，以柔而用剛也。惟以柔，故有初六"進退"之"疑"；惟用剛，故有九五"正中"之"吉"；是為"无初，有終"也。"先庚三日，後庚三日。吉"者，九五人君之位也。出命，人君之所先也；慎乃出令，君人之道也；故必先後三日而申命之。夫上有巽入之道，下有巽順之義，風行草偃，莫易于斯時，猶且先後三日而申命之者，慎之至也。慎之至者，令出惟行，弗惟反故也。命令之出，有必可行之善而无不可行復反之失，是以"吉"也。上曰"貞吉"，九五之吉也；下曰"吉"，蓋命令以是為吉也。庚即命令也。先庚謂未出令之前已申命，後庚謂出令之後三日而後行事也。伊川曰：甲者，事之始也；庚者，變更之始也。

上九：巽在牀下，喪其資斧。貞凶。

《象》曰："巽在牀下"，上窮也。"喪其資斧"，正乎"凶"也。

九二，有為之臣也，以巽用剛者也。上九，巽之極者也。巽極不知變，而欲同九二之道，則其過也甚矣。過則失，故"喪其資斧，貞凶"也。巽之道，剛柔用之皆獲其利，今喪其所資之利，能无凶乎？故"巽在牀下"，无用于上窮之時；"喪其資斧"，殊乖悔亡之利；彼以悔亡而吉，則此以喪失，"正乎凶"矣。觀此則知謂之"資斧"者，其行權之義乎？是不可失者也。

䷹ 兌下兌上

兌：亨。利貞。

兌之為說，非有意于說人，亦非有意于求說。天下有說之道，在上者不違是道以臨人，在下者得其志而自說耳。使有心于其間，非兌也，兌之所以“亨”者此也。何謂“說之道”，即王道是也。然使有心于其間，則為常人私欲之情，非天下之公說，是以“利貞”。惟貞則无私矣，故兌因貞而利也。

《彖》曰：兌，說也。剛中而柔外，說以“利貞”，是以順乎天而應乎人。說以先民，民忘其勞。說以犯難，民忘其死。說之大，民勸矣哉！

兌之為象，剛居中而柔在外。剛居中則无私，柔在外則足以說物；无私則貞，足以說物則亨；此兌之所以“亨，利貞”也。“順乎天而應乎人”者，兌說有道，得其道則能順天而應人，以盡天下之大公；失其道則不能順乎天而溺于私心，是亦不能應人之望也。昔湯之征也，東面而征，西夷怨；南面而征，北狄怨；曰“奚為後我”？此得兌說之道者也。武王自西、自東、自南、自北，无思不服，此亦得兌說之道者也。所謂“順乎天而應乎人”者，若湯武是已。孟子論“以德服人者，中心悅而誠服也”，中心悅而誠服，兌之道也，是能應乎人者也，能應乎人則順天矣。其應人也，非寒而衣之，飢而食之，又非有矜憐撫恤之言使之聞之也。聖人惟知道耳，故聖人知道而不知說，天下知說而不知道，道行有必致之說，初非有期于民者也。“說以先民，民忘其勞。說以犯難，民忘其死”，非聖人固如是以說人也。在道論之，則非民情之說，聖人有所不敢為。必說在事為之先，則民可忘勞；說在患難之先，則民可忘死。民或未說而欲覬其忘勞忘死，雖聖人不能也。是以聖人平居無事之日，使民飽食煖衣養生，送死无憾，所謂“說以先之”也。故文王事紂，非不能說民也；武王卒伐功，非能說民也。順天應人之道，聖人不得私焉。昧者充私情，故勞而日拙；聖人明公道，故逸而日休，天下可以無事處之矣。說道之大有至于此，是以視民之自勸，皆可見說之大也。孟子嘗謂齊宣王曰："取之而燕民悅則取之，取之而燕民不悅則勿取。"若孟子者，所謂知"說之先民"者歟?

《象》曰：麗澤，兌。君子以朋友講習。

麗者，附著相連之意，亦見上下之說，誠意交而連結也。說之大，有見于順天應人；而其微，有見于朋友講習；蓋順天應人之說與朋友講習之說大小不同，其情一也。孔子曰："學而時習之，不亦說乎？有朋自遠方來，不亦樂乎?"此朋友講習所以為說也，況天下大說又有在于朋友講習之間乎?

初九：和兌。吉。

《象》曰："和兌"之"吉"，行未疑也。

初九固非知道者之事，而知兌說在和，其去道不遠矣，是以得兌之吉也。夫知和為說，不和為非說，則上不諂媚以從人，而下無私情示人之失，是則用和為貴，何所疑乎？疑者上不知說之在道，次不知說之在和；既惑于說與不說之際，是以其行不能无疑也，吉亦无自而至矣。

九二：孚兌。吉。悔亡。

《象》曰："孚兌"之"吉"，信志也。

九二有剛中之德，蓋賢者之能自治者也。故知說之在我，不在于天下。不求說于天下，而"孚兌"之道自信其志，彼天下之說有不期而自至者矣，是以"吉"而"悔亡"也。使有心求說于天下，而不知信其在我者，則徇外忘内，物我兩失之，剛中之賢固如是乎？有賢如此未有事，是君為容說者也。昔成湯"克寬克仁，彰信兆民"，蓋信在我而信之者在人，雖君臣之道不同，其與九二"孚兌""信志"之理一也。

六三：來兌。凶。

《象》曰："來兑"之"凶"，位不當也。

來兑，求説也。説自有道，其可求乎？失道求説，是以"凶"也。

九四：商兑。未寧。介疾有喜。

《象》曰："九四"之"喜"，有慶也。

當兑之時，處上下之際，不妄從説而擬議不遑寧，是知所擇者也。為臣如此，賢矣哉！故終有"介疾之喜"也。介然自守，外患不能入，故能全兑説之喜。喜非獨一身而已，終亦有及物之慶也。昔伊尹五就湯，五就桀，湯三使往聘之，然後幡然而改，所謂"商兑，未寧"者如此。至于"享天心""草夏正"，所謂"有喜""有慶"也。且陰者陽所説也，捨所説而比五，故為"商兑"之義。然兑之象剛中柔外，其象上行，九四捨三而比五，上行也。至於九五比上，失在小人，蓋亦上行之象。雖其性均本乎象，而得失之異則係乎爻。伊川曰：兩間謂之"介"。介，分限也。故人之守節者謂之"介"。

九五：孚于剝。有厲。

《象》曰："孚于剝"，位正當也。

當兑之時，居九五中正之位，宜其天下心悦誠服，而此"有厲"，何哉？蓋兑之象上行，不知擇賢而比之，反上親容悦小人之徒，是以危也。夫既得其位，又得其時，不能孚兑之道，而上比小人，故孔子惜其得位而失道，則曰"孚于剝，位正當也"。剝者小人之事，安足與語説之大乎？古之人君或以小人之術自任，雖苟一時之譽，終不能究大人之造者，"孚于剝"之謂也。孟子曰："舍其梧檟，養其樲棘，則為賤場師焉。"惜乎九五之未進此道也。

上六：引兑。

《象》曰："上六，引兑"，未光也。

説有引之而説者，從人也。陰柔不足以有為，引之則從人而説。蓋上六不當有事之象，无毀无譽，特不能光大而已。于道固无得，而亦未至于失己，故吉、凶、悔、吝无得而言焉。

䷺ 坎下巽上

渙：亨，王假有廟。利涉大川。利貞。

渙者，離散之義。天下離散為渙，而散天下之難亦為渙。居渙得散而亨，散天下之難亦亨也。王道至而有廟，則難散矣。萃與渙其義相類，難渙則萃，萃則渙難，故當萃聚難渙之時，宜莫先于有廟以致孝享也。“利涉大川”，木行水上之象也。“利貞”者，渙難以是為德之先也。《經》曰：“孝莫大于嚴父，嚴父莫大于配天。”王者有廟，孝享必至于嚴父、配天而後其道盡，故《象》又言“享于帝，立廟”，所以終“王假有廟”之義也。

《彖》曰：渙，“亨”。剛來而不窮，柔得位乎外而上同。“王假有廟”，王乃在中也。“利涉大川”，乘木有功也。

渙之成卦自否來，故剛自四來而為二，柔自二升而為四，“剛來”得中“而不窮”，“柔”自內升“位乎外而上同”，此言成卦之義也。“王乃在中”者，以王居渙難之中，故難散而後“假有廟”也。“大川”，難也。“乘木”，濟難之方也。濟難有功則難散矣，此渙之所以“亨”也。

《象》曰：風行水上，渙。先王以享于帝。立廟。

水，難也。風行水上，則无不散矣，此渙難之象也。“享于帝，立廟”者，天地祖考，王祭之大也，難渙之時莫急于此也。能此則治天下可運諸掌，不能此則亂將復矣，是以先王不敢後也。

初六：用拯馬壯。吉。

《象》曰：“初六”之“吉”，順也。

初六，難之始也。方難之始而能竭其至健之才以拯之，則難无不濟矣，是其所以“吉”也。天下之事，辨之于早則順而易舉，故《象》曰“初六之吉，順也”。卦以初、二、四、五皆為渙難者，初能比二，四能比五故也。三與上私于其應，能免其身幸矣。明夷“用拯馬壯吉”曰“順以則也”，此言“順也”，是知馬以健順為義，故坤之象有取于馬也。

九二：渙奔其机。悔亡。

《象》曰：“渙奔其机”，得願也。

九二之剛自外來而得中，得去危就安之義，故有“奔其机”之象焉。剛不得中則不可有為而其道窮，道窮則其志失矣，惟得中就安，故《彖》所以言“不窮”而《象》言“得願”，此悔之所以亡也。言“奔”與“悔亡”皆去危之義。

六三：渙其躬。无悔。

《象》曰：“渙其躬”，志在外也。

渙難之時，六三知應于上而不知有所擇而比之，以行渙難之志，是其志之小者也，故其為道止及其身而已，終无濟時之義，然不失正應，終亦不為悔也。“志在外”者，志應上九也。

六四：渙其羣。元吉。渙有丘。匪夷所思。

《象》曰：“渙其羣。元吉”，光大也。

六四之柔自下而升，故有上同之義。夫以柔道上行而輔君，為臣之至美，故君臣相濟，能渙天下之難也。“羣”者，天下罹于難者也。能渙天下之難，則其道大矣，非止于其躬而已，故“元吉”。難雖渙散，猶若有丘焉，勿謂難之小而弗戒也。有丘則匪夷矣，“有丘匪夷”之“思”，其可一日忘乎？此雖已濟難不敢忘難之意也，是亦“其亡苞桑”之義。昔禹平水土，成湯伐夏救民，皆“渙其羣”者也。成王“懲而毖後患”，所謂“匪夷之思”也。“元吉”，光大之義。于夏商可見。然《易》之卦變屢見于《彖》，至渙尤明，見于二爻之辭。不然則九二剛中，自无奔机之象；而六四至柔，豈能具渙羣之吉乎？惟究成卦之變，則二爻之辭可得也。

九五：渙汗其大號。渙王居。无咎。

《象》曰："王居无咎"，正位也。

令出惟行弗惟反，則號令之出，其猶"渙汗"乎？一出不反之義也，是以王者重慎之。四、五君臣合德，以渙天下之難，其號大矣，故渙之"大號"則王居之，"渙羣"之功則六四主之。王居渙號則正位以令天下，得君道也，故"无咎"。六四主渙羣之功，則宣力四方，盡臣職也，吉孰大焉？故"元吉"。此君臣之義不同也。

上九：渙其血。去。逖出。无咎。

《象》曰："渙其血"，遠害也。

難不能散，則傷之者至矣。上九知見傷之憂，故"渙其血，去，逖出"，而後"无咎"也。逖，遠也。違難必遠，乃可免害，此與"渙其躬"者无以異。蓋止于一身之謀，非天下之大計也。夫同聲相應，同氣相求，二爻之應亦其志同耳。然渙之六爻皆无凶悔者，以皆知濟難及保身之道也。茍不能有道以濟天下之難，又不能明哲以自保其身，是皆凶悔之徒歟？此蓋不必六爻有象而後知之，故《易》之辭觀吉可以知凶，由凶可以見吉，斯得"知微知彰"之義矣。

䷻ 兌下坎上

節：亨。苦節。不可貞。

天下之理有過則有節，不及无節也。過而不知節，則傷害隨之；節无傷害，是以"亨"也。節之過與无節同非亨之道，故"苦節，不可貞"。如是則節无他道焉，中而已。然節獨以過為主，中由過與不及言也，此其所以異者。

《彖》曰：節，"亨"。剛柔分而剛得中。"苦節。不可貞"，其道窮也。說以行險，當位以節，中正以通。天地節而四時成。節以制度，不傷財，不害民。

節之成卦自泰三、五而來，“剛柔分”而上下剛，上而得中，故為節。且賁之與節皆自泰來，其義相類。賁則柔來而文剛，剛上而文柔；節則柔來而節剛，剛上而節柔。夫泰為天地純剛柔之卦，賁以剛柔純質而无文，故文之；節以剛柔過盛而无節，故節之。《彖》言“剛柔分而剛得中”，則知節之名卦，以剛柔皆過盛為義也。是以泰之《象》曰“后以財成天地之道”，而節則終其義者也。然天下之理，中則可久，不及與過皆非可久之道。“苦節”過中，是以其道易“窮”而不能久也。“說以行險”，非苦節也，中道也。九五居尊位，有能節之勢而行“甘節”之道，道與位當，故言“當位以節”。居中得正，其道乃通，此“節亨”之義也。人知過盛之可節，而不知天地非節亦不能有成，是非獨人事而已。故聖人因明“天地節而四時成”，為君者必法之以“制度”，故“不傷財，不害民”也。“天地節”者，剛之節柔，柔之節剛也。剛節柔，猶冬之有春；柔節剛，猶夏之有秋；不然則大冬大夏而已，安能成四時乎？泰之六五以剛節之而成坎，少陽也，春之象也。泰之九三以柔節之而成兑，少陰也，秋之象也。天地之節于此可見，故《易》之卦變于節為尤詳。然《易》卦雖以人事為主，亦未有不本于天地而來者，蓋上下二體三才亦皆具天地之象。聖人明人道本于天地，故《彖》之所言或取變或取二體三才，其稱天地亦非一道也，革、節是已。

《象》曰：澤上有水，節。君子以制數度議德行。

澤无水困，則為不足；澤上有水，則為有餘。不足則為困，有餘則當節，理之常也。在人之節，則“制數度”所以節于外，“議德行”所以節于內也。為國為家至于一身，其內外制節皆一也。

初九：不出户庭。无咎。

《象》曰：“不出戶庭”，知通塞也。

六爻惟初為有應，而曰“不出户庭，无咎”者，所以節之也。不知有節，則出入无時而失慎密之道。且通則行，塞則止，當出則出，初不係于有應无應也。應者，助其外而已，而在我之節，其可廢乎？故《象》以“不出户庭”為“知通塞”，而《繫辭》又明“慎密不出”之義，聖人之旨深矣，節之議德行于此可見。伊川曰：户庭，户外之庭也。門庭，門内之庭也。

九二：不出門庭。凶。

《象》曰：“不出門庭。凶”，失時極也。

初為不當有事之地，而二以剛中居有為之位，其道不可同也，故初以“不出户庭”為知塞，而二以“不出門庭”為不知通。知塞故“无咎”，不知通則有“失時”之“凶”矣。“極”，至也。有初故可以節二，有二則可以節初，二者亦相濟之道歟？

六三：不節若，則嗟若。无咎。

《象》曰：“不節”之“嗟”，又誰“咎”也？

自成卦之初論之，則六三所以節剛也；自生爻之後論之，則六三居不中正，乘剛履險，不知節者也。不知節則傷嗟且至，咸其自取，“又誰咎”乎？

六四：安節。亨。

《象》曰：“安節”之“亨”，承上道也。

以陰比陽，以柔從剛，安行承上之節，而无勉強矯為之意，此六四所以“亨”也。亨，自亨也，未足以及人，古之所謂“守節之士”也。

九五：甘節。吉。往有尚。

《象》曰：“甘節”之“吉”，居位中也。

“安節”，自安而已，而人未必安；“甘節”，則施之于已，施之于人，皆不以為苦，故无往不可，所以為人君之道。九五居中履正，以甘節節天下，上下同之，其“吉”宜矣。盡節之大者，是以“往有尚”也。《詩》所謂“如月之恒，如日之升”者，其“往有尚”之意歟？蓋言日進而無已也。

上六：苦節。貞凶。悔亡。

《象》曰：“苦節。貞凶”，其道窮也。

上六居節之極，蓋節之過者。以“苦節”人固不能，于以“自節”亦非可久之道，如是為貞則“凶”矣。夫苦節不可貞，而上六固守之，故凶而道窮也。伊川曰：上六之“悔亡”與他卦異，蓋言悔則凶亡矣。

䷼ 兌下巽上

中孚[①]：豚魚吉。利涉大川。利貞。

《雜卦》曰：“中孚，信也。”夫信者，孚之一也。孚者，其道之大全也。以信不足以盡孚，故必曰“中孚”。然有信之而信者，有作也；有未嘗信之而信者，无作也，无作“中孚”是也。故自人之為德論之，則曰“信”，又其小者則信于言而已。自道論之，則曰“孚”，或未見于有為，而其道可孚；或无其人焉，而是道為可孚；皆曰“有孚”也。故孚之道，有无心于信天下而天下信之之意。无不感也，无不通也，亦无不受而容之也。无作也，无止也，亦无損益盛衰之理。有孚于一身、于一家、于一國、于天下，遠近大小衆寡之不同，其孚一也。然《易》之卦皆道也，而爻則人也。在卦辭言之，則主道也；在爻辭言之，則言乎其人也。而中孚又以名卦者，以信不足以名卦也。且道有誠、有孚、有信，人或未之別。蓋信者，孚之一也；孚者，誠之一也。道之所至，誠亦至焉，故道大誠亦大，而孚為道之信，信為人之德，是其別也。自二帝以來，言

① “中孚”，武英殿聚珍版本同。按高亨以爲“中孚”二字當重，上“中孚”二字爲卦名，下“中孚”二字爲卦辭。說見《周易古經今注》。

信者蓋寡，至成湯而後，言“彰信兆民”。文王演《易》復稱“孚”，詩人亦言“上天之載，無聲無臭”“儀刑文王，萬邦作孚”。故道之盛者，後世莫若文王也。至武王而後，復言“惇信明義”。及乎世衰道微，人不知孚之為道，獨知信而已。孔子作《易》，所以曉天下萬世，欲其明而无惑，故為言曰“中孚，信也”，是使後世由信而可得中孚之道也。學者于此，即以信為孚，以孚為信，不知孚之有别，斯失聖人釋《經》之旨矣。夫中孚之象，中虛也。虛己而對物，則无物。在物先，來則應之，不來則无應，此中孚之為信，所以進乎誠也。茍實其中，則先物有物矣。先物有物則不誠，在物先，安得謂之“孚”乎？故子絶四，曰“毋我”。毋我則虛己矣，是无先物之物也。“上天之載，無聲無臭”亦不過如是而已，使有聲臭，實其中，非天道也。有物以實其中，非聖人之道也。“豚魚吉”者，“信及豚魚”也。惟天地之道可信及豚魚，蓋天地以生為德而无私于豚魚，以生為德，故豚魚以是道而生，信及也。使有心于豚魚，則信及者微，而其不及者大，非天地也。聖人法之亦如是而已，信及豚魚，則孚于天下可知也。“利涉大川”，中虛之有濟也。“利貞”者，中虛之德也。中虛之德，天德也。

《彖》曰：中孚，柔在内而剛得中，説而巽，孚乃化邦也。“豚魚吉”，信及豚魚也。“利涉大川”，乘木舟虛也。中孚以“利貞”，乃應乎天也。

中孚之象，二陰居内，而二、五剛中，下説而上巽，故孚。聖人法此，所以“化邦”也。“儀刑文王，萬邦作孚”，豈非化邦之謂歟？豚魚，物之至微而无知者，信之難及者也。“信及豚魚”，况于有知者乎？又况于人乎？觀此則化邦可知矣。巽，木也。木而中虛，所以難可濟也。“利貞”，乾德也。虛中而利貞，其孚所以應天而大也。

《象》曰：澤上有風，中孚。君子以議獄緩死。

治獄聽訟，虛中為先，實其中則有蔽，此中孚之卦，“君子”所以

“議獄緩死”也。議獄亦舉一端言之也，凡天下之務當虛中者，皆如治獄用中孚之道也。且聖人之為治也，有道以為之本，刑罰助治而已，非聖人之所專任以治天下也。知此則知虛中之道矣，不知此則刑罰先實其中，道无自而入焉，是其為治，无適而非刑也，安得“議獄緩死”之事哉？如《書》言“宥過无大”，又言“罪疑惟輕”，皆議獄之謂也。觀舜與臯陶之言，然後知聖人之刑。舜之戒臯陶曰“明于五刑，以弼五教”，則五刑者正所以弼五教，故命臯陶于契之後，非五刑可獨任以致治也。曰“刑期于无刑，民協于中”，則聖人之心以无刑在刑之先，此葢虛中之道也。其命臯陶則先曰“蠻夷猾夏，寇賊姦宄”，故知舜之刑由蠻夷猾夏、寇賊姦宄而有之，非此則无用于刑也。臯陶稱帝之德曰“宥過无大，刑故无小；罪疑惟輕，功疑惟重；與其殺不辜，寧失不經”，則知聖人之刑皆不得已而用也。不得已而用，則由天下有罪而後有刑，葢聖人不先刑以制天下也。故至于好生之德洽于民心，則盡孚天下之道矣，中孚之獄如是而已。後世舍道德仁義，獨任刑以為治者，不患天下之不孚，而患網之不竂；不患德之不洽，而患文之不峻；于是有剷屠夷族之禍，而人之有生，殆犬彘之不如矣，又安足與語中孚之道哉？秦漢是已。

初九：虞吉。有它，不燕。

《象》曰：“初九，虞吉”，志未變也。

中孚之虛，无物閡其中，故其孚最為近誠。“虞吉”者，審度吉道而後行也。度吉而行，固善道也，然已為有物，非中孚之虛矣，故言“有它”。有它則中實，非安于中孚之道。《象》言“志未變”者，言虞吉有它之志未能忘也，忘此則中孚矣。初九中孚之始，未能盡其道，故尚有“虞吉”之志。盡中孚之道者无適而非吉，又何虞乎？

九二：鳴鶴在陰，其子和之。我有好爵，吾與爾靡之。

《象》曰：“其子和之”，中心願也。

中孚之道與物无閡，況于交感之際為感通之易者乎？是猶鶴鳴于幽陰之中，而其子和之，必至之理也。“有好爵”以“與爾靡之”，又其子之願也，是其所以和也。“好爵”，猶美道也。“吾與爾靡”，其道虛己以容人也。蓋言中孚之美道其能感人也，虛己而已。然中孚本應物之道，二得之，而三失之。

六三：得敵。或鼓，或罷，或泣，或歌。

《象》曰：“或鼓，或罷”，位不當也。

自一卦論之，則三、四為虛中；自爻言之，則六三之不當位，又不若六四之能虛己也。且中孚之道不立己，何得敵之有？“得敵”則有己，甚于“虞吉”。故物或怒之則“鼓”，或困之則“罷”，或悲之則“泣”，或樂之則“歌”，四者有感于外而動于中者也。感于外而動于中，不能忘敵也。不能忘敵，有我之過也。惟中孚虛己，无與為敵。外物之來如投虛然，或怒之則无鼓也，或困之則无罷也，或悲之則无泣也，或樂之則无歌也，舉无得敵之理，則其道全矣。

六四：月幾望，馬匹亡。无咎。

《象》曰：“馬匹亡”，絶類上也。

六四處得其正，蓋有中孚之道者。“月幾望”，居盛位而不盈也。“馬匹亡”，舍衆志而獨上也。六四近君，有自盈之失，今月幾望，則虛己而不盈矣。馬匹不亡則有鼓、罷、泣、歌之累，今馬匹亡則安行上道，終无“得敵”之理，是以“无咎”也。匹，亦敵之類也。“得敵”“匹亡”，其道相反也。《象》言柔在內，而爻則其道相反，蓋卦爻取義有不得而同者也。

九五：有孚攣如。无咎。

《象》曰：“有孚攣如”，位正當也。

孚之道无不通，亦无不感，可以通天下之志，至于固結攣如，是以“无咎”。九五君位，足以感通天下，又无私應之累，故直曰“有孚攣如，位正當”而已。

上九：翰音登于天。貞凶。

《象》曰：“翰音登于天”，何可長也？

中孚，虛己也；虛己者，道之虛也。道之虛，故足以應天下之實而无不通焉，是以聖人尚之也。“翰音登于天”，聲之虛也。聲之虛不足以有為也，以是為貞則“凶”矣。虛聲无實，非可久之道也。九五知虛己而用道于中，故足以通天下之志。上九獨務虛聲而事于外，不知其道已喪于中矣，故凶而不可久也。

䷽ 艮下震上

小過：亨。利貞。可小事，不可大事。飛鳥遺之音。不宜上，宜下。大吉。

大過四剛二柔，剛過之象。小過二剛，亦曰“過”者，蓋剛實其中則為過矣。是以聖人貴夫居柔而用剛，故中孚而後有小過，頤而後有大過也。

《彖》曰：小過，小者過而亨也。過以“利貞”，與時行也。柔得中，是以“小事吉”也。剛失位而不中，是以“不可大事”也。有“飛鳥”之象焉。“飛鳥遺之音。不宜上，宜下。大吉”，上逆而下順也。

小過之亨，蓋以“小者過則亨”，是以可小事也。“過以利貞”，故能與時偕行而无違；非利貞，則雖小過亦不能有行矣，此小過所以莫先于“利貞”也。可大事者，剛也，柔可小事而已。二、五柔中，故小事則吉。三、四剛而不中，故不可大事。凡剛非二、五，皆非得位，故言“剛失位而不中”也。中孚虛中而實外，“舟虛”之象也。小過中實而外柔，“飛鳥”之象也。飛鳥遺音，能下不能上，上則逆也，下則順也；逆則无適而非凶，此順所以為“大吉”也。由是言之，則小過之義可過于下，不可過于上；可過于順，不可過于逆；可過于柔，不可過于剛。故“不及其君，遇其臣”，所以為小過之“无咎”歟？

《象》曰：山上有雷，小過。君子以行過乎恭，喪過乎哀，用過乎儉。

凡物之過者，非其物也；事之過者，非其事也；過則其象變矣，如泰之過不為泰，否之過不為否也。惟行之過恭，不失其為行；喪之過哀，不失其為喪；用之過儉，不失其為用；是則為可過之道，所謂“宜下，大吉”也。故凡可過者過之，則不為失；不可過而過之，斯為過矣。孔子曰：“禮，與其奢也，寧儉；喪，與其易也，寧戚。”此其所以為可過也歟？自道論之，三者，猶為道之小者，故稱“小過”。

初六：飛鳥以，凶。

《象》曰：“飛鳥以，凶”，不可如何也。

卦《彖》言飛鳥之象、飛鳥之音，而初、上又明飛鳥之凶。中實外柔，飛鳥之象也；上逆下順，飛鳥之音也；迅疾多過，飛鳥之凶也。別而言之固不同，合而言之則飛鳥皆有，是三者之義也。初六以柔居下，其道順也。從剛而應四，則舍順而從逆，飛鳥上逆之過也，是以有“凶”。飛鳥之過，一往不及反，雖欲救止之，未[1]如之何矣，故曰“不可如何也”。

六二：過其祖，遇其妣。不及其君，遇其臣。无咎。

《象》曰：“不及其君”，“臣”不可過也。

伊川曰：陽之在上者，父之象；尊于父者，祖之象。四在三上，故為祖。又曰：五陰而尊，祖妣之象也。雍曰：“過其祖”而“遇其妣”，謂二之遇五也。“不及其君，遇其臣”，謂五之遇二也。過祖之妣，尊妣也。

[1] “未”，原本此字作“末”，武英殿聚珍版本同。未、末二字形近而訛，據文義改。

不及之臣，自卑也。尊妣而自卑，則二、五雖俱為陰柔而君臣之分不亂，所謂“行過乎恭”也，是以“无咎”。二、五非正應而相從，故言“遇”，“遇”則所謂“小過”，非大得志也。

九三：弗過防之，從或戕之。凶。

《象》曰：“從或戕之”，“凶”如何也？

聖人之所以為防者，禮而已，惟禮足以防人，亦足以防己。遇人而不知防，則從或戕于外；守己而不知防，則從或戕于內。傷害既至，其“凶”如何？信不可逃也。君子“行過乎恭”“喪過乎哀”“用過乎儉”，皆所以防之耳。九三以陽居剛，為道過矣。過而不知防，是以“凶”也。

九四：无咎。弗過遇之。往厲。必戒。勿用永貞。

《象》曰：“弗過遇之”，位不當也。“往厲。必戒”，終不可長也。

九四以陽居柔，无過也，故“无咎”。无咎无過，遇之而已。遇之者，下順乎柔，不以剛自居也。若舍柔用剛，以是而往，危之道也，故“必戒”焉。“勿用永貞”，貴夫知時而已。時不可過而過之，故有“往厲”之戒。時可小過焉，又不可以斯道“永貞”也，此過之與時偕行者也。“位不當”者，所謂“剛失位而不中”也。剛失位而不中，是以弗過而遇之也。或得位而中，斯為大有為之君，尚何“往厲”之戒乎？故往厲之戒，特處九四之道耳，終非可久之貞也。觀爻辭之義，則遇為小事而過為大事，故上六“弗遇過之”所以為“亢”也。

六五：密雲不雨，自我西郊。公弋取彼在穴。

《象》曰：“密雲不雨”，已上也。

雨之潤澤萬物，非小道也，豈小過柔中之君能盡其道哉？雖與二為遇，亦可小事而已，故言“雨”。則密雲自我西郊，方興而未有潤澤之功，蓋見其不可大事也。“公弋取彼在穴”者，“弋取”，小事，故能有在穴之獲。在穴之獲，謂二之遇也。君臣之遇固非小事，然未能大得君，未足以澤及天下，故為小也。若乾之二、五，同聲相應，同氣相求，所謂大矣。“已上”者，言陰道已上行而未雨，蓋君臣俱柔之象也。

上六：弗遇過之，飛鳥離之。凶。是謂災眚。

《象》曰：“弗遇過之”，已亢也。

知不可大事而過之者，二、四之“无咎”也；知不可大事而過之者，上六之“災眚”也。鳥之飛也，多失之過；鳥飛之過，則“離凶”焉。非獨天災，亦自取耳。上六當過之時不知處過之道，至于亢極，其凶宜矣。太甲曰“天作孽，猶可違；自作孽，不可逭”，其斯之謂與？

䷾ 離下坎上

既濟：亨。小利貞。初吉，終亂。

已濟難為既濟，方將濟難為未濟，名卦之義甚明，然則既濟之亨可知矣。《易》六爻有應者八卦，既濟、未濟居其二。而未濟不能濟難者，以既濟六爻皆得位，未濟六爻皆失位故也。六爻皆應皆得位，在六十四卦之中獨此一卦而已，以是知欲濟者必在有應，必得其位，然後可也。既濟“亨，小”者，小為衍字，蓋緣未濟“亨”之下有“小”字，故亦誤書于此。又孔子《彖》言“小者亨也”，因此遂不能去。六十四卦无“亨，小”之義，如旅“小亨”、巽“小亨”，是誠小亨也。既濟，亨之大者也。然則孔子言“小者亨也”者，蓋濟難大人之事，故未濟言“小狐汔濟”，以明小者不能濟，故為未濟。若既濟，則雖小者亦有濟，故孔子《彖》言“小者亨也”，所以別未濟之義也。小者如小道、小德，亦有濟也。又如大事雖濟，小事亦濟也。是皆為小，如是則知舉无不濟矣。使卦辭有“小”字，則孔子《彖》辭當以“既濟亨小者”為句斷，下句獨曰“亨也”，殊无義理。必以“既濟亨”為斷句，則見“既濟亨”為文王辭，“小者亨也”為孔子釋之之辭也。且大人于難无所不濟，故既濟、未濟不必論大人。惟既濟之後雖小道、小德皆可亨，未濟之時非小道、小德所能亨也，故必以“小者亨”“小狐濡尾”為別也。孔子于“小亨”增

“者”“也”二字，即文義與旅、巽自不同矣。“初吉”者，既濟无不吉也。道窮，則變未濟終焉，故“終亂”也。既濟有“初吉，終亂”之象，未必濟者皆亂也，終亂不亂，則在人耳，故聖人慎終如始，所以復濟“終亂”之道也。昔成湯黜夏命之後，乃曰“兹朕未知獲戾于上下，慄慄危懼，若將隕于深淵”。武王大告武成，乃偃武修文，歸馬放牛，示天下弗服。若是者，豈有“終亂”之道乎？是以商周享國久長，由湯武有以濟“終亂”之道也。有其象則卦言之，而亂與不亂在人事者，非卦所可盡言也。

《彖》曰：既濟，“亨”，小者亨也。“利貞”，剛柔正而位當也。“初吉”，柔得中也。“終”止則“亂”，其道窮也。

小者皆亨，故曰“既濟”。小或未亨，非既也。既者，皆盡之辭。“利貞”者，既濟以六爻剛柔皆當位而濟，以是知其利貞也。使不當位而可濟，則非利貞[①]矣。六二，柔得中也，初、二皆卦之始也，故為“初吉”。“終止則亂”者，止謂難止，則亂至也，猶上六“濡首”之“厲”是也。難止則亂至，有不至者何也？蓋難止亂至者，象當然也。有不至者，聖人維持之力也。

《象》曰：水在火上，既濟。君子以思患而豫防之。

水性下而居上，火性上而居下，交則相濟，是為既濟也。既濟雖非有患之時，而患必生于既濟之後，故君子思患而豫為之防也。成湯之“危懼”，成王之“小毖”，皆“思患豫防”之謂也。故卦言“終亂”、《象》言“豫防”、爻有“濡首”之“厲”，其義一也。

初九：曳其輪，濡其尾。无咎。

《象》曰：“曳其輪”，義无咎也。

---

① “利貞”，原本作“貞利”二字。據武英殿聚珍版本乙正。

既濟之初，方出難矣，是以有曳輪、濡尾之象。曳輪，所以出難也。濡尾，以曳輪而濡也。曳輪而濡尾，則身出而難在後矣，是以知其既濟也。既濟，故"義无咎"。

六二：婦喪其茀。勿逐，七日得。

《象》曰："七日得"，以中道也。

六二，柔而得中者也。當既濟之時，在我者得其位，則不失己；在人者得其應，則不失人；内外无失，又何患于喪乎？有喪亦有復，故"勿逐，七日得"也。如是則六二之象有得无失，而辭言"婦喪其茀"者，蓋得失者，消長循環之道，方得之際，失在前也。猶既濟之終，必復于難，君子思患而豫防之，勿謂其无喪而遂忘其喪也，此六二所以言"婦喪其茀"之義。柔中，婦之象。《爾雅》謂"輿革後謂之茀"，而《詩》有"簟茀魚服"，鄭氏謂"茀之言蔽也"。故伊川曰：婦人出以自蔽者也。而馬氏、王氏皆為首飾，未詳其旨。伊川曰：卦有六位，七則變矣，"七日"謂時變也。雖不為上所用，而中正之道无終廢之理也。

九三：高宗伐鬼方，三年克之。小人勿用。

《象》曰："三年克之"，憊也。

高宗，中興之賢君也。鬼方，至遠之伐也。高宗之中興，其為政事豈伐遠方而已哉？故知鬼方之伐在高宗為小事也。小事猶克之，以見小者亦亨也。猶有三年之憊者，既濟之難，未至大亨也。高宗中興，所謂既濟之大亨矣。鬼方小事，猶且"小人勿用"，則大者可知，此其所以中興歟？九三當既濟方興之時，故有高宗之象。

六四：繻有衣袽。終日戒。

《象》曰："終日戒"，有所疑也。

既濟思患豫防，而六四又為多懼之地，近君居險，是以有"繻有衣袽"之戒。袽，敝衣也。《說文》謂"繻為繒采"，蓋其意以謂勿以新繒而忘敝袽，亦猶勿以既濟而遂忘未濟之難也。“終日”者，言无怠時也。“有所疑”者，雖未有患，以多懼而豫防之也。

九五：東鄰殺牛，不如西鄰之禴祭，實受其福。

《象》曰：“東鄰殺牛”，不如西鄰之時也。“實受其福”，吉大來也。

大難既濟，為之君者何所事焉？惟祭祀為先耳，與萃、渙二卦“王假有廟”同意。“牛”祭，祭之盛者也。“禴祭”，祭之薄者也。祭之盛者非无誠也，然以物為主；祭之薄者非无物也，然以誠為主。物過于誠則物勝誠，而誠日以衰；誠過于物則誠勝物，而誠日以著。鬼神惟誠而後通，物亦因誠而可薦，則祭祀之道誠在所先而物在所後明矣，是以“東鄰殺牛，不如西鄰之禴祭，實受其福”也。《象》言“西鄰之時”，蓋君子誠之為貴，方既濟之初未能備物為亨，是得其時也。“吉大來”者，既濟亨矣，其吉方興而未艾，是猶《天保》之詩言“吉蠲為饎，是用孝享。禴祠烝嘗，于公先王”，其卒章言“如月之恒，如日之升。如南山之壽，不騫不崩。如松栢之茂，無不爾或承”，謂之“大來”者如此。伊川曰：東鄰陽也，謂五；西鄰陰也，謂二也。

上六：濡其首。厲。

《象》曰：“濡其首。厲”，何可久也？

上六處既濟之極，當終止之亂，是以有濡首之危，非可久于既濟之道也。既濟之極，難之始而未深也，故但濡首而已，惟聖人通其變而不至于極，則无是危矣。

䷿ 坎下離上

未濟：亨。小狐汔濟，濡其尾。无攸利。

《易》六十四卦終于既濟、未濟者，凡人事之終始，惟曰“濟”與“不濟”而已，故以是二卦終焉。先既濟而後未濟者，猶泰之與否也。泰極則否，既濟窮則未濟，天道人事莫不然也，聖人之為戒深矣！既濟曰

“亨”，未濟亦曰“亨”者，既濟之亨，已然之亨也；未濟之亨，將然之亨也。既濟言“濡其尾”而未濟亦言“濡其尾”者，既濟之濡其尾，以曳輪，既濟而濡尾也；未濟之濡其尾，以小狐幾濟而濡尾也。夫濟難大人之事，豈狐疑小人之所能哉？宜其濡尾而“无攸利”，此其所以為未濟也。幾濟而濡尾，不喪其生亦幸矣，何所利乎？若夫飛龍在天、大人之造，何難不濟？是以有“不言所利”之大。

《彖》曰：未濟，“亨”，柔得中也。“小狐汔濟”，未出中也。“濡其尾，无攸利”，不續終也。雖不當位，剛柔應也。

未濟，知其亨也。以六五柔中，知其有濟，是以亨也。小狐幾濟，未能出險之中，故“濡其尾，无攸利”，未能終其濟也。有始有卒者，其唯聖人乎？是以續終之事，固非狐疑小人之所能也。六爻雖不當位，而剛柔皆相應。雖處己有失，然亦未嘗失于人，故得人之助，是以有終亨之象。而小狐之濟亦止于无攸利而已，不然則凶及之矣。

《象》曰：火在水上，未濟。君子以慎辨物居方。

火性炎上而在上，水性潤下而在下，二氣不交，不相為用，是以為未濟，亦猶天地不交而為否也。物之有可辨者，如水火之性是也。“居方”者，猶居上、居下是也。君子觀未濟之象，而慎于“辨物居方”者，欲其所居各得交濟之道，无若火在水上而不相為用也，不然則物自各止其所在，君子何慎之有？

初六：濡其尾。吝。

《象》曰：“濡其尾”，亦不知極也。

初六陰柔在下，居險之中而上應九四，是則小狐欲濟之象，然不能有終而“濡其尾”，是陰柔不足以有濟，故“吝”也。“極”，至也。度可至而至之，智者之事。不度才力而妄欲有濟，是不知可至之道也。无凶而止于吝者，得其應以為之助耳。

九二：曳其輪。貞吉。

《象》曰："九二，貞吉"，中以行正也。

"曳其輪"者，將以有行也。九二以剛中之才居險難之中，剛而有濟，故"曳其輪，貞吉"也。夫六五之君柔中，未能有濟，必得九二剛中之臣相與為應乃可濟矣，是以有曳輪濟難之漸，固守是道，无不吉也。"中以行正"者，其曳輪也，所以輔其君，以有濟道之正也，以九居二中之德也。以中之德，行道之正，故曰"中以行正"也。既濟初九曳輪而已濟者也，未濟九二曳輪而將濟者也。夫濟者宜有用舟之象，而二卦皆言曳輪者，以見濟難之時用力甚艱，而後有濟故也。

六三：未濟。征凶。利涉大川。

《象》曰："未濟。征凶"，位不當也。

三非中正之才，不足以有濟，必欲力征而有濟，斯取凶之道也。然二卦謂之濟者，非獨濟其身而已，有載上濟下之道，故皆有曳輪之象。苟濟其身則為小狐之事也，非濟之大者也。六三雖非中正之才，而處險之上，險不能害，以之自濟則可，濟衆則不可，是以雖"征凶"而"利涉大川"也。"征凶"，以其濟衆也。"利涉大川"，自濟也。必曰"未濟，征凶"，言欲以未濟之道而征，是以知其欲大濟也。征凶固不若九二曳輪之吉，而利涉大川復優于小狐濡尾之吝，以此見六三之才居初、二之間，特以不當濟難之位，往濟則凶也。

九四：貞吉。悔亡。震用伐鬼方，三年有賞于大國。

《象》曰："貞吉。悔亡"，志行也。

四居近君之位，有剛強可濟之才而能固守居柔之貞，是以"吉"也。吉則未濟之悔亡矣，故可以"震用伐鬼方"。震用伐鬼方則其才足以遠濟，非獨自濟其身而已，故其君報能濟之功，是以"三年有賞于大國"也。必言三年，以見未濟之時艱于有為也。自古觀之，舜有大功三十而後為天子，禹八年于外而後平水土，湯十一征而天下信之，文王九年而大統未集，周公東征三年而歸，未濟之難如此，則九四之"三年有賞"

未為久也。“志行”者，上有六五虛明柔中之君，故九四得以行其志而有鬼方之伐，不然則自濟不暇，又安能濟遠人乎？既濟九三與未濟九四皆有伐鬼方之象者，二卦三、四為反對，故其象同。與損、益二、五言“十朋之龜”，夬、姤三、四言“臀无膚，其行次且”同義。稱“高宗”則知伐鬼方為小亨，言“震用”則知伐鬼方為大事矣，係乎其人，大小不同也。

六五：貞吉。无悔。君子之光。有孚。吉。

《象》曰：“君子之光”，其暉“吉”也。

六五柔中，文明之君，虛己而有容，故賢者樂為之輔，以濟天下之難，是以九二有曳輪之吉而九四有鬼方之伐也。人君不以尊位自居，而樂于虛己待賢，固守是道，宜其“吉”而“无悔”矣。貞吉而无悔，是以未濟之悔可亡于九四也，為君之德孰有光于是者乎？此其所以為文明之君。“有孚”，虛中也。虛中故能尊賢而容衆，是以“吉”也。上言“貞吉”，始之吉也；下言“有孚，吉”，終之吉也；此所謂能續終者也。昔文王之為君也，“徽柔懿恭”，所謂柔中也。“光于四方，顯于西土”，非君子之光乎？至于得賢而用之，則有若虢叔、閎夭、散宜生、泰顛、南宮适之徒以為疏附、先後、奔走、禦侮之臣。故在《詩》則文王獨稱“大明”，而在《易》則未濟六五亦獨為“君子之光”也。

上九：有孚于飲酒。无咎。濡其首。有孚。失是。

《象》曰：“飲酒”“濡首”，亦不知節也。

六五有孚于賢者，故為“君子之光”。上九“有孚于飲酒”，適足自養而已，安能有濟哉？然自養者獨善其身，雖无大咎，至于難將及己，濡首而不變，是不知進退存亡之節者也。向之謂“有孚”，今則“失是”矣。上九剛明之才，可用而不知變，故聖人之辭戒之如此。昔伊尹始則耕于有莘之野，終則幡然而改，所謂“知進退存亡”之節者，又安有“濡首”之失乎？

《郭氏傳家易說》卷七

宋　郭雍　撰

《繫辭》上

天尊地卑，乾、坤定矣；

《繫辭》首一章之義，當先辨天地非乾坤，乾坤非天地；及明道之乾坤，《易》之乾坤；三才之天地，卦中之天地；然後其義可明。若直以天地尊卑便為乾坤，孰不知天地尊卑之理如此，則于道、于《易》、于卦皆無意義，若非聖人之言也，聖人之言豈苟然哉？此章蓋明作《易》聖人首畫乾坤二卦之義，此謂《易》之乾坤，卦中天地之象也。且无形者道，有形者物。乾坤，道也；天地，物也。故道有乾坤而无天地，物有天地而无乾坤。及乎觸類而長之，然後乾為天，坤為地，非本无分也，此乾坤、天地之辨也。无象則道也，有象則卦也；道之乾坤无象也，有其道而未見于書也；《易》之乾坤有象也，畫而為卦見之于書者也。三才之天地，天地也；卦中之天地，上下二卦，又三才之象也。孔子《繫辭》，繫《周易》也。《周易》以乾、坤六畫為首，故首言"天尊地卑，乾、坤定矣"。蓋言文王重卦，得天尊地卑之象，而後乾、坤之卦定也。若論乾坤之道，則乾坤定而後天尊地卑其義不同，故包犧之畫在上為天，尊道也；文王之重在下為地，卑道也。尊包犧而自卑之，是為得天尊地卑之道矣！天尊地卑，然後卦象形，六位著，剛柔分，其始則乾、坤二卦先定，故曰："乾、坤，其《易》之門邪？"

卑高以陳，貴賤位矣；

"卑"，地也；"高"，天也。天地高卑以陳，則人位乎兩間，而人道著矣。“貴賤”，人道也。天地純一，故一高一卑；人道不齊，則或貴或賤，而位有分焉。此六位之所由以立也，有六位而後剛柔生焉。故位為一定之體，而剛柔則變矣。

動靜有常，剛柔斷矣；

乾，陽也。陽為動。坤，陰也。陰為靜。爻之變，本乎動靜；觀動靜常理，則六爻剛柔斷然可知。動以變為常，靜以不變為常，《易》稱剛柔，皆謂九、六也。上言“乾、坤定”者，由上下二卦也；“貴賤位”者，六位也。此言“剛柔斷”者，六爻也。

方以類聚，物以羣分，吉凶生矣；

乾、坤，畫卦之始，本無吉凶，因人而生也。方，所也。物以方而聚，言其大致也；復以羣而分，言乎其微也。“類聚”“羣分”，皆在物也。物動則有吉凶，而其幾則見于《易》，故《易》之吉凶，因物之類聚、羣分而生，初未之有也。《易》之所有者，卦與爻位而已，前三者是也。因三才而生，見者吉凶，變化也。論乾、坤卦位六爻吉凶變化如此，則諸卦可知。

在天成象，在地成形，變化見矣。

此章論乾坤。先言卦位生爻，以盡設卦之道；繼言吉凶生，變化見，以見乾坤之致用。變化之道至微難見，因在天成象，以見乾之變化；因在地成形，以見坤之變化；故曰“變化見矣”。

是故剛柔相摩，八卦相盪；鼓之以雷霆，潤之以風雨；日月運行，一寒一暑；乾道成男，坤道成女；

變化之見在《易》，則見于剛柔；八卦在天地之間，則見于雷霆、風雨、日月、寒暑；在人則見于男女，皆乾坤變化之道也。剛柔者，六爻之九、六也。乾坤九、六，剛柔相摩而變，故八卦因之相盪，而六十四卦生焉，此見于《易》者也。雷霆、風雨之鼓潤，日月、寒暑之運行，皆八卦變化之象見于天地之間者也。雷霆、風雨，鼓潤萬物者也。日月，運行寒暑者也。“乾道成男”，在《易》則震、坎、艮是也，在人則男也。“坤道成女”，在《易》則巽、離、兌是也，在人則女也。

乾知大始，坤作成物。乾以易知，坤以簡能；

自“天尊地卑”言乾坤之設卦，“卑高以陳”言乾坤之六位，“動靜有常”言乾坤六爻之剛柔；繼言因方物而吉凶生，因象形而變化見，則乾坤之義略備矣。繼又明變化之見，有見于《易》者，有見于天地之間及人道者，雖各不同而其象一也。自“乾知大始，坤作成物”之下，大明乾坤之德，而終之以聖人法乾坤之道，則乾坤之義畢矣。繫《易》之義莫大于此，莫先于此，故以是首章也。且自《易》言之，則《易》始于乾坤，而乾又為坤之始，是為“大始”也。自物言之，則萬物始于坤，坤始于乾，是為“大始”也。大始以氣言，乾為天，天知始物而已，非生也。坤為地，地成形，則生而作成之也，此地道之代終也。然乾之大始，以易而知，知始而已，亦非生也；坤之成物，以簡而能，能則作成之義也。非易則不知，非簡則不能，乾坤之道不過于此，況人乎！是以聖人之道无他焉，法乾坤易簡而已。

易則易知，簡則易從；易知則有親，易從則有功；有親則可久，有功則可大；可久則賢人之德，可大則賢人之業。易簡而天下之理得矣，天下之理得而成位乎其中矣。

乾道易，故人亦易知；坤道簡，故人亦易從；人能法乾坤之易簡者，以易知、易從而已。以易知之道接物，故物輔而相親；以易從之道有為，故人歸而有功。有親，樂其易也，易則可久之道也；有功成于簡也，簡則可大之道也。且乾以無不覆為易，坤以无不載為簡。人思无不覆之道，則天下萬物不能外其親，此其所以可久也；思无不載之道，則天下萬物不能外其功，此其所以可大也。法乾坤之易簡，至于可久、可大，則賢人之德業至矣。原始要終，雖天下之理不同，皆以易簡而得之，此所謂知其所本者也。天下之理得，則與天地合德，是以成位乎其中而參天地。且乾以易知，天亦易也；坤以簡能，地亦簡也。聖賢之德業以易簡而成天下之理，以易簡而得天地，與人其德，一歸之易簡，非合德參天地而何？此章前言設卦之道，而後言賢人可大、可从之德業，則知《易》不徒設也，將以其道用于天下耳。昧者未之知，故務為艱險，以去其易；務為繁苛，以去其簡。徇目前之利而不顧方來之弊，則德于是乎不可从；作聰明窮奢，欲矜權術、滋法令，則業于是乎不可大。天下之理既不能得，于是上下乖離而天下始亂矣，漢唐之弊是也。安能知成位乎其中，本于至簡至易之道哉？聖人憂患後世不知君人之有道，此文王之《易》所以作，而孔子復繫辭以明之之意也。然乾坤易簡與人道易簡本非二道，故孔子論易簡自乾坤，終以人道相馴而致无少間也。此章始自天尊地卑，終于易簡，乾坤之義畢矣。

聖人設卦觀象，繫辭焉而明吉凶，剛柔相推而生變化。是故吉凶者，失得之象也；悔吝者，憂虞之象也；變化者。進退之象也；剛柔者，晝夜之象也；六爻之動，三極之道也。

此章明聖人設卦之道。卦所以觀天下之象，象在彼者也，聖人像之于卦，故觀于此而可得也。有畫而无辭，則吉凶不可得而知，繫之以辭，所以明吉凶也。剛柔不相推，則止于乾坤而已，變化无自而生；變化不生，則六十四卦不能成也。然吉凶變化雖各有所主，究其實，亦皆象也。《易》以象為主，而象為難明，故復詳言之。彼有“失得”，則卦以“吉凶”象之；彼有“憂虞”，則卦以“悔吝”象之；彼有“進退”，則卦以“變化”象之；彼有“晝夜”，則卦以“剛柔”象之；彼所有之象，聖人莫不觀而象之于此，此作《易》之道也。六爻之動，動則變，所以象三極變化之道也。既象進退，又象三極者，進退特人事耳。由卦全體而言，天地人之道皆具，豈獨人事而已哉！曰“明吉凶”則悔吝可知，然剛柔變化自為《易》之二道，相因而生，故各有象；獨辭无象，故不言也。

剛之極則柔，晝之極則夜，所以剛柔象晝夜也。

是故君子所居而安者，《易》之序也；所樂而玩者，爻之辭也。是故君子居則觀其象而玩其辭，動則觀其變而玩其占，是以“自天祐之。吉。无不利”。

上言聖人，謂作《易》之聖人也；此言君子，謂玩《易》之君子也。有聖人作《易》如彼，故君子玩之如此，非獨明作《易》之道，亦所以垂玩《易》之法，又以見非聖人不能作《易》，而君子之成德，玩《易》之所致也。然玩《易》有二道，一則“所居而安者，《易》之序；所樂而玩者，爻之辭”是也。一則“居則觀其象而玩其辭，動則觀其變而玩其占”是也。《易》之序者，卦之序也。序有時在其中，故君子居其時而安之者，得其序也。如居否之時則儉德辟難，居既濟之時則思患豫防之，是以安也。爻之辭，所以明道也。道非樂玩其辭則不可得而見，故因“介于石”而有得于知幾之神，因“鳴鶴在陰”而有得于樞機之慎，舉爻辭尚樂而玩則卦辭為可知矣。此其一也。其二則聖人又明居處動作之有異，不可以一塗盡其道。方居之時，无所營為，故觀《易》之象以明時，玩《易》之辭以探道；及動之後，悔吝攸生，故觀其變以知善惡，玩其占以明吉凶；是以君子常吉而天祐之者，蓋于所居所樂一動一静之際，莫非以《易》道自處，非天私君子而祐之，實自致也。占不獨蓍龜也，凡極數知來，皆占也，謂占于《易》之道也。前章終于天下之理得而成位乎其中，謂在上尊位之聖人也。不曰“聖人”而曰“賢人”，謂能法乾坤易簡，非獨聖人可得天下之理，賢者亦可修而得也。此章終于君子玩《易》，蓋兼上下窮通之君子，其玩《易》皆一也。稱君子，兼聖賢言之。

彖者，言乎象者也；爻者，言乎變者也；吉凶者，言乎其失得也；悔吝者，言乎其小疵也；无咎者，善補過也。

前章言卦之象備矣，此章又明玩辭之法也。彖之辭，所以言一卦之象也。象非為天為地而已，八卦之義，變動不居，皆其象也。爻之辭，所以言一卦之變也。卦由爻以變，爻之辭又明其變之所以也。“吉凶”，言其失得之大；“悔吝”，言其所失之小；“无咎”，稱其善補過；此五者皆《易》辭之道也。君子樂玩，在此而已。

是故列貴賤者存乎位，齊小大者存乎卦，辨吉凶者存乎辭，憂悔吝者存乎介，震无咎者存乎悔。

上而貴，下而賤，係乎六爻，故曰“存乎位”。乾、坤之大，井、鼎之小，皆卦也，故言“齊小大”。繫辭焉而明吉凶，是“存乎辭”也。“憂悔吝”者，方悔吝未至之時，先明于幾微則无疵，故“存乎介”，亦由思患而豫防之也。知畏過咎，常自震悔，則可補過，故“存乎悔”，亦由恐懼修省者也。人有貴賤而位列之，人有小大不齊而卦齊之，介雖所以“憂悔吝”，而悔又以“震无咎”也。能知辭之所言如彼，又知理之所存如此，樂而玩之，是其所以為君子也。

是故卦有小大，辭有險易。辭也者，各指其所之。

觀卦之象而“卦有小大”之異，君子所居不可同；玩卦之辭而“辭有险易”之辨，君子所樂不能一。“各指其所之”者，之于常則其辭易，之于變則其辭險，是非辭，无以示其所之也。

《易》與天地準，故能彌綸天地之道。

自此至“知鬼神之情狀”別為一章。天地至大也，人居其中則備三才；《易》之為書，三才之道也；是以一卦之中皆備三才之象，故“與天地準”。準則其道彌綸周滿天地，而无有餘不足之差，故天地人鬼无或不知者，以不能外乎《易》故也。言天地則人在其中矣。

仰以觀于天文，俯以察于地理，是故知幽明之故；原始反終，故知死生之說；

由《易》之道仰觀俯察，則天地幽明之故无不知。幽則天地之道其隱者也，明則天地之道其顯者也，在人則原形氣之始，反形氣之終，其死生之說尤為易知。故謂“幽明之故”者，以事理言，至死生則可說者也。

精氣為物，游魂為變，是故知鬼神之情狀；

萬物出于天地者也，人與萬物皆一也，由天地至精之氣鍾而為物，物散而變則復于天地，是鬼神之情狀。雖極幽隱，不過于人物聚散而已，蓋可得而知也。故文王之《易》于卦具天地而爻具人位，是人由天地精氣而生，雖有參天地之道而无同天地之體也。卦以用事而終窮，窮而變，亦猶鬼神也。故人鬼之象，與卦一也。上言“幽明之故”，天地也；“死生之說”，人也；“精氣”“游魂”，鬼神也；辨天地人鬼之理，宜其同章。先儒別鬼神于下章，未詳其旨。

與天地相似，故不違；

自此別為一章，論聖人之道，至“无方”“无體”而終也。聖人與天地合其德，故與天地相似，天且弗違，而況於人乎？是以天地无違于聖人，聖人亦无違于天地也。或謂《易》與天地相似，《易》非特相似而已，相似者，謂人道也。

知周乎萬物而道濟天下，故不過；

聖人以周物為知，以濟天下為道，未嘗私一身而周濟之也，故能與天地相似，其道雖大而不為過者以此。上言“與天地相似”，猶《中庸》所謂“參天地”也。此言“知周乎萬物而道濟天下”，猶《中庸》所謂“非自成己而已也，所以成物也”。案原本脱“參天地也”至“《中庸》所謂”二十一字，今據《大易粹言》校補。

旁行而不流，

聖人應天下之變，一以《易》道而已，故雖委曲旁通而未嘗逐物流移。適則用之，過則棄之而已，所以和而不流也，蓋亦“曲能有誠”之義。

樂天知命，故不憂；

聖人不能无憂，而此言“不憂”者，蓋聖人之憂在道，而其所不憂者在身。“樂天”則无偽，“知命”則无欲；憂者，偽欲之所生，無偽无欲，无適而非天，則憂无自而至也。此言“天”者，孟子所謂“知性則知天”之“天”也。此言“命”者，孟子所謂“有命焉”之“命”也。《中庸》言“天命之謂性”，亦是道也。故此言“樂天知命”。《說卦》言“窮理盡性至于命”，及《中庸》、孟子之言，其道皆一致中說。竊聖人之言曰：“樂天知命吾何憂？窮理盡性吾何疑？”其言似也，其道非也。且言“樂天知命吾何憂”，雖未大失，然其意以窮通為命矣；至言“窮理盡性”，其失遠矣！夫窮理盡性，聖人之事，非特去疑而已；其與樂天知命，相為終始，未易以憂疑為辨也。《語》曰“知者不惑”，不惑則无疑矣，況窮理盡性聖人之事乎？聖人之无疑从矣，至于盡己之性、盡人之性、盡物之性，又豈无疑而已哉？文中子不明此，務為心迹之說，反覆其言，不過于一身憂疑而止耳，蓋不知“知周乎萬物而道濟天下”，以窮理盡性之說者也。故區區于心迹之間，終不能遺一身而觀之，是之謂“不知道”。

安土敦乎仁，故能愛。

“安土”，常人之情，聖人之治，因之而已，固不能從己之欲也。能因其所安而安之，而後可以“敦乎仁”，敦乎仁則愛道廣矣，所謂“仁者愛人”也。“愛”者，好生之德也。

範圍天地之化而不過，曲成萬物而不遺，通乎晝夜之道而知，

聖人以一人之身，固不能範圍天地之化，然所謂“範圍”者，為之有制而已。天地之化有時而過者在彼，聖人範圍之制，无傷財害民之失，

則所過在彼而制其過者在聖人，是猶泰所謂“財成天地之道”也。“曲成萬物而不遺”者，盡人之性，盡物之性，生成而无夭傷，无所遺焉，所謂“輔相天地之宜”也。《易》言晝夜之道，最為難明。夫幽明，隱顯也。晝夜之道，非幽明之故也。昏極則生晝，明極則生夜，猶陰之生陽，柔之變剛，動極而静，皆有道以運之而變于是乎生。變者有象，運者无形，由有象則可以知无形，由晝夜、陰陽、剛柔、動静則可以知道，故曰“通乎晝夜之道而知”。通乎晝夜則陰陽、剛柔其類舉可知也。以人事言之，則盛衰、治亂、進退、存亡、得喪，孰非晝夜之道乎？故有範圍之道以參天地，有曲成之道以育萬物，通乎晝夜之道則寂然不動，感而遂通天下之故矣。非聖人極天下之至神，其孰能與于此？先儒或以“範圍”為“犯違”，誤矣！

故神无方而《易》无體。

《經》言神、易、道、聖人，凡有四者之異。且神无自神，其在道則道之神也，在《易》則《易》之神也，在聖人則聖人之神也。神寓于道、《易》、聖人，而道、《易》、聖人各有其名，不謂之神，此神所以无方也。《易》之有體者，書也。書之為體者，卦象也。書以卦象為體，卦象未立而是道具有，及其既立則曰“卦”也、曰“象”也，不得復謂之《易》，如此則《易》為无體矣。然聖人範圍曲成通乎晝夜，豈无自而能然哉？蓋用《易》无體之道以盡无方之神，而後能之也。如是則神也、《易》也，託聖人以為方體耳，故以是終之。

一陰一陽之謂“道”。繼之者善也，成之者性也。仁者見之謂之“仁”，知者見之謂之“知”；百姓日用而不知，故君子之道鮮矣。

《繫辭》言道，此章為甚著。蓋惟道兼統三才，三才不過二象，陰陽是也；天地人皆具陰陽，故六，是之謂“一陰一陽之道”也。繼之者有自然之善，成之者有在人之性，大其性者于此成其大，小其性者于此成其小。仁者見其仁而得之，謂道為“仁”；知者見其知而得之，謂道為

“知”；故自古聖賢雖各有得而未嘗同者，其性之所成異故也。然謂仁、知非道則不可也，特非道之大全耳。仁者、知者，猶有見而得之；斯民之愚，又日用而不知矣。凡日用而順成者，皆道也，百姓不知有道，故性之所成者鮮，此聖人所以明之也。明之則天下後世皆知其一陰一陽為具三才之道，繼之者有善，而成之在人，使仁、知不為獨見之異，百姓用而知之，此聖人明道之意也。然則聖人何如其明也？包犧以八卦，文王以六十四，孔子以《彖》《象》繫辭是已。故《易》之為書，所以明《易》之道也。《易》之道，三才之道也；三才之道，一陰一陽之道也；一陰一陽之道，道之大全也。道之大全天得之，而天，地得之；而地，人得之；而人又成于性者，有仁、知聖賢之異，道盡于斯矣。然《經》自“成之者性”之後，主人事而言；其言“繼之者善”，則與道同體，不獨在人之善矣，《經》所謂“易簡之善配至德”之善也。能充孟子性善之説則可以明此，為善惡論者不知有此也。此善，天道也。天道无不誠，故至善存焉。《中庸》論誠，首言天命之性；孟子良心、赤子之心與性善之説，雖本諸此，又加詳焉。

顯諸仁，藏諸用，鼓萬物而不與聖人同憂，

此章明《易》與聖人之同用也。《易》之道无體，故隱顯无常，當用則顯諸仁，已用則藏諸用。顯也、藏也，皆有所託，故知《易》之无體也。方其用也，雖鼓動萬物使之化育，而无道不行之憂，是不與聖人同憂矣。

盛德大業至矣哉！富有之謂“大業”，日新之謂“盛德”。

《易》有盛德大業，聖人用《易》之道，亦見于德業，故盛德大業不獨主聖人。言之《易》，窮則變，變則通，通則夂，此《易》之盛德也。以言乎天地之間則備矣，此《易》之大業也。然富有則无外，无外，大之至也，聖人用此，故有可大之業；日新則无窮，无窮則夂，聖人用此，故有可夂之德也。前言《易》道之不與聖人同憂者，此言其所同者德業也。

生生之謂“《易》”，成象之謂“乾”，效法之謂“坤”，極數知來之謂“占”，通變之謂“事”，陰陽不測之謂“神”。

此章先明《易》與乾坤體用，後言聖人之效法也。自《易》而生乾坤，自乾坤生八卦，八卦生六十四，而後二篇之策當萬物之數，所謂“生生之謂《易》”也。自《易》之生乾，為成象之始；坤則效法于乾，此乾坤之義也。能盡天下之數以前知者，《易》之占也。通其變而周流无窮者，《易》之事也。惟神无方，无乎不在，故以“陰陽不測”言之。此論《易》與乾坤之體以及于不可知之神，皆體也。自此而下，《易》與乾坤之用也。

夫《易》廣矣大矣！以言乎遠則不禦，以言乎邇則靜而正，以言乎天地之間則備矣。

《易》道廣大，彌綸天地，故遠不可禦而无不及，近无所遺皆靜而正；天地之間，或道、或事、在人、在物，无不備于斯。此《易》道之用也。

夫乾，其靜也專，其動也直，是以大生焉；夫坤，其靜也翕，其動也闢，是以廣生焉。廣大配天地，變通配四時，陰陽之義配日月，易簡之善配至德。

乾為陽，主動；坤為陰，主靜。一于動，則不能生大，无其體也；一于靜，則不能生廣，无其用也。“大哉乾元，萬物資始”，靜專也。“雲行雨施，品物流形”，動直也。坤之含弘，靜翕也。光大，動闢也。故又曰“坤至柔而動”也。剛至靜而德方，此廣大所由以生也。乾坤之廣大足以配天地，其變通足以配四時，其為陰陽之義足以配日月，其易簡之善足以配至德。“至德”，主聖人中庸之德而言，盡中庸人道之至德，則可久之德、可大之業皆至德也。“配”者，非乾坤不足于是四者，而曰

“配”也。以言乾坤之一，足以配其全德，則天地、四時、日月、至德皆為乾坤之一象耳。是以乾坤以廣大之一，道足以盡天地，而天地不足以盡乾坤者，此也。

子曰：“《易》其至矣乎！夫《易》，聖人所以崇德而廣業也。”

前言《易》與乾坤之義，故此復歎美《易》之至，而言聖人用其道以崇德廣業也。崇德故德盛，廣業故業大。盛德大業非用《易》之道則不能至，故聖人先歎美《易》之至，而後言法效也。“至”，謂前所言《易》與乾坤之事也。

知崇禮卑，崇效天，卑法地，天地設位而《易》行乎其中矣。成性存存，道義之門。”

《易》之廣大，備于天地之間，故舉天下之事，莫不皆有《易》之道。凡具天地之象者，《易》已在其中矣，故聖人无適而不用《易》，非獨崇德廣業而已也。且“知”以崇高而後明，“禮”以卑遜而後恭，知崇禮卑，宜无與于《易》矣。然崇者，天之道；卑者，地之德。知“崇效天”，禮“卑法地”，則天地之位已設矣。天地之位已設，則《易》已行乎知、禮之中。此聖人所以大而德業，小而言行，至于天地人鬼之變，无適而不用《易》者此也。惟成之以性，存存不忘，則修身、齊家、治國、平天下，其道義之要皆由此塗出，故《易》為道義之門也。法乾坤簡易以崇德廣業，特其大者耳，故此又言知崇禮卑，以見其小者也。

聖人有以見天下之賾，而擬諸其形容，象其物宜，是故謂之“象”；聖人有以見天下之動，而觀其會通，以行其典禮，繫辭焉以斷其吉凶，是故謂之“爻”。言天下之至賾而不可惡也，言天下之至動而不可亂也。擬之而後言，議之而後動，擬議以成其變化。

此章明擬議爻象之道，至“盜之招也”而終。且“賾”者，天下之至隱，不可得而見也，聖人或擬其形容，或象其物宜，《易》于是乎有象矣。天下之動，變所由生，觀時會通，以行典禮，則爻之動為觀時之要也。繫之以辭，斷其吉凶，則爻之辭，吉凶之證也。“謂之爻”者，如此二者蓋作《易》聖人立爻象之初意也。象為天下之至賾，勿遂惡其賾而忽之也；爻為天下之至動，蓋因時有宜而不可亂也。所以然者，君子于一言一動，必以爻象擬議之，而後能成變化之道；則所樂而玩者，極其至矣。上言聖人立爻象之本意，下言君子擬議爻象而後言動，亦猶前言“聖人設卦觀象”終之以“君子觀象玩辭”之說也。能明此，故知爻象之用，是以君子玩《易》必擬其象而議其辭可也。

“鳴鶴在陰，其子和之。我有好爵，吾與爾靡之。”子曰：“君子居其室，出其言善，則千里之外應之，況其邇者乎？居其室，出其言不善，則千里之外違之，況其邇者乎？言出乎身，加乎民；行發乎邇，見乎遠。言行，君子之樞機；樞機之發，榮辱之主也。言行，君子之所以動天地也，可不慎乎？”“同人，先號咷而後笑。”子曰：“君子之道，或出或處，或默或語。二人同心，其利斷金；同心之言，其臭如蘭。”

自此以下皆言擬議爻象之道也。“鳴鶴在陰，其子和之。我有好爵，吾與爾靡之”，初非有及于言行也，聖人擬議之，則見言行之不可不慎。既得其道，則言行之間所以成其變化也。“同人，先號咷而後笑”，初非有及于出處語默也，聖人擬議之，則見其同心之利，同言之臭。既得其道，則出處語默之際所以成其變化也。聖人憂患後世不知爻象之用，故明擬議之道如此而已。

“初六，藉用白茅，无咎。”子曰：“苟錯諸地而可矣，藉之用茅，何咎之有？慎之至也！夫茅之為物薄而用可重也，慎斯術也以往，其无所失矣。”“勞謙，君子有終，吉。”子曰：“勞而不伐，有功而不德，厚之至也！語以其功下人者也。德言盛，禮言恭；謙也者，致恭以存其位者也。”“亢龍，有悔。”子曰：“貴而无位，高而无民，賢人在下位而无輔，是以動而有悔也。”“不出戶庭，无咎。”子曰：“亂之所生也，則言語以為階；君不密則失臣，臣不密則失身，幾事不密則害成；是以君子慎密而不出也。”子曰：“作《易》者其知盜乎？《易》曰：‘負且乘，致寇至。’負也者，小人之事也；乘也者，君子之器也；小人而乘君子之器，盜思奪之矣。上慢下暴，盜思伐之矣。慢藏誨盜，冶容誨淫。《易》曰：‘負且乘，致寇至。’盜之招也。”

此五者當與“鳴鶴在陰”同居爻象擬議之終，蓋皆擬議之道也。或别為一章，非也。擬議者，聖人用《易》之道。蓋觀象玩辭，所以反諸其身也。然不曰“用”而曰“擬議”者，爻象必先擬議而後可用。方擬諸形容象其物宜，必從其事物象類以探作《易》聖人之意，是以必至于擬議而後可也。古之君子以擬議為學《易》之要務，而世多略而不言，或言之復失擬議之道，是以《易》終不用于世也。且玩《易》之辭，有曰“藉用白茅，无咎”，則知无所失之慎；有曰“勞謙，君子有終，吉”，則知以功下人之恭；有曰“亢龍，有悔”，則知貴高不可以无輔；有曰“不出户庭，无咎”，則知言語不可以不密；有曰“負且乘，致寇至”，則知非所乘而招盜；是皆擬議而知其變化也。五者之下各繫以孔子之言，蓋孔子擬議之辭，所謂“擬之而後言”者也。能觸類而長之，則三百八十四爻能事畢矣，天地之間備矣。聖人存其大法，得此七者已足用，蓋難盡為之言也。聖人初已盡言于《彖》《象》《文言》，以謂擬議之學未明，故復繫于此，其憂後世，所以垂教至矣！盡矣！後世欲務空言誇世，則不必深明其說，苟欲為力行之學，歸于君子之儒，則擬議之道宜先盡心焉。其言“作《易》者其知盜乎”者，蓋聖人歎《易》之道无不備也，盜之情不必知也，宜其无所見于《易》也；尚且深明于此，則天地之間舉无遺矣，擬議之道其可忽乎？故驚而歎之有是言也，觀此則知崇禮卑又无足疑者。《繫辭》自“天尊地卑”之後至此章終，凡言重卦、設卦、《易》道、《易》辭、爻位、彖、象、乾、坤、神、聖及聖賢之所法，則君子之所觀玩與夫學者擬議之道略盡于斯。其所未言者數，所未詳者變化之道，故繼之于後也。

天一，地二，天三，地四，天五，地六，天七，地八，天九，地十。

案原本此節錯置“《易》有聖人之道四焉，此之謂也”後，故說曰“前言天數五、地數五者此也”。今從程子《朱子傳義》移此。前言“天數五、地數五”者此也。《漢志》言“天以一生水，地以二生火，天以三生木，地以四生金，天以五生土”，故或謂天一至天五為五行生數，地六至地十為五行成數。雖有此五行之說而于《易》无所見，故五行之說出于歷數之學，非《易》之道也。案原本云：“此二十字當在‘天數五’之上，錯簡于此，今已移正。”附識之。

天數五，地數五，五位相得而各有合。天數二十有五，地數三十，凡天地之數五十有五，此所以成變化而行鬼神也。案原本此節在“故再扐而後掛”句後，故說曰“先大衍而天地次之”。今從朱子《本義》移此。

一、三、五、七、九，天數之五也；二、四、六、八、十，地數之五也。一與六、二與七、三與八、四與九、五與十，皆合也，故曰“五位相得而各有合”。積一、三、五、七、九之數，凡二十五，故曰“天數二十有五”；積二、四、六、八、十之數，凡三十，故曰“地數三十”。合天地之數，五十有五。天地所以能成變化而行鬼神者，莫不有數存焉。成變化，行鬼神，所謂“幽明之故”也。變化，見于萬物者也；鬼神，運于四時者也。《易》數以大衍為宗，天地之數，大衍之所合也，故先大衍而天地次之。

大衍之數五十，

聖人《易》數之學不傳乆矣，今粗能通者，天地之數、大衍之數、乾坤二篇之策而已，捨揲卦之外亦莫知其用也。世之言《易》數者，皆出于緯書星歷災異之學，流為陰陽末技，非聖人之道也。然大衍天地謂之數，乾坤二篇謂之策，則數者策之所宗，而策為已定之數也。孔穎達謂于二篇之策萬有一千五百二十之中獨取五十策為用，是則數反出于策，大衍反出于二篇，其倒置甚矣！豈不思積數之揲而後有策，由大衍而後有二篇乎？京房以十日、十二辰、二十八宿為五十，馬融以太極、兩儀、日月、四時、五行、十二月、二十四氣為五十，荀爽以八卦、六爻加乾坤用九、用六為五十，皆妄相傅會，非學者所宜。言至鄭康成、姚信、董遇，皆取天地之數以減五。六義雖近之，而鄭氏謂五行減五為五十，姚、董謂六畫減六為四十九，五、六當減則減，又何必傅會五行、六畫？此儒者之蔽也。韓氏取王弼之言曰“演天地之數，所賴者五十”，夫何賴焉？顧歡云“立此五十數，以數神”，又何“立”焉？夫數本于自然，數之所始，聖人能知而明之耳，安能以私意加毫末于是也？故大衍之數五十是為自然之數，皆不可窮其義，窮之愈切，其失愈遠，惟毋意毋必，斯得之矣，故曰“至誠如神”。自其用四十有九之後，聖人得以用之也，若是則大衍之數五十，猶數之天也；其用四十有九，猶數之人也。天人之道既立，則用與不用生焉，此之謂“《易》之數”也。然近世歷家多稱出于大衍，蓋傅會其數于其始，名是而實非；及一變用則其數支離，終不可復得，何大衍之有？皆妄人之說也！歷數之學傅會甚易，且以五十為始、四十九為始、五十五為始，八十一、六十四皆可首數，至其窒不能通，則小小遷就亦无大失，是如顧歡之言可立之數也。儒者往往不明乎此，肆為術士所欺。然自漢以來，太初、四分猶為近古，故其數多本乎自然，是以歷家有言曰“古之六術並同”。四分以還，史攷太初亦四分也，而亡失特甚，歷之疎繆有古以來莫甚于三統，班氏不復討論太初而備載三統，至其傅會欺妄之言一語不遺，良可歎也！後世皆謂一行、王朴之術出于大衍，二者亦皆術士之學，第能文飾之耳，欲如太初、四分，近古之數尚未之有，況《易》乎？故《易》數與歷不可同論也。

其用四十有九。分而為二以象兩，掛一以象三，揲之以四以象四時，歸奇于扐以象閏，五歲再閏，故再扐而後掛。

五十者，數之本也；四十有九者，數之用也；此聖人用數揲蓍之法也。揲蓍之法，自四十有九分而為二，以象兩儀；就兩儀之間，于天數之中分掛其一而配兩儀，以備三才之象，故曰“掛一以象三”也。揲之以四，象四時也。奇者，所掛之一也。扐者，左右兩揲之餘也。得左右兩揲之餘寘于前，以奇歸之也。歸奇，象閏也。五歲再閏，非以再扐象再閏也，蓋閏之後有再歲，故歸奇之後亦有再扐也。再扐而後復掛，掛而復歸，則五歲再閏之義矣。凡一奇、再扐，三變而成一爻，十有八變則一卦成矣。然併奇與扐計之，初揲非餘五則餘九，再揲、三揲皆非餘四則餘八。世俗以八、九謂之多，四、五謂之少，故有"三多""三少"之言，其數雖不差，而其名非矣。且初揲餘五，再揲餘四，三揲餘四，以四十九數計之，去此十三數，則左右兩手之中得四九三十有六，老陽之數也。故陽爻為九，而其策為三十六。初揲餘九，再揲餘八，三揲餘八，以四十九數計之，去此二十五數，則左右兩手之中得四六二十有四，老陰之數也。故陰爻為六，而其策為二十四。至于世俗所謂"兩少一多"者，去其十七則得四八三十有二，少陰之數八也。俗所謂"兩多一少"者，去其二十一則得四七二十有八，少陽之數七也。揲蓍之法本无二致，因或者誤以扐為奇，又好以"三多""三少"論陰陽之數，故異說從而生焉。

乾之策二百一十有六，坤之策百四十有四，凡三百有六十，當期之日。二篇之策，萬有一千五百二十，當萬物之數也。

策者，揲而所得之數也。乾、坤之策，皆取老陽、老陰之數。老陽之數三十有六，六之則乾之策，故二百一十有六。老陰之數二十有四，六之則坤之策，故百四十有四。二篇之策，凡陽爻百九十有二，皆乾之九也；陰爻百九十有二，皆坤之六也。合為策，萬有一千五百二十，以象萬物之數也。乾坤之策三百六十而曰"當期之日"者，三百六十，中數也。二十四氣過之，故曰"氣盈"；十二月不及焉，故曰"朔虛"。"氣盈""朔虛"，積而為閏者也。聖人舉中道言之，故曰"當期之日"。乾坤二篇之策皆一定之數，出于大衍者也。故大衍之序先天地，而乾坤之策又次之。

是故四營而成《易》，十有八變而成卦，八卦而小成，引而伸之，觸類而長之，天下之能事畢矣。

“四營”，謂分而為二，掛一象三，揲之以四，歸奇于扐，其營有四也。四營而後有爻，爻而後有卦，故云“成《易》”也。一掛再扐，共為三變，而成一爻，六爻則十有八變矣。自八卦小成，引而伸之，觸類而長之，重為六十四卦，合三百八十四爻，為策萬有一千五百二十，則天地之間无不備矣。乾坤策數之後，復繼以四營成《易》之道者，以明《易》之作始于數也。

顯道、神、德、行，是故可與酬酢，可與祐神矣。

此言聖人能顯《易》之道、神，《易》之德、行而用之，故可以酬酢天下之變而贊天地之化育也。祐，助也。祐神，所以贊化育也。《繫辭》自首章至“天下之能事畢矣”皆聖人顯道、神、德、行，酬酢祐神之事，故以此終之。

子曰：“知變化之道者，其知神之所為乎？”

變化即盡神也，故由變化可以知神。天下之變化或不得而知，則由《易》之變化以知之。“知神之所為”者，知神之所謂也。

《易》有聖人之道四焉：以言者尚其辭，以動者尚其變，以制器者尚其象，以卜筮者尚其占。

言則用其辭，動則用其變，制器用其象，卜筮用其占，聖人用《易》之道又有是四焉者，故言“《易》有聖人之道四焉”也。

是以君子將有為也，將有行也，問焉而以言，其受命也如嚮，无有遠近幽深，遂知來物。非天下之至精，其孰能與于此？

君子有為、有行、問言、受命，蓋言求其道于《易》中，如問之以言，求而得其道如嚮應，以見《易》之无乎不備，可與酬酢也。无遠近幽深，見幾知來，非《易》為天下之至精，孰能如此？

參伍以變，錯綜其數。通其變，遂成天地之文；極其數，遂定天下之象。非天下之至變，其孰能與于此？

凡天下之變，皆變也；凡天下之數，皆數也。而《易》又參伍之，錯綜之，蓋變與數之所自出，又制其變數，不可窮盡者也。雖天地之文必成于其變，天下之象必定于其數，則知《易》之變數不可窮盡如此，故為天下之至變也。凡天地之道顯而可見者皆曰“文”，天下之物可見者皆曰“象”，如日月星辰、山川草木皆為天地之文，或陰陽晝夜以變而運，或生長融結以變而成，皆是也。或謂天地之文如青赤之文，非也。

《易》，无思也，无為也，寂然不動，感而遂通天下之故。非天下之至神，其孰能與于此？

《易》无思无為，宜其不能與人事相感，而反能通天下之故者，是《易》為天下之至神也。至于聖人用《易》，以易簡之道得天下之理，亦可謂“通天下之故”矣！

夫《易》，聖人之所以極深而研幾也。惟深也，故能通天下之志；惟幾也，故能成天下之務；惟神也，故不疾而速，不行而至。

上言“至精”“至變”“至神”，皆謂《易》之道也，此言聖人用《易》之道，以極深而研幾也。天下之事，至深難測也，幾微難見也；用《易》之道，則能極其不測之深，研其難見之幾矣。然極《易》之深，則天下之志无不通，是能得其至精也。研《易》之幾，則天下之務无不成，是能得其至變也。又盡《易》之神，故得“不疾而速，不行而至”，所謂“感而遂通”者也。

子曰“《易》有聖人之道四焉”者，此之謂也。

前言聖人之道四。四者，本于人事，由人而言之也。繼以“至精”“至變”“至神”，三者《易》之道，由《易》而言之也。又繼以“惟深”

“惟幾”“惟神”，言雖聖人猶“極深”“研幾”如此也。復以“聖人之道四焉”終之者，蓋《易》之道其精、變、神如此，聖人用《易》“極深”“研幾”又如此，則天下後世于言、動、制器、卜筮之間，豈可任其私智以他求哉？必當尚《易》之辭變象占也。此衆人當尚之事而曰“聖人之道”者，以言聖人猶尚此道也。聖人尚此者，以《易》為至精、至變、至神，天下无以加焉故也。“此之謂”者，猶言謂“是故”也。

子曰：“夫《易》何為者也？夫《易》，開物成務，冒天下之道，如斯而已者也。”

《易》之道難窮，不可以一言盡，故此章又明“開物成務，冒天下之道”也。以言乎天地之間，則《易》无不備，故能冒天下之道，蓋言天下之道无不具于其中也。

是故聖人以通天下之志，以定天下之業，以斷天下之疑。

孔子言《易》道于上，必繼以聖人用《易》于下，以見聖人无適而非《易》也。此章先言“開物成務，冒天下之道”，繼之以“通天下之志”，本乎《易》之“開物”也；“以定天下之業”，本乎《易》之“成務”也；“以斷天下之疑”，本乎《易》之“冒天下之道”也；故聖人有為有行未嘗不本于《易》。

是故蓍之德圓而神，卦之德方以知，六爻之義易以貢。

蓍卦六爻各言其德，固非《易》道之大全；聖人用之，亦所以通志、定業、斷天下之疑也。“圓而神”，故能通志；“方以知”，故能定業；“易以貢”，故能斷疑。聖人之于《易》也，取而用之，左右逢其原矣。“貢”，猶告也。

聖人以此洗心。退藏于密，吉凶與民同患。神以知來，知以藏往，其孰能與于此哉？古之聰明叡知神武而不殺者夫？

“以此洗心”者，以《易》洗心也。聖人之用《易》也，隨用隨取，隨取隨足，故能无思无慮，以滌其心。蓋其酬酢應變在《易》不在心，則心无留事，亦无應變之方，非洗心而何？故其修身、齊家、治國、平天下之道，莫不一本于《易》。微而至于耒耜、舟楫、臼杵、弧矢之用，亦必取諸益、取諸渙、取諸小過、取諸睽；聖人皆无容心焉，是所以能洗心而退藏于密也。彼愚而好自用者，雖極精神逞智力，而天下之志未必能通，天下之業未必能定，天下之疑未必能斷，又安知聖人通天下之志者用《易》開物之道也？定天下之業者用《易》成務之道也？斷天下之疑者用《易》冒天下之道也？天下之事不過于志、業、疑三者而已，聖人用《易》亦不過三者之道也，所謂洗心用《易》者如此。雖聖人吉凶之患不得不與民同，然无心受之，亦无妄之道也，夫何患焉？若是者非神之妙足以知方來，非知之崇足以藏已往，又安能與于洗心之道哉！古之聰明叡知之君，神武不殺而天下治者，蓋得洗心退藏之道也。是知心之為物，用之則塵滓，不用則清明。衆人不知不用之術，而聖人獨明不用之道，故聖人洗心在此，而衆人莫之知也。

是以明于天之道，而察于民之故，是興神物以前民用。聖人以此齋戒，以神明其德夫？

聖人明天之道，察民之故，无或不通，故興神物以前民用，則无有遠近幽深，遂知來物。聖人初无與焉，是以能齋戒，其心休休，然以神明其德也。“神物”，《易》也。前言聖人用《易》而不自用其心，故曰“洗心”。此又追本而言，聖人作《易》之時亦无容心焉，因神物固有，獨能興之而已。故既興神物以前民用，是乃所以“齋戒，神明其德夫”！齋戒，所以洗心也；洗心，所以神明其德也。

是故闔戶謂之“坤”，闢戶謂之“乾”，一闔一闢謂之“變”，往來不窮謂之“通”。見乃謂之“象”，形乃謂之“器”。制而用之謂之“法”，利用出入，民咸用之謂之“神”。

《繫辭》論變通，最為《易》之要道，而人多畧之。變通者，《易》之道也，用《易》之道也，故孔子于《繫辭》三致意焉，蓋其義微而難知也。因其微而難知，故以“闔戶”“闢戶”言之，蓋聖人舉近人而易曉者，莫若戶之為用也，固非乾坤之道止于闔戶、闢戶而已也。因闔戶、闢戶以明變通，則又并及象、器、法、神而言者，以見乾坤變通以至制法盡神之妙，舉一戶之義足以兼明之，則聖人所以探賾索隱、鉤深致遠者如是其至也。然一戶至末也，猶必盡此道而後可用于天下後世，則聖人所以治天下者，其可不盡變通之道乎？故《易》曰：“神農氏沒，黄帝堯舜氏作，通其變，使民不倦，神而化之，使民宜之。”“《易》窮則變，變則通，通則久”，“是以‘自天祐之。吉，无不利’”。然則變通之道，是乃黄帝堯舜氏得之以治天下者也，可不務乎！且坤，陰物也，故有闔戶之象；乾，陽物也，故有闢戶之象。既能闔，復能闢，是所謂“變”也。朝闢之，暮闔之，日復一日，往來闔闢不窮，是所謂“通”也。通也者，通其變也。至于其戶之可見，則曰“象”也。其有形，則曰“器”也。制而用此者，則曰“法”也。利于出入之用，而天下之民无不用之者，又其所以為“神”也。如是則一戶之設豈苟然哉！故治天下之道无他焉，如制一戶之法，使之變通可久，斯得之矣。雖黄帝堯舜之治，不過于此。

是故《易》有太極，是生兩儀，兩儀生四象，四象生八卦，八卦定吉凶，吉凶生大業。

太極者，三才未分之名，統三才之道者也。兩儀，猶曰“二象”也。謂有乾坤，天地之二象；而未為乾坤，天地也。四象者，九、八、七、六，陰陽老少之象。此與大衍之序同。大衍，太極也。分而為二，兩儀也。揲之以四，四象也。四象既生，然後太極分而為三才，兩儀定而名乾坤，八卦以成，吉凶以定，而大業生焉。“吉凶”者，八卦之所有，而非八卦之所生。“大業”者，聖人之所造。吉凶定，則《易》道成矣；《易》道成，故聖人用之以崇德廣業也。

是故法象莫大乎天地；變通莫大乎四時；縣象著明莫大乎日月；崇高莫大乎富貴；備物致用，立成器以為天下利，莫大乎聖人；探賾索隱，鉤深致遠，以定天下之吉凶，成天下之亹亹者，莫大乎蓍龜。

自論乾坤變通至天生神物四事，皆首以“是故”為言，蓋因洗心、齋戒、用《易》而有是四事，明文義相屬也。聖人洗心齋戒，用《易》以應天下之務，蓋用《易》不用心，故用乾坤變通而至于利用出入之神，用太極兩儀之道而至于生大業，由聖人用《易》備物致用為天下利，故與天地、四時、日月、蓍龜同為莫大神明之德。終言聖人效象天地神物皆不自用其心，有所則象，亦洗心用《易》之道也。且天下物理有形名氣象者，固不可槩舉也。然有法象者非一，而莫大于天地。變通者非一，而莫大于四時。懸象著明者非一，而莫大于日月。崇高者非一，而莫大于富貴。備物致用者非一，而莫大于聖人。探賾索隱者非一，而莫大于蓍龜。富貴謂人君之勢位，道必假此而後行，故位為大寶。聖人亦人也，以能用《易》，故莫大也。然法象、變通、著明、崇高、備物致用、探賾索隱皆《易》之道，而天地、四時、日月、富貴與聖人、蓍龜得之，皆成莫大之德，又以見《易》之開物成務冒天下之道，无乎不備，如是之大也。

是故天生神物，聖人則之；天地變化，聖人效之；天垂象，見吉凶，聖人象之；河出圖，洛出書，聖人則之。

聖人用《易》无他焉，欲不自用其心耳。蓋自用其心，則是有心于成敗好惡，皆私心也。不自用其心，則酬酢萬變皆取諸《易》，成敗好惡，聖人无容心焉，此所謂“洗心”也。聖人不獨用《易》以酬酢萬變也，凡天地萬物可則象者，皆則而象之；故天生神物則則之，天地變化則效之，天垂象則象之，《河圖》《洛書》則則之，以見洗心之道皆有則象，未嘗自用其私智如此。《河圖》《洛書》，先儒之説多不同，至于取緯為證者，尤非學《易》之事也。蓋河出圖而後畫八卦，洛出書而後定九疇，故《河圖》非卦也，包犧畫而為卦；《洛書》非字也，大禹書而為字。亦猶箕子因九疇而陳《洪範》，文王因八卦而演《周易》，其始則肇于《河圖》《洛書》，書畫于八卦、九疇，成于《周易》《洪範》，其序如此。案原本此節說詞有脱誤，今據《大易粹言》校正。

《易》有四象，所以示也；繫辭焉，所以告也；定之以吉凶，所以斷也。

“四象”所以示變，“繫辭”所以告得失，“吉凶”所以斷行事。自“易有四象”以下，與前文不相屬，又非別章，疑其錯簡。

《易》曰：“自天祐之。吉。无不利。”子曰：“祐者，助也。天之所助者，順也；人之所助者，信也。履信思乎順，又以尚賢也，是以‘自天祐之。吉。无不利’也”。

己順，故天助之以順；己信，故人助之以信。大有之君，履不失信，下足以感人；思不失順，上足以動天；又以尚賢，是以“吉，无不利”也。横渠張先生謂此章宜在“立心勿恒，凶”之下，亦疑與前文義不相屬也。若然，則當在《易》曰“憧憧往來”之前，蓋自“《易》者，象也”至“小人之道也”，結語助辭多稱也，與“所以示也”“所以告也”“所以斷也”皆相類。自“憧憧往來”“困于石”“公用射隼”皆稱“《易》曰”，故“自天祐之”宜在其前也。上篇擬議七爻，自“鳴鶴在陰”皆不稱《易》；下篇十一爻，自“憧憧往來”皆稱“《易》曰”，與“自天祐之”文意同。案自“亦疑與前文義”以下，原本少十數句，今據《大易粹言》校正。

子曰：“書不盡言，言不盡意。”然則聖人之意，其不可見乎？子曰：“聖人立象以盡意，設卦以盡情僞，繫辭焉以盡其言，變而通之以盡利，鼓之舞之以盡神。”

聖人作《易》，所以盡言意。《易》之一書為言亦備矣，為意亦盡矣，猶曰“書不盡言，言不盡意”者，言意豈茍然哉？所以明乎道，于以見道之難明也如此。若是則聖人之意其不可見乎？蓋夫子又欲明言意之盡也。且意不可以言盡也，故立象以盡之；情偽不可以徧舉也，故設卦以盡之；言非一說可盡也，故卦、爻、《彖》、《象》、《文言》互為之辭以盡之；若是則《易》道明矣！于是乎極其變通又盡其美利，窮其鼓舞又盡其至神，則《易》之為道无遺藴矣。然立象、設卦、繫辭皆聖人作《易》以盡道者也，變、通、鼓、舞又明聖人用《易》之盡其道者也，“變而通之”，則《經》所謂“通其變，使民不倦“之意；“鼓之舞之”，所謂“神而化之，使民宜之”也。聖人以書必不能盡其所欲言，言必不能盡聖人之意，故立象繫辭。智者觀之則見其可盡也，昧者亦未之知。案自“言意豈苟然哉”以下，原本少數句，今據《大易粹言》校補。

乾、坤，其《易》之緼邪？乾、坤成列，而《易》立乎其中矣。乾、坤毁則无以見《易》；《易》不可見，則乾、坤或幾乎息矣。

乾坤與《易》，其名雖異，其道一也。《易》之道，緼于乾坤，故《易》之書成，則乾坤成列而《易》立乎其中，如是則乾坤有體而《易》无體也。有體則成毁從之，故上言成列，下言乾坤毁。《易》以无體託于乾坤，故乾坤之卦毁則无以見《易》，《易》不可見，則乾坤之道亦因以息矣。此蓋言《易》之道固不係于有書无書，而无書則《易》不可見，而乾坤之道亦息，以明聖人不得不作《易》之意也。

是故形而上者謂之“道”，形而下者謂之“器”，化而裁之謂之“變”，推而行之謂之“通”，舉而錯之天下之民謂之“事業”。

道无形，故言“形而上”。器有形，故言“形而下”。“形而上”者，杳然而難知；“形而下”者，炳然而易見；其不同如是，其為變通則一也。“化而裁之”，謂如一闔一闢，不執一也。“推而行之”，謂可運行无窮也，如是則可以舉而措之天下矣。前言乾坤變通，自言《易》道之變通也；此言道器變通，言聖人用《易》道之變通也。曰“化而裁之”“推而行之”，聖人之事也。下言象、爻、卦辭，言《易》書之中象、爻、卦辭各有變通也。其“化而裁之”“推而行之”，言用《易》之象、爻、卦辭亦存乎聖人之變通也。且大而天地，細而萬物，物物各具變通之理。天地不變通則不能長且从，人與萬物不變通則死矣，故舉人而言之。朝而作，闢之道也；暮而息，闔之道也。一作一息，變也。與日无窮，通也。苟朝而不能作，暮而不能息，非死則病矣。然則聖人尚象、制器、制法以利天下，不知變通之道其可乎？故包犧、神農、黄帝、堯舜之王天下，所以大過人者，无他焉，能通其變而已。是以聖人以此洗心，不敢自用其私智也。

是故夫象，聖人有以見天下之賾，而擬諸其形容，象其物宜，是故謂之“象”；聖人有以見天下之動，而觀其會通，以行其典禮，繫辭焉以斷其吉凶，是故謂之“爻”。極天下之賾者存乎卦；鼓天下之動者存乎辭；化而裁之存乎變；推而行之存乎通；神而明之存乎其人；默而成之，不言而信，存乎德行。

象、爻、卦辭，《易》之書也。“化而裁之”“推而行之”“神而明之”“默而成之”，皆聖人用《易》也。《易》之道，知之則可用，故直曰“謂之變”“謂之道”；《易》之書，擬議而後可用，故言“存乎變”“存乎通”。雖存乎此，不思則不得其道。觀夫子之辭，自《繫辭》首章以及于此，莫不以用《易》之道終之，以是知《易》之為書，用道之書也。然《易》道廣大，以言乎天地之間无不備，故聖人修身、齊家、治國、平天下皆可取而用之，以成日新之德、富有之業，又何必焦心勞思，任一己之獨智而後可以有為于天下乎？夫是之謂“洗心”。

《郭氏傳家易說》卷八

宋　郭雍　撰

《繫辭》下

八卦成列，象在其中矣；因而重之，爻在其中矣；

上篇始于乾坤之成卦，繼以易簡賢人之德業；下篇始于八卦成列，繼以乾坤示人易簡；其道雖相類，然上篇言所未盡者見于下篇，是相為終始之道也。象非重卦而後有也，蓋始于八卦成列之初，三奇三偶皆象也。爻因重卦而後有，六位剛柔是也。觀此則知象始于包犧畫卦之時，而爻立于文王重卦之後，故聖人設卦觀象，則《易》之為書以象為本矣。是以成列則有自然之象，重之則有自然之爻，有剛柔則有自然之變，有繫辭則有自然之動，皆非聖人之私意也。

剛柔相推，變在其中矣；繫辭焉而命之，動在其中矣。

有象而後可重，重而後有爻，有爻則有剛柔，剛柔推而有變。剛柔相推，以此易彼，迭盛迭衰，猶日月相推之義也。象爻易見而變為難知，故聖人必又繫辭而明其吉凶以命之也。因動則生吉凶，因吉凶則聖人繫之以辭，故繫辭雖本于明吉凶以告人，而君子必觀吉凶而後動，是繫辭所以命之，故曰“動在其中矣”。

吉、凶、悔、吝者，生乎動者也；

上言“繫辭焉而命之”，而動之說未詳，故繼言“吉、凶、悔、吝生乎動”，所以終其言也。蓋謂聖人繫之以辭者，所以明其吉、凶、悔、吝以告人，使人知吉、凶、悔、吝，莫不生乎動也。

剛柔者，立本者也；變通者，趣時者也。吉凶者，貞勝者也；

“剛柔”者，爻之剛柔也。爻有剛柔，則可相推，相推故變，變故自乾坤而成八卦，自八卦而為六十四，所以剛柔為《易》之本也。“變通”謂剛柔之變通也，一剛一柔即變也，相推不窮即通也，剛柔相推所以明時之異，故曰“趣時”也。“吉凶”者，繫辭之所明也。君子玩《易》之辭而知吉凶，故以“貞勝”也、貞正也。吉凶之道正則勝而常吉，匪正則弗勝而常凶，如是則吉凶在夫正與不正之間，故惟貞可以勝吉凶也。上言“爻在其中”，故此復言“剛柔”“立本”；上言“變在其中”，故此復言“變通”“趣時”；上言“動在其中”，故此復言“吉凶”“貞勝”；皆所以明在上未終之意。

天地之道，貞觀者也；日月之道，貞明者也；天下之動，貞夫一者也。

上言吉凶以“貞勝”，故此復以天地、日月、天下之動明“貞”之義也。天地之所以示人，日月之所以常明，皆正也。天下之動所以貞夫一者，亦以一則正，二則非正也。吉凶貞勝之道亦若是而已矣。然聖人之辭所以盡意，意盡則辭止；意之未盡，則再三言之，所以復言三貞之義，于以見聖人之情也。

夫乾，確然示人易矣；夫坤，隤然示人簡矣。爻也者，效此者也；象也者，像此者也。爻、象動乎内，吉、凶見乎外，功業見乎變，聖人之情見乎辭。

乾之示人以易也，確然不易；坤之示人以簡也，隤然无變；是為天地貞觀之道也。由乾坤示人易簡觀之，則八卦六十四莫不有所示，故效其所示之謂“爻”，像其所示之謂“象”，于是雷、風、水、火、山、澤之異，與夫震動、巽入、坎陷、離麗、艮止、兌說之情，莫不具于爻象矣。爻象動乎卦中而吉凶見于人事，聖人用其道，故觀變以成功業；學者究其微，則由辭以知聖人之情；能事畢矣。然自八卦成列以及于斯，與上篇首章互有發明，其歸一致也。

天地之大德曰“生”；聖人之大寶曰“位”。何以守位？曰“仁”；何以聚人？曰“財”；理財正辭，禁民為非，曰“義”。

天地以生物為德，故人以“大德”歸之；聖人得崇高之位，然後成位乎中而贊化育，故以位為“大寶”也。大寶者，亦非聖人自以為寶也；天下有生，幸聖人之得位，以蒙其澤，故天下以為寶也。然位惟仁可守，不仁則失之，故孟子曰“惟仁者宜在高位”。且足以資人之生者，皆曰“財”。得其所資則人聚，失其所資則人去，斯民一日不可以无者也。聖人理財，非自用也，生聚人而已。又正其辭以出號令，禁民為非以明法禁，此五教五刑之用，有義存焉。然天地易簡一于生而已，聖人法天地亦一于生，曰“仁”、曰“財”、曰“義”，皆所以生斯民者也。

古者包犧氏之王天下也，仰則觀象于天，俯則觀法于地，觀鳥獸之文與地之宜，近取諸身，遠取諸物，于是始作八卦，以通神明之德，以類萬物之情。

《易》之道，道之大全也。有古以來，聖人用之，未嘗絶也。自包犧畫而有卦，文王重而有書，于是斯道明矣。故世言《易》始于包犧者，蓋言因《易》之書而後其道明也。故《繫辭》論卦，亦以包犧為始，然聖人必觀天下之象而後畫卦，故包犧觀象于天，觀法于地，觀鳥獸之文與地之宜，細大无不察也。近則取諸身，遠則取諸物，内外无不取也。如此而後能畫卦，八卦既成，則神明之德于是乎通，萬物之情于是乎類，所謂通于天地、應于萬類者也。前乎包犧未之有也，故言始作八卦，然為天、地、雷、風、山、澤、水、火者，皆包犧法象于天地也；動物之屬馬、牛、雞、雉，皆鳥獸之文也；植物之屬木、果、竹、葦、反生、果蓏，皆地之宜也；為首、為腹、寡髮、廣顙、心病、耳痛，取諸身也；自身之外，皆取諸物也。

作結繩而為網罟，以佃以漁，蓋取諸離。

自“以類萬物之情”已上，言包犧所以畫八卦；自“作結繩”之下，言“取諸離”之義。八卦者，道之大全也。作之，所以明道于萬世也。離者，道之一也。聖人遭時，用道以利天下，趣時者也。聖人不能獨盡天下之時，故亦不能盡用天下之道，是以明大全之道于方來，而其遭時所立不過一二而已，故明與不明，係乎聖人；而用與不用，又係乎時焉，雖聖人不能必也。包犧之時未有犧牲，故作結繩為網罟，以佃以漁而已。當時之人知為網罟佃漁，不知有所取也，孔子以《易》道觀之，然後知是道有取于離，故曰“蓋取諸離”。離，麗也。網罟，麗道也。然包犧始作八卦，所謂係乎聖人者也。作結繩而為網罟，所謂係乎時者也。此聖人道與時之辨也。

包犧氏沒，神農氏作；斲木為耜，揉木為耒，耒耨之利，以教天下；蓋取諸益。

包犧有犧牲而未粒食，炎帝氏為耒耨之利以教天下，故號曰“神農”，然則粒食自神農始也。取諸益者，益以重震、巽二木成卦，故有“斲木為耜”“揉木為耒”之象，而其《彖》則曰“木道乃行”。粒食，木類也；耒耜，木教也；故言“取諸益”。然則益以益下為道，又有“天施地生，其益无方”之義。耒耨之利，是亦益下之道也，亦其益无方之道也。皆備易之三義。

日中為市，致天下之民，聚天下之貨，交易而退，各得其所；蓋取諸噬嗑。

古之聖人所以利天下者，非自用其私智，皆有取于《易》，此聖人洗心之道也。為市以合民，取諸噬嗑者，嗑，合也。凡合之道，皆本于噬嗑。此言致天下之民，聚天下之貨，是又合之大者，故曰“取諸噬嗑”也。方神農時，有八卦而已；文王未重，未有益與噬嗑也。而此言取諸益、取諸噬嗑者，蓋六十四卦之畫象雖始于文王而六十四卦之道未嘗无也，百世之下獨有孔子能追明其道。若曰“耒、耜”之教，雖始于神農，考其所取，蓋益道也。為市合民，亦雖始于神農，考其所取，蓋噬嗑之道也。于是而為言曰“蓋取諸益”“蓋取諸噬嗑”，以明雖未有《易》之時，而自古聖人所用之道亦不過六十四者而已。天下之道不能外是，所謂“百世以俟聖人而不惑”者也，是道固有从矣。文王知而重之為書，故曰“因而重之”。由孔子之辭，則知文王之所作者，《易》之書；其非文王之所作者，《易》之道也。以書言之，神農之時未有益與噬嗑也；以道言之，神農之時蓋有益與噬嗑也。先儒惑于二卦，故謂神農重《易》，誤矣！渙、隨諸卦皆同。

神農氏沒，黄帝、堯、舜氏作；通其變，使民不倦；神而化之，使民宜之。《易》，窮則變，變則通，通則久；是以“自天祐之。吉。无不利”。

時異則事異，于是乎有變，唯聖人能通其變，則民不困于事，是以不倦于有行也。故雖聖人神道設教，不過宜斯民而已。宜民則非甚高難行之道，亦不過為舟車、臼杵、弧矢、宮室、書契之類，凡可以利斯民，後世之所不能易者，皆是也。知道之人固以是為聖人之道，不知道之人謂聖人之道變化超忽如神，豈在舟車、杵臼之間哉？故聖人先言宜民，而知後之制器皆宜民之道也。然自《易》道觀之，道窮則必變，變而後通，通則可久，況用之于民者乎？故自包犧、神農、黄帝、堯舜氏，皆能通其變者也。是以“自天祐之，吉，无不利”，非天私此數聖人也。天之所祐，民之所宜，皆在夫通變之間耳。《易》凡三言“自天祐之，吉”，蓋謂如是之祐，皆聖人有以自致，則无不利。

黄帝、堯、舜垂衣裳而天下治，蓋取諸乾、坤。

“垂衣裳而天下治”，謂无為而治也。能无為而治者无他焉，法乾坤易簡而已。

刳木為舟，剡木為楫，舟楫之利，以濟不通，致遠以利天下；蓋取諸涣。

涣之為卦，木上而水下，是以有舟楫之象，故其《象》曰“利涉大川，乘木有功”也。

服牛乘馬，引重致遠，以利天下；蓋取諸隨。

致遠之道，人之所難也。不有所隨，安能有所至哉？故服牛乘馬，引重致遠，所以取諸隨也。且聖人之所用以致遠者，道也。故聖人隨時之義在道。衆人之所用以致遠者，牛馬也。故衆人之所隨，牛馬而已。然舟車者皆人所恃以致遠，故隨、涣皆言致遠之利，使天下之民得舟楫牛馬之用。知舟楫牛馬之利，又安知聖人取諸隨、涣哉？此所謂“百姓日用而不知”也。

重門擊柝，以待暴客；蓋取諸豫。

豫，備豫也。備豫之義，蓋非一也。此獨舉“重門擊柝”者，黄帝、堯、舜之世獨有此耳，不若後世防禁備豫之密也。以黄帝、堯、舜之世猶設是焉，則後世之君可不豫為之防哉？豫之一卦，本無備豫之義，而孔子又明備豫于此者，以見諸卦之象，元①不可以一義盡也。

斷木為杵，掘地為臼，臼杵之利，萬民以濟；蓋取諸小過。

小過有實中之象，而臼杵致實中之利。自神農氏興耒耜之教，臼杵之制不可无也，故黄帝繼之，萬民以濟。此皆備物致用，立成器以為天下利者也。

弦木為弧，剡木為矢，弧矢之利，以威天下；蓋取諸睽。

睽无弧矢之象，而弧矢取諸睽者，非謂物乖爭而弧矢足以威之也。

① “元”，武英殿聚珍版本作“無窮”二字。

蓋弧矢之用，以睽而發也。弧矢相睽則發而為用，睽之至則為用亦至，故弧矢二物有至睽之道存焉。睽之《象》曰“君子以同而異”，“同而異”者，其唯弧矢異物而同功乎？

上古穴居而野處，後世聖人易之以宮室，上棟下宇，以待風雨；蓋取諸大壯。

宮室之制，上棟下宇，有覆物之象，天之道也。大壯有天之道而動則人事，故為宮室之象。

古之葬者，厚衣之以薪，葬之中野，不封不樹，喪期无數；後世聖人易之以棺椁，蓋取諸大過。

上古之世，知簡不知禮，故葬親之薄有至于此。“喪期无數”者，哀盡則止也。聖人為之制禮，然後棺椁有度，則喪期可知矣。大過雖取其過于厚，然四剛居中，有堅中之象，故取以為棺椁也。養生不足以當大事，惟送死可以當大事，可不過于厚乎？上世嘗有其親死則舉而委之于壑者，孟子謂“孝子仁人之掩其親，亦必有道矣”，此蓋聖人易之以棺椁取諸大過之意也。

上古結繩而治，後世聖人易之以書契，百官以治，萬民以察，蓋取諸夬。

未結繩之初，結繩所以為治也；結繩之後，書契所以為治也。結繩、書契，皆所以防小人之偽，非待君子也。夬之為道，以剛決柔，“君子道長，小人道憂”，書契所以取諸夬者，亦以決去小人之偽也。自離至夬十三卦與本卦之義多不同，以見卦之象義皆不可一例窮盡；能變而通之，則其例亦无窮于天下矣。此之所言亦其一也，故曰“通其變，使民不倦”。

是故《易》者，象也；象也者，像也；彖者，材也；爻也者，效天下之動者也。是故吉凶生而悔吝著也。

《易》之為書，卦、象莫知後先，雖聖人觀象以設卦，卦立而象復見于後，故《易》之為書，象而已。象也者，所以像天下之有象者也。《彖》、爻皆出于卦，象已立之後，《彖》所以内明一卦之材，爻所以外效天下之動，爻立然後吉凶生而悔吝著，此成《易》之序也。

陽卦多陰，陰卦多陽，其故何也？陽卦奇，陰卦偶。其德行何也？陽一君而二民，君子之道也；陰二君而一民，小人之道也。

陽，宜其多陽也；陰，宜其多陰也；今則反是，其故何也？陽以奇為主，陰以偶為主，陰陽德行又何也？此聖人設問之意也。凡陰陽二卦，皆以陽為君。一君而二民者，其道順也。順，故為君子。二君而一民者，其道逆也。逆，則為小人。其故、其德行以是而知也。横渠先生曰："一其歸者，君子之道。多以御者，小人之理。"

《易》曰："憧憧往來，朋從爾思。"子曰："天下何思何慮？天下同歸而殊塗，一致而百慮。天下何思何慮？日往則月來，月往則日來，日月相推而明生焉；寒往則暑來，暑往則寒來，寒暑相推而歲成焉。往者屈也，來者信也，屈信相感而利生焉。尺蠖之屈，以求信也；龍蛇之蟄，以存身也；精義入神，以致用也；利用安身，以崇德也；過此以往，未之或知也。窮神知化，德之盛也。"

自"憧憧往來"至"莫益之"十一義，皆明聖人所以玩《易》之辭，蓋將致用于天下，以終上篇擬議之道也。道以用為大，故聖人以中庸為至者，道之用也。自一心之正推而及乎天下，自一性之盡推而至于盡物，皆用也。所謂"精義入神，以致用"者，此也。且以咸卦論之，則"憧憧往來，朋從爾思"，言其志意未定也。孔子于此雖論"何思何慮"，而極天下往來之理而論之，則知爻辭"往來"二字非徒然也，是所謂玩辭也。且往來，理之常也。有往必有來，有來必有往，理勢之相感然也。往而不來，來而不往，理无是也。知往來之説，則凡憧憧往來，相感无定，固有理存，不必皆從爾思也。惟知同歸殊塗，一致百慮，則天下何思何慮矣！蓋朋從爾思者，爾所感也；不從爾思者，非爾所感，其往來自相感也，日月寒暑是也。有以屈信相感者，尺蠖、龍蛇是也；有以精義相感而致用者，聖人是也。此雖殊塗，而同歸于感也，又何必朋從爾思乎？故日月往來則明生，寒暑往來則歲成；尺蠖之屈，知其必信；龍蛇之蟄，知其必神。然則聖人精義入神，豈用以寂黙而已哉？必將致用于天下；利用安身，豈用以私一己而已哉？必將崇德而廣業；是皆往來屈伸相感而利生，出于自然者也。然非往則不來，非屈則不信，非精義入神則不能致用，過此以往，皆非聖人致用之道，是以聖人未之或知也。蓋謂繫而見于事業者也，若是則窮神之妙，知化之極，非聖人盛德，孰能與此？觀乾之初九“潛龍，勿用”至九五而後“飛龍在天”，此所謂屈信相感，精義入神以致用者也。

《易》曰：“困于石，據于蒺藜。入于其宫，不見其妻。凶。”子曰：“非所困而困焉，名必辱；非所據而據焉，身必危。既辱且危，死期將至，妻其可得見邪！”

當困而困，當據而據，道之正也。非所困，非所據，失道之正，是以名辱身危也。太甲所謂“自作孽，不可逭”者也。妻者至親而易保，入宫必可見者也，非所宜為而為之者終至不能保其妻子，尚安能保四海乎？此所謂“失道者寡助”也。

《易》曰：“公用射隼于高墉之上，獲之。无不利。”子曰：“隼者，禽也。弓矢者，器也。射之者，人也。君子藏器于身，待時而動，何不利之有？動而不括，是以出而有獲，語成器而動者也。”

君子以道存諸己而困于外者，在時。是以藏器于身，猶有待也。括，結也。結則有閡，凡无其道則括，非其時則括，動而不括，然後出而有獲。此章蓋語成器而後可動，動亦必有時焉故也。藏器于身，有其道也；高墉之上，斯其時也。

子曰："小人不恥不仁，不畏不義，不見利不勸，不威不懲。小懲而大誡，此小人之福也。《易》曰：'屨校，滅趾。无咎。'此之謂也。"

小人非不知天下之所謂善惡，亦非不知天下之禍福也，蓋昧于善惡幾微之際，故積而至于大惡，以受天下之大禍者多矣。聖人憫其愚而受禍也，于是制刑以小懲之，懲其小而誡于大，則終无大惡大禍之虞，是豈非小人之福哉？此所以屨校滅趾于初，然後終无咎也。

善不積不足以成名，惡不積不足以滅身。小人以小善為无益而弗為也，以小惡為无傷而弗去也，故惡積而不可掩，罪大而不可解。《易》曰："何校，滅耳。凶。"

善惡之道皆積而至，非一朝一夕之故，積惡不已，能无終凶乎？明善惡之積，知所當為，知所當去，斯謂之君子已夫！

子曰："危者，安其位者也；亡者，保其存者也；亂者，有其治者也。是故君子安而不忘危，存而不忘亡，治而不忘亂，是以身安而國家可保也。《易》曰："其亡？其亡？繫于苞桑。"

安危、存亡、治亂蓋相代相生之道，是以聖人居安慮危，故終无危亡之患。

子曰："德薄而位尊，知小而謀大，力小而任重，鮮不及矣。《易》曰：'鼎折足，覆公餗，其形渥。凶。'言不勝其任也。"

道之用无施不可，自一身至天下其可用皆一，安有不勝之患哉？此論不勝其任者，蓋因鼎而言也。鼎，器也。于人，才器之象也。才器限量不同，猶若鼎然，故有不勝其任之凶。"君子不器"，則无限量矣。故形而上者為道，形而下者為器。

子曰："知幾，其神乎！君子上交不諂，下交不瀆，其知幾乎！幾者，動之微，吉之先見者也。君子見幾而作，不俟終日。《易》曰：'介于石，不終日。貞吉。’介如石焉，寧用終日，斷可識矣！君子知微知彰，知柔知剛，萬夫之望。”

人有君子小人之辨者，以君子知道，知道則知幾矣；小人不知道，不知道則不知幾矣；是以小人不恥不仁，不畏不義，惡積而不可掩，罪大而不可解，皆以其不知幾故也。且幾者，動之微，吉之先見，言吉則凶可知；君子由幾而趣者，吉也，故此獨言吉。方豫之時，其介如石，有无逸之戒，居上居下，无與為豫者，是以“上交不諂，下交不瀆”，而為知幾之君子也。且諂瀆至微也，而鳴豫之凶，有由諂瀆而生者，是其所以為幾也。君子極深研幾，則能盡神，故曰：“知幾，其神乎！”“知微知彰”，自微而知著也；“知柔知剛”，由一而知二也；是皆知幾之道也。知幾則能成天下之務，是有長人之道，故為“萬夫之望”。横渠先生曰：“常易故知險，常簡故知阻。豫之六二常不動，故能得動之微。”

子曰：“顏氏之子，其殆庶幾乎？有不善未嘗不知，知之未嘗復行也。《易》曰：‘不遠復。无祇悔。元吉。’”

顏子亞聖之道，未能无過，故《論語》稱“不貳過”；未能无得失，故《中庸》言“得一善，則拳拳服膺而弗失之”；由此則知幾于聖人矣，故此言“其殆庶幾乎”。

天地絪緼，萬物化醇；男女構精，萬物化生。《易》曰：“三人行則損一人，一人行則得其友。”言致一也。

天地、男女之化生皆由致一以交感，三人行則損一人，一人行則得其友，言致一以交感也。損自泰來，由乾、坤而為艮、兑，故有天地、男女之象。

子曰：“君子安其身而後動，易其心而後語，定其交而後求：君子脩此三者，故全也。危以動，則民不與也；懼以語，則民不應也；无交而求，則民不與也；莫之與，則傷之者至矣。《易》曰：‘莫益之，或擊之。

立心勿恒。凶。’”

君子慎于持滿之戒，脩此三者以保其常全，蓋懼益之極也。益道未極，則人必與之，人與之則益日至；益道既極，則人必莫之與，莫之與則莫之益也，故傷之者必至。此固損益常理，況立心勿恒之人，寧无凶乎？

子曰：“乾、坤，其《易》之門邪？乾，陽物也；坤，陰物也。陰陽合德而剛柔有體，以體天地之撰，以通神明之德。其稱名也，雜而不越；于稽其類，其衰世之意邪？”

此章論《易》之為書也。乾坤二卦在《易》之書猶《易》之門，學者首當明乾坤之義也。自道言之，三才之内无非物，乾坤雖非天地萬物，以類言之，亦陽物、陰物也，況在《易》之乾坤見于卦象者乎？乾坤合陰陽之德而後有剛柔之體，蓋言先得乾坤陰陽之道，而後見于象者，剛柔之體具焉；剛柔之體具則六十四卦由之而生，故觀其象則可以體天地之撰，明其義則可以通神明之德矣。六十四卦稱名雖雜，而不越乎乾坤剛柔之一道，稽其言之類不過于幾微、禍福、吉凶、悔吝，豈皆衰世之意邪？是亦聖人之情見乎辭也。

夫《易》，彰往而察來，而微顯闡幽；開而當名辨物，正言斷辭，則備矣。其稱名也小，其取類也大。其旨遠，其辭文，其言曲而中，其事肆而隱。因貳以濟民行，以明失得之報。

《易》之為書也，所以彰往聖之道，察方來之變，而垂教于无窮。其“微顯闡幽”，所謂“顯道、神、德、行”也。開明大道至于六十四，其“當名辨物”“正言斷辭”无或不備，雖其稱名小者，其取類大也。“旨遠”者，道具于旨也。“辭文”者，道顯于辭也。其言屈曲而發无不中，其事肆直而理无不精開，明失得之報以濟民之所行，故曰“因貳”。貳者，失得也。斯道得則吉報之，斯道失則凶報之，故吉凶所以為失得之報也。前言“當名”，謂卦也。“辨物”，謂象也。“正言”，爻、《彖》之辭也。"斷辭"，繫之以吉凶者也。

《易》之興也，其于中古乎？作《易》者，其有憂患乎？

《易》始于包犧而興于文王，故曰"中古"。"作《易》者，其有憂患乎"，蓋謂文王也。說者謂既有憂患，則須脩德以避患，故明九卦為德之所用，誤矣！夫聖人脩德又豈係于憂患乎？而孔子言此者，蓋以聖人居崇高之位，道行于天下，為帝、為王，參天地，贊化育，則《易》行乎其中矣，固不必有作也。及其道不行于天下，而憂患天下後世之深，欲力以斯文昭示來世，則不得不作矣，此文王所以蒙大難而作《易》也。然則孔子道不行而繫《易》，其亦所謂憂患者乎？故憂患者蓋憂患後世之不復與聞斯道也。

是故履，德之基也：謙，德之柄也：復，德之本也：恒，德之固也：損，德之脩也：益，德之裕也：困，德之辨也：井，德之地也：巽，德之制也。

聖人用《易》，上篇言之詳矣，而脩德之事或未盡也，故舉九卦以明之。夫擇可履而履之，故為德之基；謙以持之，為德之柄；復以反之，為德之本；恒以可久，為德之固；損其害己之欲，故為德之脩；遷其益己之善，故為德之裕；困而不失其所亨，故為德之辨；改邑不改井，井猶性也，案原本脱此句，今據《大易粹言》校補。故為德之地；巽以申命行事，故為德之制；此聖人以九卦成德于內也。

履，和而至：謙，尊而光：復，小而辨于物：恒，雜而不厭：損，先難而後易：益，長裕而不設：困，窮而通：井，居其所而遷：巽，稱而隱。

說而應乎乾，和也。辨上下，定民志，至也。尊而謙，益光之道也。復之早辨，不遠復也。"剛柔皆應，恒"，是以雜而不厭也。懲忿窒欲，先難後易也。天施地生，其益无方，長裕不設也；不設者，不居于一方也。困窮而通，人窮而道亨也。井居其所而能遷，其不窮之養也。巽之申命，其稱也；順而入之，其隱也。此九卦之性情也。

履以和行，謙以制禮，復以自知，恒以一德，損以遠害，益以興利，困以寡怨，井以辨義，巽以行權。

聖人因履之和以和行，因謙之遜以制禮，因復以自反于道，因恒以不變其德，因損以去其害己者，因益以遷善，因困而亨道則无怨尤于天人，因井以辨勞民往來之有義，因巽以行申命之權，是皆聖人用九卦以見于有行也。權者，反于古而宜于今，道之權也，非小人之狙詐也。堯舜傳賢而禹傳子，權也。夏尚忠、商尚質、周尚文，亦權也。

《易》之為書也，不可遠，為道也屢遷。變動不居，周流六虛；上下无常，剛柔相易；不可為典要，唯變所適。

人之于道不可須臾離也，故于《易》不可遠。可離者，非道；可遠者，亦非《易》也。《易》之為道數遷，而變動未嘗止。周流六爻，或初下而升上，或由上而降下，以剛易柔，以柔易剛，不可以常道拘也，唯變所適而已。此之謂《易》之道也。

其出入以度，外内使知懼。又明于憂患與故，无有師保，如臨父母。初率其辭而揆其方，既有典常。苟非其人，道不虛行。

人之學道能不遠《易》，則出入行藏必謹。其度外焉知懼，則懼其失于有行；内焉知懼，則懼其失于脩身。“憂患”者，一己之憂患也。“故”者，天下之務也。明于憂患與故，則自一身以及天下无或不明也。人能明此，以不遠《易》故也。雖无師保教訓，常如父母之臨，豈无因而然哉！知《易》之道須臾不可遠離而已。且如臨父母，則敬《易》之心存焉。《易》之言敬有二道，有接物之敬，需所謂“敬之，終吉”是也；有先物之敬，坤所謂“敬以直内”是也。接物之敬，有作有輟；直内之敬，雖造次顛沛无時而非敬，故常如父母之臨之也。“初率其辭，而揆其方，既有典常”者，聖人言學《易》之道也。學者初循其辭以探其道，而後可以得其典常。典常，大要也。案原本句上脱“典常”二字，今據《大易粹言》校補。苟非其人能盡學《易》用《易》之道，則《易》道安能有行于世哉？然君子之于學也有二道，有率其辭者，自外入也，故《易》之為書不可遠；有率其性者，由中出也，故中庸之道不可須臾離。書不可遠，則道不可遠矣；道不可離，則書不可離矣；明乎此然後善學。

《易》之為書也，原始要終以為質也。六爻相雜，唯其時物也。其初難知，其上易知，本末也。初辭擬之，卒成之終。若夫雜物撰德，辨是與非，則非其中爻不備。噫亦要存亡吉凶，則居可知矣！知者觀其彖辭，則思過半矣！

前曰《易》之為書，蓋明《易》之道；此言《易》之為書，蓋論卦爻之要；皆終以學者之事。且自一卦論之，原始要終，上下不遺，為一卦之質也。卦名之義，名其質而已，如乾之為乾也。原始要終，知乾之質為健，故名其卦曰“乾”。至于潛、見、飛、躍則非質也。六爻之義，剛柔、動静、吉凶、悔吝之不同，各從其時與物之異而已，是則“潛”“見”“飛”“躍”之謂也，此卦、爻之義不能一也。爻之初為難知，及其上則易知者，本末之不同也。初者，事之始，事之微，其辭則擬之而已，故為難知。上者，事之終，事之成，其辭无隱，故易知也。若夫雜辨天下之物，論撰衆人之德，明二者之是非，則非其中爻不能備矣。蓋言初、上本末不能具也。説者以二、五為中爻，此章論六爻相雜之道，既言初、上本末于其上，則下言中爻者，二、五、三、四皆是也。蓋二、五、三、四皆為人道，“雜物撰德”“辨是非”，人事也，故中孚以三、四為中，而王輔嗣亦疑初、上之无位。此言“雜物撰德”，則兼天下之物與德為言，非止二、五君臣而已，故知捨初、上之餘皆中爻也。而其辭言“不備”者，謂非此四者不能備天下之象也。學者要中爻之存亡吉凶，以考其所居得失，皆可以自知，此所以不可遠也。《彖》辭明一卦之義，物德、是非、存亡、吉凶未能論辨者，觀乎《彖》辭則思已過半矣，此又言學

《易》之要在夫《彖》也。先儒或謂《彖》辭為文王卦下之辭，非也，直今之《彖》耳。

二與四同功而異位，其善不同：二多譽，四多懼，近也。柔之為道不利遠者，其要无咎，其用柔中也。三與五同功而異位，三多凶，五多功，貴賤之等也。其柔危，其剛勝邪？

二、四，陰也；三、五，陽也；陰陽之功同而位則異也。二之多譽，中也；四之多懼，近君也；此其善之不同也。二、四宜以柔居之，而柔之用近不利遠者，則六二何其多譽乎！然要其終所以无咎者，六四不若六二之用柔中故也。三之多凶，五之多功，其貴賤不同，位有當不當也。三、五皆宜以剛居之，而九三多凶者，賤而失中也。五柔則危而剛則勝者，貴而得中也。上言中爻而此論二、四、三、五，蓋其同功而異位者皆中爻也。王輔嗣不辨四者為中爻，而反以初、上為无位，不知以六位言之，則初、上不得為无位；以中爻言之，自无初、上也。

《易》之為書也，廣大悉備。有天道焉，有人道焉，有地道焉；兼三才而兩之，故六。六者非他也，三才之道也。道有變動，故曰“爻”；爻有等，故曰“物”；物相雜，故曰“文”；文不當，故吉凶生焉。

《易》之為書廣大无不備者，蓋有三才之道焉。故六畫非他也，兼三才而兩之之道也。一卦之道各有變動，因其變動而別言之，故為爻。此言六位之辨也。爻有貴賤上下之等，故曰“物”。物謂二、四、三、五之類是也。物雜九、六則以剛柔相文，故曰“文”。文之當其位則吉，九之于五，六之于二是也。文之不當其位則凶，六之于三，九之于四是也。大致如此，故曰“吉凶生焉”。

《易》之興也，其當殷之末世，周之盛德邪？當文王與紂之事邪？是故其辭危。危者使平，易者使傾；其道甚大，百物不廢。懼以終始，其要无咎，此之謂《易》之道也。

文王遭紂之世，蒙大難而演《易》，是故其辭危。危，懼也。懼斯道之不聞于天下後世也。後世得其言則危者可平，失其言則易者可傾。其道甚大，天地之間无不備，是以天下无廢物。懼人以終始，則使人慎終如始；安不忘危，存不忘亡，要其歸，終使无咎而已，此所謂《易》之道也。說者或以危為述憂危之事，使後世危懼避患；或以危為微不正之辭，二者皆非聖人之道也。

夫乾，天下之至健也，德行恒易以知險；夫坤，天下之至順也，德行恒簡以知阻。能說諸心，能研諸侯之慮，定天下之吉凶，成天下之亹亹者。

橫渠先生曰："恒易，故知險；恒簡，故知阻。"又曰："易簡，故能說諸心；險阻，故能研諸慮。"或者言"亹亹，勉也"，以意逆之，則謂天下之事功也。定吉凶、成亹亹皆由乾坤之易簡故也。"諸侯之慮"，"侯之"為衍字，故王輔嗣曰："能說諸心，能研諸慮。"

是故變化云為，吉事有祥；象事知器，占事知來。

凡人道變化云為之間，吉事則先見其祥，象事則先知其器，占事則知方來，皆言人事不能先見；是以定天下之吉凶，成天下之亹亹也。

天地設位，聖人成能；人謀鬼謀，百姓與能。

天地設位于上下而已，不能自成其能也，惟聖人成其能，以備三才之道，此所以參天地而贊化育也。聖人亦豈自謂其能哉？人謀鬼謀，百姓與其能而已，所以致是者，有道存焉。道者，《易》也。既曰"人謀"又言"百姓"者，猶《洪範》之言"卿士""庶民"也。

八卦以象告，爻彖以情言；剛柔雜居，而吉凶可見矣。變動以利言，吉凶以情遷；

八卦有象而未有言，故"以象告"；六十四卦之後有爻、《彖》之辭，故曰“以情言”；剛柔相雜而後有得失，故“吉凶可見”；是三者皆卦所具之情也。“變動以利言”者，聖人變而通之以盡利，故變動主于利也。“吉凶以情遷”者，卦之吉凶因人善惡而遷也。

是故愛惡相攻而吉凶生，遠近相取而悔吝生，情僞相感而利害生。

六爻剛柔各因其愛惡相攻而後有吉凶，遠或相應，近或不相得，則有悔吝，此皆言爻之情也；亦猶在人，情僞相感而生利害，與爻一也。

凡《易》之情，近而不相得，則凶；或害之，悔且吝。

凡《易》之情與人之情何以異哉？自六爻觀之，相近而不相得則凶矣。雖无不相得，或少害之，亦悔且吝也，人之情蓋亦猶是。此蓋重釋上言吉凶、悔吝、利害之説，以先言人之“情僞相感”，故此復言“凡《易》之情”。

將叛者其辭慙，中心疑者其辭枝，吉人之辭寡，躁人之辭多，誣善之人其辭游，失其守者其辭屈。

六者之辭宜无與于《易》焉，然由六者觀之，則《易》之辭蓋无是也。然聖人作《易》所以无是六者之辭者，以聖人之辭出于道，未嘗出于胸中之私也。六者之人所以有六者之辭者，各因其心之私而不自知其為是言也。以是知衆人之所任者心，而聖人之所任者道也。凡心惡善①皆私也，惟道為天下之大公，故足以洗心。知言如此，然後可見聖人之情。

① “惡善”，武英殿聚珍版本此二字互易。

《郭氏傳家易説》卷九

宋 郭雍 撰

《説卦》

昔者聖人之作《易》也，幽贊于神明而生蓍，参天兩地而倚數，觀變于陰陽而立卦，發揮于剛柔而生爻，和順于道德而理于義，窮理盡性以至于命。

《説卦》論説八卦之道而此極重卦而言者，明八卦、六十四終始一道耳。或者言聖人謂包犧也，然以八卦、六十四卦言之則非獨包犧矣。聖人以道幽贊神明，故生用蓍求卦之法，猶《繫辭》言“是興神物以前民用”。蓋是道本于神明，聖人能生之，是為幽贊之道矣。故有神明之道，有幽贊之道，有生蓍之道，以道合道，故能生是道也。此言變化之始也。自蓍道生而後數可倚，數可倚而後卦可立，卦可立而後爻可生，作《易》之道終矣！《易》成而後，道德理義有所寓，聖人窮《易》之理，盡萬物之性，復于天道，故曰“以至于命”。此章自“幽贊”之始至“以至于命”，蓋明以此道始，復以此道終；有无循環，實由一道，非聖人有私意以作也，微顯闡幽而已。天地者，數所由生；陰陽者，變所由生；剛柔者，萬類所從生；故参兩觀變發揮之也。《易》于道德无違也，和順顯發之而已；于義无作也，明辨之而已。蓋言象辭之間，其道德與義本諸自然，聖人因之而作《易》，特載以明之而已。故聖人于玩《易》之際，復用此道以“窮理盡性至于命”也。窮理者，窮天之理也；盡性者，盡天之性也；然後不失其所謂“天之命”矣。是知聖人由道以生《易》，由《易》以復于道，非聖人則无生无復。謂之聖人作《易》可也，然異乎衆人之所謂“作”者矣。

昔者聖人之作《易》也，將以順性命之理。是以立天之道曰“陰與陽”，立地之道曰“柔與剛”，立人之道曰“仁與義”。兼三才而兩之，故《易》六畫而成卦。分陰分陽，迭用柔剛，故《易》六位而成章。

前章自“作易”“生蓍”終于“性命”而止，此章復因性命之說而詳言之，以見《易》之為書所以能至于命者，以本乎性命之理故也。性命之理即天、地、人之道也。性命本一，故《中庸》言“天命之謂性”，孟子言“君子不謂性、命”。因天、地、人而言之，則天道之謂“命”，人道之謂“性”，于是乎有別矣。是以陰陽、柔剛、仁義，各異其名也。陰陽者，天之二道也；柔剛者，地之二道也；仁義者，人之二道也。天、地、人之道各二，所謂“三才兩之”也。《易》能兼三才，則皆兼其兩之之道，此《易》畫所以六而後成卦也。然則文王之重不得不作矣，蓋出于三才自然，非文王之私意也。自六畫成卦而後，三才陰陽之位具，于是乎迭用柔剛之爻以居之，則變化見矣，故曰“六位而成章”也。章者，變化之道明見之謂也。“分陰分陽”，非謂立天之道陰陽也，言三才之道皆一為陰一為陽，見于六位也。“迭用柔剛”，非謂立地之道柔剛也，言三才陰陽分為六畫，迭以九六柔剛居之也。故三才二道，不兼九六言之，則曰“六畫”；兼明九六柔剛，而後謂之“六位”。是以六畫成卦，特有其象而已，至六位成章而後，道大明也。方包犧未分三才陰陽，故卦止三畫；文王重之，以備三才陰陽，故六畫具。由此言之，則三畫之道不為不足，六畫之道不為有餘。孔子言“立天”“立地”“立人”，言包犧之道也；言“陰陽”“柔剛”“仁義”，言文王之道也。包犧立其始，文王成其終，孔子明其終始，三聖人實出于一心，是為同道。道同故其書同，一聖人不作則斯道不明，後世不復有聞矣！

天地定位，山澤通氣，雷風相薄，水火不相射。八卦相錯，數往者順，知來者逆，是故《易》逆數也。

天地之位定，然後山、澤、雷、風、水、火相與為用；或異體而交通，或同氣而相薄，或不相入而為用，此八卦所以必相錯之道也。八卦不相錯則道雖立而不及于用，是以聖人重之，重而後可以數往知來。人之道，數往者順而易，知來者逆而難；《易》之逆數未見其難者，非止卜筮之用，蓋由其道之始必知其道之終也，是亦原始可以要終，知微知彰之義。故孔子以知幾為神，衆人獨知卜筮而已。

雷以動之，風以散之，雨以潤之，日以晅之，艮以止之，兑以說之，乾以君之，坤以藏之。

天、地、雷、風，功用與八卦同，故或言象，或言卦，其實一也。動、止、說，又其性也；散、潤、晅，又其功也；君，其道也；藏，其德也。互言之，知其互備也。

帝出乎震，齊乎巽，相見乎離，致役乎坤，說言乎兑，戰乎乾，勞乎坎，成言乎艮。“萬物出乎震”，“震”，東方也。“齊乎巽”，“巽”，東南也。“齊”也者，言萬物之潔齊也。“離”也者，明也。萬物皆相見，南方之卦也。聖人南面而聽天下，嚮明而治，蓋取諸此也。“坤”也者，地也。萬物皆致養焉，故曰“致役乎坤”。“兑”，正秋也。萬物之所說也，故曰“說言乎兑”。“戰乎乾”，“乾”，西北之卦也，言陰陽相薄也。“坎”者，水也。正北方之卦也，勞卦也，萬物之所歸也，故曰“勞乎坎”。“艮”，東北之卦也。萬物之所成終而所成始也，故曰“成言乎艮”。

天道始于震，萬物從之，皆出而有生，生而齊。齊，畢出也。至離而明，明則可見。至坤而養，養而後物成，物成則說。乾以純陽居陰地，故陰陽相薄而戰。自出至戰，久勞于外必歸，而有以休息之，故勞乎坎。息之而後終，終則有始，此雖萬物之情，實天之道也，故言“帝”以先之。自天地定位之後皆論八卦，此章獨異，復有重釋之辭，蓋上論八卦之位未明言其所，故下復明言之，曰“震，東方也”“巽，東南也”，如是則无嫌于重釋之也。唯“潔齊”之義難通，求其意則齊一而已。

神也者，妙萬物而為言者也。

道則道也，《易》則書也，聖人則人也，獨神為无方而三者皆有之，故道亦有神，《易》亦有神，聖人亦有神。神非別一物，惟以其道之見于用，而妙萬物者，名為“神”也，《易》與聖人之神皆一也，因妙萬物而言之為神，故曰“妙萬物而為言也”。觀《易》則知神之為貴，究神之為言則知道以用為大，此孔子所以言“中庸其至矣乎”！

動萬物者莫疾乎雷，撓[1]萬物者莫疾乎風，燥萬物者莫熯乎火，說萬物者莫說乎澤，潤萬物者莫潤乎水，終萬物始萬物者莫盛乎艮，故水火相逮，雷風不相悖，山澤通氣，然後能變化，既成萬物也。

此章論象，其序與前八方之卦同，獨不言乾坤者，乾坤妙萬物之神。在六子而已，莫疾乎雷，莫疾乎風。其神也，萬物无以加之也，故《易》皆取神物以為八卦之象，至乾坤之神又不得而見之矣。橈，散也。澤，上為天澤，下為藪澤，故“莫說乎澤”也。天地之間，山之養物為多，故能終始萬物。上言雷風則艮與山同功矣，下言艮則雷風震巽同功矣，其義互見，非艮獨異也。六子之象雖有動橈燥潤之功，而或各專其用，獨動獨橈不能變化亦不能成物，必水火相須，雷風相從，山澤相通，于是乎變化而畢成萬物。況《易》之于卦，坎、離、震、巽豈能獨用也哉？此聖人所以重卦之義也。重之故變，變則通，通則从，是以“自天祐之，吉，无不利”。

乾，健也。坤，順也。震，動也。巽，入也。坎，陷也。離，麗也。艮，止也。兌，說也。

此章言乾坤之德與六子之性情，所以釋八卦之名也。八卦之名出于包犧氏，上古之言止于八者而已。文王能明之而不訓其義，孔子訓之故後世可以學《易》，非“健”“順”八字則《易》不復能讀矣，故“乾坤”

---

① “撓”，武英殿聚珍版本作“橈”。

八字盡三才之道，“健順”八字盡八卦六十四之道，然則文王不載之簡編，孔子何由而得之夫？是之謂“聖人”！

乾為馬，坤為牛，震為龍，巽為雞，坎為豕，離為雉，艮為狗，兌為羊。

遠取諸物皆此類也。說者或以巽主號令，雞能知時，義猶近之；其言豕處汙濕，狗善禁止，鄙矣。

乾為首，坤為腹，震為足，巽為股，坎為耳，離為目，艮為手，兌為口。

乾，元首之象也；坤之含弘，腹也；陽動于下，足也；順于下而動于上，股也；坎幽，利聽；離明，利視；艮具動靜而下垂，兌為口舌而上向也。

乾，天也，故稱乎“父”。坤，地也，故稱乎“母”。震一索而得男，故謂之“長男”。巽一索而得女，故謂之“長女”。坎再索而得男，故謂之“中男”。離再索而得女，故謂之“中女”。艮三索而得男，故謂之“少男”。兌三索而得女，故謂之“少女”。

乾坤、天地、父母皆一道也。此論父母男女之象，故乾坤主父母而言六子之變。自下為先，震自坤變而得陽畫于初，巽自乾變而得陰畫于初，故皆曰“一索而為長男、長女”也；坎自坤變而得陽畫于中，離自乾變而得陰畫于中，故皆曰“再索而為中男、中女”也；艮自坤變而得陽畫于上，兌自乾變而得陰畫于上，故皆曰“三索而為少男、少女”也；一、二、三之義取于三畫之初、中、上也。王氏云：“索，求也。自坤而求陽，皆男也；自乾而求陰，皆女也。”卦變之義蓋始于此，文王之重亦无以異也，故《說卦》首章曰“觀變于陰陽而立卦”。

乾為天，為圜，為君，為父，為玉，為金，為寒，為冰，為大赤，為良馬，為老馬，為瘠馬，為駁馬，為木果。

《繫辭》言包犧氏始畫八卦，“以通神明之德，以類萬物之情”，此皆所謂類萬物之情也。乾之于八卦，天之于三才，君之于臣，父之于子，金玉之于土石，皆一道也，是之謂“類”也。乾之道，天之形，人之首，皆圜也。寒、冰，西北之位也。大赤，乾剛之色也。馬，行健也。良則善于其道也，老則从于其道也。瘠馬、駁馬未詳其旨。先儒或以瘠為柴，益非也。孔氏又謂駁馬有牙如鋸，能食虎豹。雖古人有說，亦誤矣，未有蹄物能搏虎豹者也。或言有獸名駁，食虎豹。事非經見，亦非馬類，疑无其字，借用駁耳，非駁馬也。又言果實著木如星之著天，如是則果為星象，非天象也。乾元為萬物之始，居羣物之上，萬物之所資焉；而果者，木之始也，木以果為始，亦猶物以乾為始也。然聖人言此使學者知其道无乎不在也，此亦舉其大槩耳，安能盡言天下萬物之象哉！觸類而長之斯可矣。自人言之，則千夫長，百夫長，夫之于妻，長之于幼，亦皆乾也。自物言之，宮室之覆，車蓋之象，亦皆乾也。麒麟之于走獸，鳳凰之于飛鳥，泰山之于丘垤，河海之于行潦，亦皆乾也。山河雖坎、艮之象，方其于丘垤、于行潦，則乾也。至于虎狼有父子之仁，螻蟻有君臣之義，孰謂乾之道又有在于虎狼螻蟻之間者乎？故知其道无乎不在，特知而用之者鮮矣。八卦之象皆然。

坤為地，為母，為布，為釜，為吝嗇，為均，為子母牛，為大輿，為文，為衆，為柄；其于地也為黒。

布、均皆猶地之德。釜猶地之化。吝嗇，陰性也。子母牛，蕃生也。大輿，厚載也。物雜則生文。數偶則衆。柄為化權。純陰之色黒，大赤之反也。八卦之義最難通，故聖人詳其所象，亦“立象盡意”之謂也。詳其一卦所為之象，然後可通一卦之義，不然則乾坤八卦非親質之三聖人，終莫知其為義矣；惟八卦有象如此其詳，故雖百世之下亦可聞而知之也。聖人反覆言八卦于前，又列其卦言之于後，得无深旨耶！

震為雷，為龍，為玄黃，為旉，為大塗，為長子，為決躁，為蒼筤竹，為萑葦；其于馬也為善鳴，為馵足，為作足，為的顙；其于稼也為反生；其究為健，為蕃鮮。

乾為純陽，坤為純陰。自乾坤相索，一索而得震，故震為陰陽交變之始，其去乾坤未遠也，是以震備乾坤之象，為具體而微者。錯而言之，則其色玄黃。玄黃，天地之色也。別而言之，則龍，乾畜也。決躁，乾剛也。旉與大塗，坤之道也。其于馬者，因乾而言也。其于稼者，因坤而言也。其究為健，乾也。為蕃鮮，坤也。蒼筤、萑葦、反生皆盛生之物，雖為陽卦，陰道盛也。善鳴，動而有聲也。馵足、作足，陽動于下也。卦以白為陰，的顙，陰在上也，此亞乾之四馬也。

巽為木，為風，為長女，為繩直，為工，為白，為長，為高，為進退，為不果，為臭；其于人也為寡髮，為廣顙，為多白眼，為近利市三倍；其究為躁卦。

木為曲直，曲直為工。白，陰也。長、高，木象也。進退，風性也。臭以風而傳物。以進退而不果。陰卦多陽，是以其究為躁。寡髮，剛上也。廣顙，重剛也。為多白眼、近利市三倍，未詳其象。

坎為水，為溝瀆，為隱伏，為矯輮，為弓輪；其于人也為加憂，為心病，為耳痛，為血卦，為赤；其于馬也為美脊，為亟心，為下首，為薄蹄，為曳；其于輿也為多眚；為通，為月，為盜；其于木也為堅，多心。

江、河、谿、澗，皆水也。溝瀆，人所為者也。隱伏，水性也。矯輮、弓輪，方圓曲直之易也。加憂，心病。耳痛、血卦，陽陷于中也。坎再索以中為主，中得乾之剛，故為赤。震、坎皆有馬象者，得乾德之餘也。美脊、亟心，陽在中也。下首，陰居上也。薄蹄，下亦陰也。流物故為通。流不能止故多眚。離日而坎月也。盜，小人之隱伏也。木堅、多心，剛中也。“于輿”之義，疑當作“其于輿也為曳”。《易》曰“見輿曳”，又曰“曳其輪”，故輿有曳而馬无曳也。乾、震之馬四，而坎之言馬五，亦知曳為輿矣。屯以坎為雲，解以坎為雨，而于此不言者，于以見八卦之象不能盡言者多矣。

離為火，為日，為電，為中女，為甲胄，為戈兵；其于人也為大腹；為乾卦，為鱉，為蟹，為蠃，為蚌，為龜；其于木也為科，上槁。

離，麗也。火、日、電，皆麗物而明者也。坎陽為水而離陰為火者，陽卦多陰，陰卦多陽故也。坎、艮不言中男、少男，離、兑言中女、少女者，互見也。甲胄、戈兵，剛在外也。甲胄自衛，戈兵以外向也。于人為大腹，虛中之陰也。乾卦，燥也。鱉、蟹、蠃、蚌、龜，介物也。介物、甲胄，類也。孔氏云“科，空也”。科，木上槁，陰中而无實也，與堅、多心之義反矣。

艮為山，為徑路，為小石，為門闕，為果蓏，為閽寺，為指，為狗，為鼠，為黔喙之屬；其于木也為堅，多節。

震自坤變，故為大塗。艮其小者則為徑路。艮大為山，其小亦為石。山與小石如坎水溝瀆之義。門闕、閽寺，性之止也。果蓏，亦乾之餘陽也。指亦手也。陽過而在上，无中下之剛，是以陽卦之中獨艮不言馬。其剛在上，所用益小，故于獸畜之類无行健之功，徒有噬齧之象，狗、鼠、黔喙之屬皆是也。震之剛動于下，故言足；坎之剛動于中，故言心；艮之剛動于上，故言喙；皆因所索而言也。且坎之為隱伏也，在賢者為隱，在小人為盜。艮之為利，則為狗；為害，斯為鼠。皆一義而二象也。堅、多節者，剛不中也。中則為心，不中則為節；心則利用，節不利于用；二卦之辨也。

兑為澤，為少女，為巫，為口舌，為毁折，為附決；其于地也為剛鹵，為妾，為羊。

兑，藪澤之象，亦為天；澤雨有潤澤之功，故雨亦名澤。別而言之，雨，其物也；澤，其功也；故坎與兑義不同也。唯言其功，故凡可以澤物者皆為兑，又不止雨之為澤而已。八卦之中，三索而成者皆動于上也，以陽動者艮也，以陰動者兑也。陽動則有口之義而未見其象，陰動則卦具口象于上，故直言其為口舌也。巫之通神，以口舌而致精誠也。古之巫與今之巫異，古之巫，誠人也；今之巫，妄人也。誠故可用以通神，妄非聖人之所用也，口舌之用非止辯論是非毁譽而已。或附、或決、或用以毁折也。附猶誓命使天下之比附。決猶號令之決。小人毁折，猶噬嗑之用獄，除間以去天下之害，則口舌之用大矣，非小人之所謂口舌、頰舌之間而已，是以天下說之也。陽在下為剛，陰在上為鹵，蓋亦藪澤之象。妾為女，道之下者也。兑雖二剛在下，而卦以上之一陰為主，故无良馬行健之功，而有羝羊羸角之患也。附決之意與《詩》之“疏附”同。

《郭氏傳家易說》卷十

宋　郭雍　撰

《序卦》

有天地，然後萬物生焉。盈天地之間者唯萬物。

三才之序，先天地而後萬物。萬物盈天地之間，人居萬物之中。聖人之道，周萬物而濟天下，則萬物復附于聖人，故聖人與天地相似。是以萬物盈天地，聖人之道亦盈天地，物盡則聖人之道盡，孟子所謂“塞乎天地之間”者也。

故受之以屯，屯者，盈也。屯者，物之始生也。

《易》卦，三才也。乾、坤為天地，惟人事不齊；故自屯以往，皆為人道，然後可配乾、坤，以見乾、坤之大，非諸卦比也。屯為人事之始，故次于坤。物之始生，屯之始也，其究則盈也。卦或有一義，或二、三義；言于此者，或取其一，或二、三取之，不必皆同。

物生必蒙，故受之以蒙。蒙者，蒙也。物之穉也。

上蒙，卦也。下蒙，物之蒙也。物以穉而蒙也。

物穉不可不養也，故受之以需。需者，飲食之道也。飲食必有訟，故受之以訟。

物穉不可不養，故天地待聖人以成能，養人為事也。案原本作“養為人事也”，今據《大易粹言》校正。飲食，欲也。欲為訟之始。

訟必有衆起，故受之以師。師者，衆也。衆必有所比，故受之以比。比者，比也。比必有所畜，故受之以小畜。

畜德、畜賢、畜君、畜衆，皆畜也。是以"比必有所畜"。

物畜然後有禮，故受之以履。

衆必有比，比必有畜。畜而有禮則安，无禮則危。

履而泰然後安，故受之以泰。

履之而通者安之。道不通則不安，非所宜履也。

泰者，通也。物不可以終通，故受之以否。物不可以終否，故受之以同人。

泰、否，時也。同有盈謙，皆在人事，自取之耳。能盡同人之道，則否傾矣，舜文是也。"物不可"者，猶云物不能終通、終否也。

與人同者物必歸焉，故受之以大有。有大者不可以盈，故受之以謙。

如器之容物，盈則不能有，故有大者同天，无物可以盈。不盈為謙。

有大而能謙必豫，故受之以豫。

以謙有大，則絶盈滿之累，故優游不迫而暇，豫也。

豫必有隨，故受之以隨。

豫猶《中庸》所謂"素"也。素有富貴之道則可行乎富貴，素有貧賤之道則可行乎貧賤。行則隨矣，富貴貧賤，其所隨者也。統言隨義，不必皆為隨人。

以喜隨人者必有事，故受之以蠱。蠱者，事也。有事而後可大，故受之以臨。臨者，大也。

隨，善道也。喜隨人則失于无所擇，故必有弊。蠱者，已弊之事。弊而知改為則可大，故有事復為大之幾。

物大然後可觀，故受之以觀。

天地可觀者也，聖人與國皆可觀也，而聖人又觀乎道，故可觀皆大物。

可觀而後有所合，故受之以噬嗑。

凡合在觀之後，未有無所見而合者，不獨大觀而後有合也。

嗑者，合也。物不可以苟合而已，故受之以賁。賁者，飾也。

人之合則有上下、長少，非禮以飾之則无分，无分則亂，故不可苟合。

致飾然後亨則盡矣，故受之以剝。剝者，剝也。

自同人、大有、謙、豫、隨、蠱、臨、觀、噬嗑、賁，聖人所以履泰、傾否之美道備盡于斯。其道極盡，則有剝矣。

物不可以終盡剝，窮上反下，故受之以復。復則不妄矣，故受之以无妄。

剝窮則降而必復于道，復于道則不妄，以見小人之剝皆妄也。是以小人无忌憚而君子惟誠之為貴。

有无妄然後可畜，故受之以大畜。

大畜，畜无妄之道而已。无妄之道，天道也。有无妄之道則可畜，猶有天命之性則可率而循之。是以君子存其心，養其性，使不失赤子之心者以此。

物畜然後可養，故受之以頤。頤者，養也。

有所畜則天道止于我矣，不有以養之將復失其正，孟子所謂“以直養而无害，則塞乎天地之間”者也。

不養則不可動，故受之以大過。

大過之動，非常動也，不能大養其德者不可動。養大過之德如養枯楊，使之生稊，盖亦難矣，豈可失所養而妄動哉？此孟子所以養浩然之氣也。

物不可以終過，故受之以坎。坎者，陷也。陷必有所麗，故受之以離。離者，麗也。

過越非常則蹈陷害，何所謂“陷必有麗”也？或麗于險，或麗于阻，皆為陷也。

有天地然後有萬物，有萬物然後有男女，有男女然後有夫婦，有夫婦然後有父子，有父子然後有君臣，有君臣然後有上下，有上下然後禮義有所錯。

有天地然後生物，人出其中則有男女。男女，人道之大。夫婦，人道之始。父子、君臣，相因以生。至于上下分定，而後禮義有所錯，舉禮義而錯諸上下也。人道以此為急，无此則亂矣。

夫婦之道不可以不久也，故受之以恒。恒者，久也。物不可以久居其所，故受之以遯。遯者，退也。

日月久照尚有昃食，況萬物乎！久居其所而退者，宜也。

物不可以終遯，故受之以大壯。

遯以陰侵而遯，大壯以剛長而壯，消息往來之理。

物不可以終壯，故受之以晉。晉者，進也。進必有所傷，故受之以明夷。

剛過則柔至，進極則必傷。

夷者，傷也。傷于外者必反于家，故受之以家人。

行有不得者，皆反求諸己。治國、治天下而不治者，必反于家。治自近始，實一道也。

家道窮必乖，故受之以暌。暌者，乖也。

治道不可窮極，有家、有國、有天下，皆一也。

乖必有難，故受之以蹇。蹇者，難也。

合則有飾，乖則有難，理之宜也。

物不可以終難，故受之以解。解者，緩也。緩必有所失，故受之以損。損而不已必益，故受之以益。益而不已必決，故受之以夬。夬者，決也。

難必思戒，思戒故可緩；緩則不知懼，不知懼則必失；損極則益，益極則決；皆理勢之常也。

決必有遇，故受之以姤。姤者，遇也。

人之于性，決去其惡，則德可遇。其在國也，決去小人，則君子可遇。

物相遇而後聚，故受之以萃。萃者，聚也。

相遇則道合而聚，不合亦散矣。故“利見大人，貞”。

聚而上者謂之升，故受之以升。升而不已必困，故受之以困。困乎上者必反下，故受之以井。

聚而上進于道則日升，升不知止則遇困，遇困而後反下，其常理如此。

井道不可不革，故受之以革。革物者莫若鼎，故受之以鼎。主器者莫若長子，故受之以震。震者，動也。物不可以終動，止之，故受之以艮。艮者，止也。物不可以終止，故受之以漸。漸者，進也。進必有所歸，故受之以歸妹。得其所歸者必大，故受之以豐。豐者，大也。窮大者必失其居，故受之以旅。

動極而止，止極復進，進極必傷，進以漸則有歸，歸得其所則大，窮其大則必失，蓋非有大以謙故也。

旅而无所容，故受之以巽。巽者，入也。入而後說之，故受之以兑。兑者，說也。

窮无所容，其入必決。入然後感，感則說。不入，則无感矣。

說而後散之，故受之以渙。渙者，離也。物不可以終離，故受之以節。

說而後，羣疑可散；散而无節，則乖離矣。

節而信之，故受之以中孚。有其信者必行之，故受之以小過。有過物者必濟，故受之以既濟。物不可窮也，故受之以未濟終焉。

有節故可信，如人之言无節、行无節者，皆不可信也。信故可行，行則有濟，濟之極則復于未濟。然自屯至于未濟，雖皆相受之道，而君子居而安之者，又必有其道焉。是以履泰則不至于否，居豐則不至于旅，又非常道相受之所能拘也。故《繫辭》言吉凶則曰“貞勝”，稱君子則曰“自天祐之。吉。無不利”。

《郭氏傳家易說》卷十一

宋 郭雍 撰

《雜卦》

乾剛，坤柔。

六子之剛柔，索于乾、坤；六十四卦之剛柔，重于八卦。故卦中之剛柔皆乾之剛、坤之柔也，是以獨乾、坤為剛柔。

比樂，師憂。

比以比輔，從順為樂；師以相須，行險致憂。是天下可从比而不可从師也，故比有"永貞"而師無之。

臨、觀之義，或與或求。

臨與所臨，觀與所觀，二卦皆有"與""求"之義。或有與无求、有求无與，皆非臨、觀之道。有舜在上，必有戴舜者，是為臨、觀也。

屯見而不失其居，蒙雜而著。

屯、旅皆近困。旅困于已窮，故失其居。屯困于始生，故不失其居，而利于有為也。蒙，未有所知之時，中无所執，則雜而著見，故發之屯之難，見于象者也。蒙之稺，著于形者也。

震，起也；艮，止也。

陽動起于震初，止于艮終。盖震為一索之始，艮為三索之終也。

損、益，盛衰之始也。

損已必盛，故為盛之始；益已必衰，故為衰之始。消長相循，在道當如是也。

大畜，時也；

君子藏器于身，待時而動。然則“多識前言往行，以畜其德”，亦以待時也。

无妄，災也。

无妄之謂災，其餘自作孽而已，故无妄，“匪正有眚”。

萃聚而升不來也。

不來不知反也，故至于困。來則知止，无困矣。

謙輕而豫怠也。

謙輕己，豫怠己也。以樂豫，故心怠，是以君子貴知幾。

噬嗑，食也；賁，无色也。

“頤中有物”，則必斷；故噬嗑利斷，猶人之食也。賁以“白賁，无咎”，故无色；无色則質全，有天下之至飾存焉。

兑見而巽伏也。

其道見則說，其道伏故入。

隨，无故也；蠱則飭也。

隨之道，在此事。在彼，所隨有道，不為事變，故言“无故”。蠱，弊事。特加整治，因飭之而已，言非大有作也。

剝，爛也；復，反也。

小人之道必害于物，君子必反于道。

晉，晝也；明夷，誅也。

晉與明夷，朝暮之象也。故言“明出地上”“明入地中”。“誅”亦傷也。

井通而困相遇也。

“往來井井”，則其道通；困遇“剛揜”，所以為困。遇者，柔遇剛之遇也，遇其困我者也。

咸，速也；恒，久也。

感為天下至速之道，所謂“不疾而速”者也。

渙，離也；節，止也。

散則離矣。有節故可止。

解，緩也；蹇，難也。睽，外也；家人，内也。

睽本于外，疑家人本于内治，故治家者必先其身，治天下者必先其家。

否、泰，反其類也。

否、泰，反類而相馴致之道。故休否之道，復反其類。類謂陰陽之類，如君子、小人是也。否反其類，得君子則傾也。泰反其類，得小人則亂也。在人道言之，則曰“君子”“小人”，治亂而已。合三才言之，故云“類”也。案謝主簿校正是書第八條，謂“脫”。故“休否之道”六十六字校補之。今此本弗脫，前數條亦然，無須校補。舊以謝主簿校證八條原文彙列卷末，既嫌複贅，且滋淆惑。今附識于此。

大壯則止，遯則退也。

壯不知止，小人之壯也。君子之壯，則有止。遯之退，大壯之止，皆克己之道。

大有，衆也；同人，親也。

其有非一，故衆。衆則大，能同乎人，則天下親之。"易知則有親"，同人之親，其得乾之易乎？

革，去故也；鼎，取新也。

革、鼎之義，相為終始。是以去故、取新，共成一道。

小過，過也；中孚，信也。豐，多故也；親寡，旅也。

因豐則多事，无親而後為旅。旅則我之親寡也，非天下皆寡親也。

離上而坎下也。

上下，猶水火之性也。

小畜，寡也；履，不處也。

寡則不能大，其施履以行為義，非處之道。

需，不進也；訟，不親也。

需有待，則不能自退。訟違行，相親之道絶矣。

大過，顛也。

中之四剛，大難之象也。有大難而本末弱，故顛。

姤，遇也，柔遇剛也。

柔之遇剛，曰"姤"。剛之來復，不可謂之"遇"也。

漸，女歸待男行也。

待男而行，其行漸也，是以吉。

頤，養正也。

養其正，所以去其非正，謂之“頤”。

既濟，定也。

濟則難定。

歸妹，女之終也，

女以歸為有終。

未濟，男之窮也。

剛柔失位，男道弱而窮矣。柔失位，則以賤居尊；剛失位，則以貴居賤；是以窮也。

夬，決也，剛決柔也。君子道長，小人道憂也。

姤遇夬決，始終之道異也。聖人貴于行道，每致意于君子、小人之際，故以是終之。《雜卦》前皆二二相耦，至大過之後獨各言一卦，觀歸妹、未濟之辭又非簡錯，聖人之旨莫可詳究，豈《雜卦》從變而言，其序有不同歟?

郭雍子和，家傳伊川先生之學。初示余兼山先生《中庸解》《易說》《四學淵源論》。从之，子和又以所著《中庸》《易說》二書及兼山九圖相授。其道則子思、孟軻，一出于誠；廣而充之，求為聖賢，皆有益于德者也。舉而措之事業，可以廸哲爽邦，則清静簡易悉本諸人情，可无為而有成功。是書之傳，豈曰小補之哉！仮承乏[1]宜春，奉詔書搜羅逸遺。仮不揆，輒以雍之學行薦于朝廷，今又以其書傳諸學者。苟有絲髮之益，則愚之志願足矣。仮以斯言寄子和，乃報云："子何為者耶？吾將與書俱隱，幸勿廣也！"隆興甲申六月十五日，右奉直大夫知袁州軍州主管學事兼管内勸農營田事賜紫金魚袋曾仮書。

① "乏"，原本作"之"。據武英殿聚珍版本改。